健康保险系列丛书

健康保险与健康管理

主编 辛 丹

中国财经出版传媒集团
中国财政经济出版社

图书在版编目（CIP）数据

健康保险与健康管理/辛丹主编．—北京：中国财政经济出版社，2018.4
（健康保险系列丛书）
ISBN 978-7-5095-8133-9

Ⅰ．①健… Ⅱ．①辛… Ⅲ．①健康保险-研究 Ⅳ．①F840.625

中国版本图书馆 CIP 数据核字（2018）第 050697 号

责任编辑：翁晓红　　　　　　责任校对：徐艳丽
封面设计：李运平

中国财政经济出版社 出版
URL：http://www.cfeph.cn
E-mail：cfeph@cfeph.cn
（版权所有　翻印必究）
社址：北京市海淀区阜成路甲 28 号　邮政编码：100142
营销中心电话：010-88191537　北京财经书店电话：64033436　84041336
中煤（北京）印务有限公司印刷　各地新华书店经销
787×1092 毫米　16 开　13.25 印张　253 000 字
2018 年 4 月第 1 版　2018 年 4 月北京第 1 次印刷
定价：38.00 元
ISBN 978-7-5095-8133-9
（图书出现印装问题，本社负责调换）
本社质量投诉电话：010-88190744
打击盗版举报热线：010-88191661　QQ：2242791300

《健康保险系列丛书》编委会

主　　任：宋福兴

副 主 任：董清秀　冯祥英　高兴华　伍立平　胡占民
　　　　　黄本尧　李晓峰　徐伟成　陈龙清

学术顾问：（按姓氏笔画为序）
　　　　　于保荣　马海涛　王　欢　王国军　王绪瑾
　　　　　王　稳　朱恒鹏　朱铭来　朱俊生　孙祁祥
　　　　　孙　洁　李　玲　李保仁　李晓林　杨燕绥
　　　　　余　晖　张　晓　卓　志　郑　伟　赵尚梅
　　　　　郝演苏　庹国柱　董朝晖　魏华林

编务统筹：蔡皖伶　范娟娟

总　　序

健康是人类永恒的追求，是人民幸福的起点，党中央、国务院高度重视人民健康事业。习近平总书记在党的十九大报告中指出："人民健康是民族昌盛和国家富强的重要标志。"没有全民健康，就没有完美意义上的全面小康。发达国家的成功经验表明，没有成熟的健康保险，全民的健康权就难以得到根本保障。

目前，健康保险在中国的实践与发展中尚处于重要的探索阶段，理论体系的构建和指引尤为迫切和重要。编著《健康保险系列丛书》的初衷就是要梳理近年来我国专家学者的理论探索，系统总结行业的实践经验，提炼健康保险的经营规律，从立足本土实际、借鉴国际经验、揭示运营规律、展望发展趋势等维度，努力构建健康保险行业的知识理论体系框架，更好地为我国健康保险业的有序发展提供坚实的理论支持。这套丛书可谓是皇皇巨著，由中国人民健康保险股份有限公司组织编著，凝聚了来自保险、财政税收、公共管理、社会保障、医疗卫生等领域近40位知名专家学者的心血与智慧。

改革开放以来，特别是近十余年来，健康保险业发展迅猛，众多跨领域的专家学者进行了一系列理论研究，流派纷呈，有力地推动了行业的快速发展。但应该看到，这些研究还不成体系，还相对分散，研究的广度和深度与当前行业发展的实际需求还不相适应。历史证明，科学系统的理论指引是保险事业健康发展的根本保证。从保险业的实践来看，什么时候有正确的保险理论指导，什么时候保险业发展的形势就比较好，对经济社会发展的贡献就比较大。

当前，我国特色社会主义已进入新时代，社会主要矛盾已经转化为人民日益增长的美好生活需要和不平衡不充分的发展之间的矛盾。人民群众对美好生活的需要呈现多样化、多层次、多方面的特点，其中，健康服务正在成为人民过上美好生活的一个基本要求。习近平总书记在党的十九报告中指出："要完善国民健康政策，为人民群众提供全方位全周期健康服务。"按照党的十九大报告新的部署，完善国民健康政策，将促进健康与经济社会建设相互协调，促进"人口红利"转向"健康红利"，全社会对健康投资和消费需求将日趋旺盛，消费结构升级将为健康服务创造广阔的发展空间，包括商业健康保险在内的健康产业进入了重要战略机遇期。专业健康保险公司要在把握重大战略机遇中实现持续快速协调发展，完成"服务国家治理体系和治理能力现代化"这一历史角色的转变，不仅需要从国内外行业自身发展实践的优势与不足中总结经验教训，更需要探究并构建科学、系统的理论体系来指引改革发展的进程。

近几年，商业健康保险发展势头强劲，专业健康保险公司在多层次医疗保障体系建设中发挥了积极的市场机制优势，在满足人民群众日益增长的健康保障需求中的作用也日渐凸显。特别是近些年，健康保险人只争朝夕，真抓实干，成绩卓著。然而在有速度、有效度发展的同时，尚未及时把积累的发展经验总结出来，更没有形成相对完善的以学术研究为先导的理论体系构建。未来，随着新医改的加速推进，商业健康保险的服务链条将逐渐延伸到社会保障、医疗卫生、保健养生等多个领域，跨行业特性使风险控制更加复杂，经营管理难度更大，市场竞争更趋激烈。如果拥有了原创性的理论研究成果，就可以获取行业的理论话语主导权，就能引领未来发展的战略制高点，就能及时应对行业中出现的新变化和新挑战，就能在激烈的市场竞争中获取其他企业难以比拟的发展优势。

习近平总书记在党的十九大报告中强调："创新是引领发展的第一动力，是建设现代化经济体系的战略支撑。"企业应该成为创新的主体，而推动创新的根本力量是人才。专业健康保险公司的快速发展，关键是要建设一支规模宏大、结构合理、素质优良的创新人才队伍，要培养一大批熟悉市场运作、具备研究能力的专业技术人才。理论知识体系的研究和构建就可以培养和集结这样一批专门人才，使他们成为健康保险事业发展中的中坚力量。

《健康保险系列丛书》就是在这样的时代与文化需求的大背景下应运而生的。全套丛书分为理论基石类、实践操作类、探索提升类三类共计十六册。其中，理论基石类五册，意在建立统一规范的工作语言环境，普及专业基础知识，分别有：《健康保险学》（西南财经大学卓志教授主编）、

总　序

《健康保险医学基础》（东南大学张晓教授主编）、《健康保险辞典》（中央财经大学郝演苏教授主编）、《健康保险与健康管理》（辛丹博士主编）、《健康保险制度与规制》（对外经济贸易大学王国军教授主编）。

实践操作类八册，重在梳理总结相对成熟的经验规律，解决目前实践中的困惑，为行业提供现实借鉴和趋势分析，分别有：《健康保险公司风险管理》和《健康保险经营管理》（对外经济贸易大学王稳教授主编）、《健康保险营销管理》（西南财经大学卓志教授主编）、《健康保险产品创新》（北京工商大学王绪瑾教授主编）、《健康保险精算》（中央财经大学李晓林教授主编）、《健康保险财务管理》（中央财经大学马海涛教授主编）、《健康保险信息技术与管理》（北京邮电大学王欢教授主编）、《健康保险客户服务》（北京大学孙祁祥教授主编）。

探索提升类三册，旨在探索未来健康保险业发展之道，分别有：《健康保险与医疗体制改革》（清华大学杨燕绥教授主编）、《健康保险与大数据应用》（北京航空航天大学赵尚梅教授主编）、《护理保险在中国的探索》（南开大学朱铭来教授主编）。

为确保丛书编著的专业性和权威性，这些专家学者搜集整理了大量资料，梳理研究了国内外最新的理论知识和实践经验，进行了多次学术研讨，反复斟酌、精益求精，在编著工作中倾注了大量心力。我们希望本丛书能为健康保险行业的从业人员、健康保险相关专业领域的研究人员提供实际操作的范本和理论参考，为健康中国战略和国家多层次医疗保障体系建设提供必要的理论建构、学术前瞻与路径导向。

前　言

　　新中国成立以来，健康保险从无到有，从萌芽到壮大，逐步发展。1953年，开始出现社会医疗保险的雏形——公费和劳保医疗制度；1982年，在上海首次出现健康保险业务——由中国人民保险公司上海分公司经办的"上海市合作社职工医疗保险"。时至今日，经过半个多世纪的发展，中国的健康保险事业有了长足进步，整体保费规模也迅猛攀升。但是，我国的商业健康险发展仍然处在初级阶段。2015年，我国商业健康险保费规模只有2 410亿元，仅占人身险保费总量的15.40%，而成熟市场一般在20%—30%。健康保险的保障支出在医疗卫生费用总支出中占比不足2%，而发达国家一般在10%左右。由此可以看出，健康险的发展前景壮阔，中国必将迎来健康险的"蓝海时代"。

　　在健康险高速发展的同时，我国也开始面临发达国家在健康险发展中遇到的难题，即医疗费用的高速增长。这给我国医疗保障制度的财务可持续性带来了巨大压力。同时，医疗服务的可及率及效益率也是困扰医疗卫生体系健康发展的顽疾。各国在各自的文化、法律及财政条件下，采取各自的方式尝试解决。其中，美国的管理式医疗（Managed Care）以更新颖的方式及医疗—保险—政府的三角结构，在过去的百年间，从早期的以服务为中心，至以控费为中心、以病患为中心直至现今的以健康为中心，在各方面都积累了较多的经验与教训，这值得我们在深入推进医改的过程中，结合我国的实际情况，认真研究、学习与借鉴。

　　本书的主体内容结构从三大方面展开论述：一是对美国管理式医疗的发生发展历程、最终形态的形成原因、医疗管控体系结构的构建以及医疗费用支付的方法等作深入研究，同时，对比中国健康险的发展脉络，理清中国健康险的发展节点，提供可借鉴的经验与方法；二是对现有美国管理式医疗全生命周期的管控方法作细致研究，对医疗管控的手段、目的、效用及经济影响作比较分析与评估，并结合目前中国医疗服务市场的多种尝试，提出多种管控手段的可行性分析；三是根据对美国管理式医疗服务网络及支付方式的分析，对比多国医疗服务管理体系，结合我国现有医改难点，对医疗市场现有条件及未来发展方向进行分析。

本书由中国人民健康保险股份有限公司策划组织，集聚公司十余年来的经验与探索，以课题组的形式实施，在公司领导的支持与帮助下，在多家分公司专家老师的支持下，在课题组全体成员的共同努力下完成了本书的出版工作。

本书由课题负责人辛丹担任主编，由李蕴红、董雨星、牛林海、邵晓军担任顾问，于歌担任总校核，具体编写工作安排如下：

第一章（辛丹）、第二章（杨爽）、第三章（张勤友）、第四章（韩志超）、第五章（金瑞、杨爽）、第六章（辛丹、刘梦婕）、第七章（辛丹、杨爽）、第八章（张勤友）、第九章（王沁莹、刘梦婕）。

此外，该课题项目在实施过程中，中标"北京市西城区优秀人才培养资助拔尖团队"项目，得到北京海外学人中心金融街分中心与北京金融街人力资源协会的资金资助，在此特别表示感谢！

本书在编写过程中，虽参阅了大量国内外相关文献、行业及公司的多种研究报告，但限于作者的研究水平、实践经验及编撰时间等条件限制，难免存在错误与疏漏之处，希望广大读者不吝指正。

编者
2018 年 3 月

目 录

第一章 导 论 — 1

- 第一节 管理式医疗的概念 — 1
- 第二节 医疗保险在医疗卫生体系中的定位 — 3
  - 一、健康保险的功能与定位变化 — 3
  - 二、案例分析——凯撒模式 — 5
- 第三节 管理式医疗对中国未来医改的借鉴意义 — 7
  - 一、中国医疗改革的历史进程 — 7
  - 二、管理式医疗对中国医改的借鉴作用 — 9
- 第四节 章节简介 — 9

第二章 美国管理式医疗的发生发展历程 — 11

- 第一节 美国管理式医疗的萌芽期 — 11
  - 一、团体预付制（Prepaid Medical Group Practices） — 11
  - 二、蓝色计划（The Blues） — 13
  - 三、健康保障责任范围扩充 — 14
- 第二节 美国管理式医疗的发展期 — 15
  - 一、健康医疗费用上涨 — 15
  - 二、管理式医疗组织正式产生 — 17
- 第三节 美国管理式医疗的成熟期 — 22
  - 一、管理式医疗组织的迅速扩张和创新 — 22
  - 二、管理医疗市场的改变 — 23
  - 三、综合医疗服务体系（Integrated Delivery System，IDS） — 24
  - 四、服务利用管理焦点的转移 — 25

　　　　五、行业监督（Industry Oversight Spread）　　　　　　　　　　25
　　　　六、管理式医疗的挑战　　　　　　　　　　　　　　　　　　　26

第三章
中国健康保险的发展历程　　　　　　　　　　　　　　　　　　　　　30

　　第一节　中国健康保险的发展历程　　　　　　　　　　　　　　　　30
　　　　一、中国健康保险发展的历史阶段　　　　　　　　　　　　　　30
　　　　二、目前中国健康保险的发展环境　　　　　　　　　　　　　　33
　　　　三、目前中国健康保险的发展现状　　　　　　　　　　　　　　35
　　第二节　现阶段中国健康保险的问题与特征　　　　　　　　　　　　40
　　　　一、社会医疗保险现阶段发展中存在的问题　　　　　　　　　　40
　　　　二、商业健康保险现阶段发展中存在的问题　　　　　　　　　　42
　　　　三、健康保险与管理式医疗的协同发展　　　　　　　　　　　　46

第四章
各国医疗体系对比　　　　　　　　　　　　　　　　　　　　　　　　48

　　第一节　美国医疗体系简介　　　　　　　　　　　　　　　　　　　48
　　　　一、医疗服务体系概况　　　　　　　　　　　　　　　　　　　48
　　　　二、医疗卫生管理体制　　　　　　　　　　　　　　　　　　　49
　　　　三、医疗卫生服务提供及经费来源　　　　　　　　　　　　　　49
　　　　四、医疗保险　　　　　　　　　　　　　　　　　　　　　　　50
　　　　五、医疗服务体系存在的问题及改革　　　　　　　　　　　　　51
　　第二节　中国医疗体系简介　　　　　　　　　　　　　　　　　　　52
　　　　一、中国医疗服务体系　　　　　　　　　　　　　　　　　　　52
　　　　二、中国医疗卫生费用　　　　　　　　　　　　　　　　　　　53
　　　　三、中国医疗保障体系　　　　　　　　　　　　　　　　　　　55
　　　　四、中国公共医疗卫生体系　　　　　　　　　　　　　　　　　58
　　　　五、中国医疗卫生监管体系　　　　　　　　　　　　　　　　　60
　　　　六、中国医疗信息系统　　　　　　　　　　　　　　　　　　　61
　　　　七、中国医疗卫生体制的评价　　　　　　　　　　　　　　　　65
　　第三节　其他国家医疗体系简介　　　　　　　　　　　　　　　　　66
　　　　一、新加坡　　　　　　　　　　　　　　　　　　　　　　　　66
　　　　二、英国　　　　　　　　　　　　　　　　　　　　　　　　　70
　　　　三、德国　　　　　　　　　　　　　　　　　　　　　　　　　72

第五章
医疗费用支付方式的比较 77

第一节 美国管理式医疗框架下的医疗费用支付方式 77
一、支付方法的现状与影响 77
二、医生费用支付方法 79
三、医疗机构支付 89
四、流动诊所的支付方式 92
五、医院和医生的混合支付 92
六、绩效工资 93
七、辅助服务支付方式 94

第二节 中国现有条件下的医疗费用支付方式 95
一、传统医疗费用支付方式 95
二、新型医疗费用支付方式 98

第六章
管控方式分析 106

第一节 美国管理式医疗的运行模式 106
一、管理式医疗形态图谱 108
二、管理式医疗形态介绍 109

第二节 现行美国管理式医疗的管控手段 118
一、美国医疗管理的传统型医疗管控方式 118
二、美国医疗管理的新型医疗管控方式 121

第三节 中国现有的运行模式及管控手段 127
一、健康管理在中国的发展历史 127
二、健康管理服务项目 128
三、健康管理服务的有效性验证 131
四、健康管理服务实现方式 134

第七章
医疗费用管控效果的评估 138

第一节 医疗费用管控评估方法设计 138
一、简介 138

二、医疗费用管控评估（Savings Calculation）　　139
　　三、费用管控方法评估的设计原则　　139
　　四、费用管控方法的研究设计　　140
第二节　美国现行的主流评估方式介绍　　141
　　一、对照组法（Control Group Method）　　142
　　二、非对照组法（Non-Control Group Methods）　　144
　　三、统计方法（Statistical Methods）　　145
　　四、方法的对比评估　　148

第八章
管理式医疗与中国医改　　152

第一节　中国医改面临的核心问题　　152
　　一、医改需要医治的"病灶"　　153
　　二、医改医治"病灶"的"药方"　　156
第二节　探索中的中国管理式医疗发展现状　　162
　　一、中国社会医疗保险的管理式医疗探索　　162
　　二、中国商业健康保险的管理式医疗探索　　165

第九章
中国特色管理式医疗的未来发展　　172

第一节　中国管理式医疗的发展环境　　172
　　一、我国目前的医疗保障制度　　173
　　二、现行医保制度存在的问题　　175
第二节　我国管理式医疗的市场潜力　　177
　　一、影响我国商业健康保险发展的因素　　178
　　二、我国商业健康保险的需求旺盛　　178
　　三、医疗服务过程中需要更有效的监管体系　　180
第三节　我国管理式医疗的未来发展　　181
　　一、发展管理式医疗的主要目的　　181
　　二、发展管理式医疗的主要路径　　186

参考文献　　191

跋　　195

第一章
导　论

新中国成立以来，健康保险从无到有，从萌芽到壮大，逐步发展。1953年，开始出现社会医疗保险的雏形——公费和劳保医疗制度。1982年，在上海首次出现健康保险业务——中国人民保险公司上海分公司经办了"上海市合作社职工医疗保险"。时至今日，经过35年的发展，中国的健康保险事业有了长足的进步，整体保费规模也不断扩大。

但是，我国的商业健康险发展仍然处在初级阶段。2015年，我国健康险保费规模只有2 410亿元，仅占人身险保费的15.4%，而成熟市场一般在20%—30%。健康保险保费支出在医疗卫生费用总支出中占比不足2%，而发达国家一般在10%左右。因此，健康险的发展前景壮阔，我们将迎来健康险的"蓝海时代"。

在健康险高速发展的同时，我国也开始面临发达国家在健康险发展中遇到的难题，即医疗费用的高速增长，同时，医疗服务的可及率及效益率低也是困扰医疗卫生体系健康发展的顽疾。各国在各自文化、法律及财政条件下，采取各自的方式尝试解决，其中，美国的管理式医疗（Managed Care）以更新颖的方式及"医疗—保险—政府"的三角结构，在过去的百年间，从早期的以服务为中心到以控费为中心、以病患为中心及现今的以健康为中心，在多个方面积累了众多的经验与教训，值得我们在深入推进医改的过程中，结合我国的实际情况，认真研究、学习借鉴。

第一节　管理式医疗的概念

"管理"概念的对立面为"自然态"，而医疗的自然态是这个传统行业千百年来在各个国家自然形成的最朴素的模式：为治愈患者罹患的疾病或者缓解病情，医者向患者提供医疗服务，而患者向医者交付一定的报酬。整个过程，无人规范医者的具体诊疗流程，无诊疗效果监督，无诊疗信息的收集整理；患者也不会参与重要的诊疗方式的决策，也不会管理自身的健康状况，整体呈现一种"自然态"。

"自然态"医疗模式发展到今天，因多种新技术及新药品的出现，导致医疗费用上涨迅猛。而由众多不同水平的医者形成的医疗服务机构，包括医院、诊所、健保中心等，作为商业实体，也需要实现一定的利润。种种原因导致原始的自然态的医患关系出现了无序发展，过度医疗、过度检查、大处方等现象在很多国家均有表现。

相对于无序，管理是必然的结果。多个国家均对各自的医疗费用上涨提出相应的管控措施，而市场化程度最高的美国，自20世纪30年代管理式医疗出现时起，历经近百年的发展，已形成成熟模式。而自2010年，《平价医疗法案》（The Affordable Care Acts，以下简称ACA）的颁布实施，更加推进了管理式医疗的发展，并催生新的管理机构，如初级保健医疗中心（Primary Care Medical Homes，以下简称PCMHs）和责任医疗机构（Accountable Care Organizations，以下简称ACOs）。前美国医保与医助服务中心（Centers for Medicare and Medicaid Services，以下简称CMS）官员，美国医疗卫生促进组织（The Institute of Health Improvement，简称IHI）的创始人唐纳德·伯威克（Donald Berwick）在2008年也提出美国医疗卫生的三个目标（Triple Aims，简称3As）：更高的健康水平、更好的就医体验及更低的人均医疗费用。同经济学上的"铁三角"不同，"铁三角"中质量、可及性及费用是相互制约的关系，而伯威克的新三角，彼此之间是平行关系，为医疗服务机构的未来战略规划提供指引。

管理式医疗的概念，是把针对就医过程中的两端——医者与患者——的主动管理，统一在同一模式内，从而达到对医疗费用、诊疗效果及健康水平的管控。具体而言，管理式医疗是将医疗服务的所需资金与服务相结合的一种运行系统，这种系统的医疗服务对象是加入该管理系统的成员，通过与经过挑选的医疗服务提供者（医院、医生）达成协议，制定改善医疗服务质量和严格的医药审核计划，向成员提供预防疾病和治疗疾病等一系列的医疗保健服务，其核心是通过医疗资源的合理使用来控制医疗费用。管理式医疗本身并非保险计划，可以作为服务机构而独立存在，但目前多数提供管理式医疗服务的机构同时具有保险执照，或者保险公司也是多种管理式医疗服务的提供方。因此，管理式医疗服务的目的是通过对诊疗服务的管控，实现人群健康水平的提升，保证医疗服务的效率与成效，控制医疗服务费用的快速上涨，而美国百多年来的实践也证明了管理式医疗在上述方面的独特功效。

管理式医疗的实现方式有两种：一是从患者角度：首诊医师实行分级诊疗制度，多种健康管理方式增强患者的健康水平，实现健康管控；二是从医者角度：医师精英网络保证医师的高效率与高水平，同时，借助多种医疗费用的支付方式以管控医疗行为，实现诊疗费用管控并提高就医体验。

第二节　医疗保险在医疗卫生体系中的定位

在美国，尽管管理式医疗服务可以作为独立机构，但是其对费用及人群健康的管控，同医疗保险的运营目的高度一致，以致目前市场上的运营主体为管理式医疗保险计划。管理式医疗的发展也带动了医疗保险在美国医疗卫生市场中的定位，或者说医疗保险功能的转变推动了管理式医疗的不断演变。

一、健康保险的功能与定位变化

作为健康服务产业的重要组成部分，健康保险或者说医疗保险是各国普遍采用的预防疾病风险并提供服务与费用保障的主要方式，也是许多国家医疗保障体系的重要组成部分。但由于历史和国情不同，各国商业健康保险的发展也不尽相同。

早期诊疗服务模式中，只存在两种角色，即医者与患者。随着法制社会的建立，政府在规范诊疗服务规则方面发挥了相应的作用，而此时，仍未出现医疗保险。在美国，健康保险的最初出现是在19世纪末，少数几家保险公司向雇主提供"医疗保险"，以保障雇员在工作场所发生意外时，能够对相关的医疗花费得到一定的补偿。该类保险几经演变，最终发展成为现今美国的健康保险。而管理式医疗在美国商业健康保险早期发展中，就如影随形，健康保险与管理式医疗相互影响，逐步形成现今的形态，并随着国家政策与国民健康意识的变化，而继续发生演变。

在保险早期，健康保险只是简单地向客户提供费用保障，主要是费用报销的形式，只单纯地面向保险客户。

随着管理式医疗的出现，健康保险慢慢演变成支付方，以多种方式向为其保险客户提供医疗服务的机构支付费用，而客户只在保险合同规定下支付少部分费用，如免赔额等。因为功能的演变，保险机构的角色也悄然发生了变化。为控制医疗费用，在保证医疗质量的基础上，最大限度地实现利润，健康保险以医疗资源使用管理（Medical Utilization Management）及医疗案例管控（Medical Case Management）等多种方式，渐渐参与到医疗活动中，并形成多种以费用管控为中心的管理式医疗保险模式，如健康维护组织（Health Maintenance Organizations，以下简称HMOs）与推荐医疗组织（Preferred Provider Organizations，以下简称PPOs）等（见图1.1）。

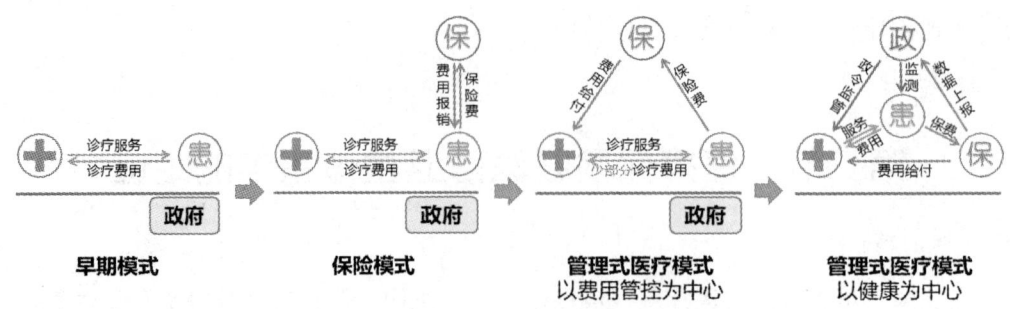

图 1.1 美国医疗保险功能与定位的变化

传统模式下的 HMOs 与 PPOs 都存在不同的缺点，随着对医疗质量的重视及民众整体健康意识的增强，管理式医疗继续发生变化，政府的角色在管理式医疗的发展中起到重要作用。3As 的新三角理论，是美国医疗改革的方向，也从美国政府主导的社会医疗保险——医疗保障计划（Medicare）的管理中，逐渐演变出新的管理式医疗机构——责任医疗机构（ACOs），而商业健康保险则同时推出新的模式——初诊保健医疗中心（PCMHs），逐渐形成以健康为中心的新的管理式医疗保险模式。保险机构对医疗活动的参与度更高，新的以医疗质量为标准的风险共担机制强化了对医疗机构服务质量的管控。而新医改中实行的去除核保、人人参保的强制性要求，以及保险行业共担社会整体健康风险的 3R 机制，也迫使保险机构更多关注人群的整体健康，而非各自"一亩三分地"的小盈亏。

> **扩展阅读：**
>
> 美国保险行业整体风险共担的"3R"机制，具体指以下三种风险共担机制：
>
> 第一个"R"，为再保险机制（Reinsurance），是最传统的保险风险防范机制，主要由联邦政府与州政府共同提供。
>
> 第二个"R"，为风险再平均机制（Risk Adjustment），主要为防止某些保险机构采取一定的营销手段或核保方式，仅承保健康人群。具体操作为，在每个财务年度末，以地区为单位，当地所有保险机构计算地区整体赔付率，在规定算法下，盈利机构向亏损机构提供一定程度的补偿，以均衡承保人群的健康风险。
>
> 第三个"R"，为风险走廊机制（Risk Corridor），做法类似中国大病保险中的风险共担机制，即地区政府同保险机构分担风险。具体操作为在前两个"R"机制执行后，保险机构自担 ±3% 之内的盈亏；±3%—±8% 之内，政府与保险机构按 50:50 比例分担；之后的盈亏，政府与保险机构按 80:20 比例分担。

二、案例分析——凯撒模式

作为管理式医疗保险的奠基者,凯撒医疗集团(Kaiser Permanent)最早起源于第二次世界大战时期两位传奇人物的一次握手:船王亨利·J. 凯撒(Henry John Kaiser)同医疗预付费制的开创者西德尼·R. 加菲尔德(Sidney R Garfield)于1938年签订合作协议,加菲尔德医生采用医疗预付制及健康干预管理,成功扭转了船王位于华盛顿州某水坝工程工地医院的困局,解决了6 500名建设者及其家属的医疗健康问题。

第二次世界大战后,船王亨利·J. 凯撒成立医疗保险公司,并同加菲尔德医生带领的医师集团继续合作,形成美国健康维护组织(HMOs)的雏形,并逐步发展成现在覆盖美国17个州和地区的凯撒医疗集团。截至2015年12月31日,凯撒医疗集团在美国拥有1 020万名会员、186 497名员工、18 652名医生、51 010名护士、38家医院、622个诊所,2015年度营业收入达607亿美元,净利润19亿美元。

在美国整体医疗费用飞速上涨的大背景下,凯撒医疗集团可以做到比其他医院低20%—30%的成本,同时提供高质量的医疗服务,因此在美国医疗保险市场内占有近三成的市场份额。美国总统奥巴马在推行美国医改过程中,多次提到包括凯撒医疗集团在内的多个高质高效的医疗机构,指出该类医疗服务体系中的成功经验应该成为美国医改的方向。而凯撒医疗集团能够成为医疗典范的基础,是其保险公司、医院集团及医师集团"三位一体"的组织架构。其中,保险公司负责销售保险计划以筹集资金,并管控多种风险;医院集团负责向医疗服务提供场所及支持团队等多种软硬件支持;医师集团则定期与凯撒医疗保险公司签订医疗服务合同,明确不同服务项目的支付方式、风险分担方式及医疗管控机制(见图1.2)。

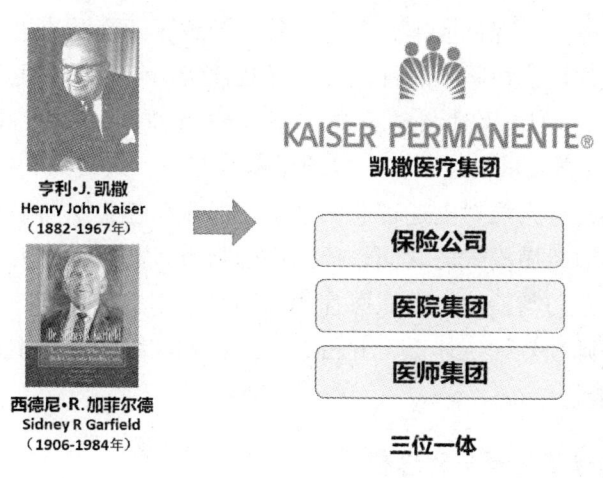

图1.2 凯撒模式

除了"三位一体"的结构特征，凯撒模式的成功经验如下：

（一）预付费制医疗服务支付模式

自成立之初，凯撒医疗集团即开始采用加尔菲德医生创建的预付费制，即会员缴纳一定费用后（即保险保费），可享受所有凯撒医疗体系内的医疗服务，除规定的少量自付费用外，无须缴纳其他费用。

预付费制改变了医疗服务机构的利润来源，进而改变了医疗服务提供者的服务动机，即从提供大量的医学检查或医疗诊治转向更加关注客户健康。因为客户越健康，越少使用医学服务，就越少产生相关费用，未使用的客户预付费用将全部成为医疗服务提供者的利润，这也是管理式医疗在医者角度的第一个体现。因此，凯撒模式下，提升及维护较高水平的健康状态，成为客户、保险机构与医疗机构的共同目标，模式的成功运营必然实现三方共赢。

（二）整合式医疗服务提供模式

凯撒模式在医者角度的第二个管理式医疗特征，即对整体医疗服务提供的主动管理。在患者就医开始，就根据患者病情，协调初级保健医师、专科医生、医院、药店以及实验室等之间的工作，加强医疗服务提供者同患者之间的沟通联系，防止医学检查或诊疗操作出现重复或缺失，切实实现"以患者为中心"的服务原则，全面提升医疗服务质量，为会员患者提供更多便利及高质量的医疗服务。

20世纪90年代因健康维护组织（HMOs）的蓬勃发展，造成市场竞争激烈，多数新型健康维护组织采用压低保费的方式争夺会员，以变卖具有庞大会员规模的公司做投机生意，却并不提供真正的医疗服务，造成低价恶性竞争。凯撒医疗集团早期的应对策略是以裁员方式以降低成本，参与竞争，导致医师资源流失，同时难以提供高质量的医疗服务，致使公司陷入恶性循环，导致连续两年亏损，也是其历史上唯一的一次亏损。因此，管理层及时调整策略，坚守质量原则，放弃低价，仍坚持提供"以患者为中心"的高质量医疗服务，以质量赢取客户，最终顺利渡过困境。

同时，为提升医务人员对上述理念的理解，凯撒医疗集团向医务人员提供多种培训，以增强医师们对凯撒模式的认同，提高医师与患者的互动能力，加强医师的道德意识，更好地整合预防与治疗。凯撒医疗集团同时采用更加严格的医师评定机制，即将患者意见引入医师绩效评定体系，并占有一定比例，绩效评定不达标的医师，其薪酬及升迁均受影响。

（三）主动式健康干预与管理模式

凯撒模式在创建初期并未明确提出管理式医疗的概念，但在整体运营过程中，展示出了管理式医疗的多种重要特征，主动式的健康管理就是在患者角度的体现。

在进入保险计划时，因不良生活习惯而具有较高疾病风险的人群，需要缴纳较高的保险费或者不能进入保险计划，其中，不良生活习惯包括酗酒、吸烟、吸毒等。在进入保险计划后，向客户积极提供多种健康教育，提升客户的健康意识，主动实施健康自我管理。并且，积极治疗小病以实现对大病的预防，如对慢性病患者的多种管理服务。

（四）高新技术主推医疗服务体系的高效运转

上述运营模式的高效运转需要新技术的支持，一直以来，凯撒医疗集团从未停止对高新技术的探索。首先是整体流程的信息化管理，包括病历管理、就医流程、配药流程、医患沟通等管理与服务流程，而信息化管理的前提是电子信息的高效率交换，因此，在网速比较慢的年代里，凯撒医疗集团成为全球首个拥有自己的人造卫星的医疗机构。其次是数据的分析与管理，包括数据整合、数据审查、大数据分析及人工智能等，形成对临床医生的决策支持，提升医疗质量与效率，降低事故的发生率。

凯撒医疗集团的成功经验对于解决中国的医疗难题具有借鉴意义，但中美两国的医疗体系不同，患者的就医习惯不同，医疗费用支付方式不同，而凯撒式的医疗管理也存在弊端，如对客户的选择性吸收、医师在诊疗过程中的道德风险及客户择医权的丧失等，因此需要选择性地借鉴。在具体实施中，应该因地制宜地结合国际经验，形成具有中国特色的管理式医疗。

第三节　管理式医疗对中国未来医改的借鉴意义

一、中国医疗改革的历史进程

1950年8月第一次全国卫生工作会议召开，标志着中国首次医改的正式开始。根据各阶段的标志性事件及相应的医改目标，大致分为三个阶段。

第一个阶段是医疗保障改革阶段，该阶段的工作方针是"面向工农兵、预防为主、团结中西医"，主要事件是在中国内地逐步建立起由公费医疗、劳保医疗、合作医疗组成的福利性医疗保障制度并实施到1978年，但该阶段医疗改革的主要问题是卫生资源的分配不平衡问题。

20世纪80年代，进入医疗改革的第二个阶段，即市场化改革阶段。在改革初期，围绕政府还是市场主导展开大讨论。自1994年起，启动城镇职工医疗保障制度改革，2000年医改明确改革原则为市场主导的改革。同年，国务院颁布《关于城镇医疗卫生体制改革的指导意见》，正式启动"市场化"医改，主要措施包括：将医疗机构分为营利性和非营利性两类进行管理。营利性医疗机构医疗服务价格放开，扩大基本医疗保险制度覆盖面；卫生行政部门转变职能，政事分开，实行医疗机构分类管理；公立医疗机构内部引入竞争机制，放开管制，规范运营，改革药品流通体制，实行医药分家等。随后，2002年推出新型农村合作医疗制度和医疗救助制度。但2004年卫生部的《国家卫生服务调查》显示：中国内地城市没有任何医疗保险的人口占44.8%，农村为79.1%。民众"看病贵、看病难"等现实矛盾成为该阶段的主要问题，有专家对医改的指导思路提出质疑。2005年7月，国务院发展研究中心发布的医改研究报告称，中国医改总体上不成功，其症结是近20年来医疗服务逐渐市场化、商品化。同年，卫生部明确提出"市场化非医改方向"，标志着医改将向新的方向推进，也标志着市场化医改阶段的结束。

2005年同时也标志着医疗改革第三个阶段的开始——公共医疗卫生制度改革。该阶段明确了医疗卫生事业的性质，确定了公立医疗机构的公益性。中共十七大也明确了该阶段医疗改革的目标，即建立有中国特色的医疗卫生体系，具体包括公共卫生服务体系、医疗服务体系、医疗保障体系及药品供应保障体系四大体系。至2012年，具有中国特色的基本医疗卫生体系框架已基本建立，并在医疗卫生事业及费用的结构方面发生了重大变化。至2016年，医疗改革进一步深化，各项制度不断完善，基层医疗服务机构得以发展。2016年11月，中共中央国务院颁布《"健康中国2030"规划纲要》（以下简称《纲要》），作为中国今后15年内建设健康中国的总行动纲领，也标志着医改已进入深水区和攻坚期，在"三步走"的整体框架下，十年一步的短期战略目标是"2020年，主要健康指标居于中高收入国家前列"，"2030年，主要健康指标进入高收入国家行列"，而第三步则展望了2050年，提出"建成与社会主义现代化国家相适应的健康国家"的长远目标。中共十九大继续将医疗领域改革与人民健康问题纳入工作重心，指出要进一步加强社会保障体系建设，完善医疗保险制度，并进一步细化了健康中国战略，即要完善国民健康政策，为人民群众提供全方位全周期健康服务；深化医药卫生体制改革，全面建立中国特色基本医疗卫生制度、医疗保障制度和优质高效的医疗卫生服务体系，健全现代医院管理制度；坚持预防为主，倡导健康文明生活方式，预防控制重大疾病。

从我国医疗改革的历史进程中可以看出，目前，虽然人民健康和医疗卫生水平较早期有了大幅提高，但我们在医疗方面还面临不少难题。这些难题促使我们要积极吸收人类文明的有益成果，全面深化改革，在保障人民健康和病有所医上不断取得新进展。

二、管理式医疗对中国医改的借鉴作用

《纲要》突出了大健康的发展理念，强调了"大健康观"与"大卫生观"，提出将这一理念融入公共政策制定实施的全过程，统筹应对广泛的健康影响因素，全方位、全生命周期地维护人民群众健康。这一中心观点同美国2010年的医疗改革中医疗卫生的三个目标"3As"的说法不谋而合。而管理式医疗自出现起，就与美国医疗卫生体系的变革息息相关，而美国2010年开始的新医改，进一步催生了新的管理式医疗模式——初级保健医疗中心（PCMHs）和责任医疗机构（ACOs），推动美国3As目标——"更高的健康水平、更好的就医体验及更低的人均医疗费用"的实现。在健康中国的建设过程中，从医疗管控、医疗卫生体制及医疗保障等方面，都可借鉴美国管理式医疗的经验与模式。本书也将会就美国管理式医疗的发生、模式及管控方式等多个方面展开，并结合中国的实际，在比较中探求具有中国特色的管理式医疗的可能方向。

第四节 章节简介

本着对美国管理式医疗的借鉴以及对中国医疗卫生状况及健康保险的解析与思考，本书在第二部分对美国管理式医疗与保险的发生发展历程进行详细介绍，对具体管理式医疗模式出现的原因与方式作简要介绍（第二章），同时，对中国健康保险的发展历程进行整理分析，并对该过程中出现的问题（第三章），以期在美国类似的发展阶段或发展问题中寻求解决办法。

考虑到管理式医疗最终影响的体系是医疗卫生体系，而颠覆性的变化往往发生在医疗机构及其医疗服务的支付方式中，本书第三部分着重对中美及其他国家的医疗卫生体系进行对比分析，凸显各自的结构与特点（第四章），并着重分析了中美在医疗服务费用支付方式上的异同，特别对中国目前在医疗费用支付方式上的新探索与新成就作简要介绍（第五章），以探索未来医疗费用的支付方式在中国医疗卫生体系中的可能方向。

第四部分重点对美国管理式医疗保险市场上的主流模式进行介绍，对在管理式医疗发展过程中，针对医疗服务、医疗费用、医疗质量及人群健康所形成的覆盖全生命周期的多种管控方式进行描述，并对中国现今市场上出现的管理式医疗的管控尝试作细致研究，尤其是对中医在疾病预防与康复中的特殊功效进行阐述（第六章）。在该

部分，也对医疗及健康管控方式的手段、目的、效用及经济影响作比较分析与评估，对美国市场目前常见的评估手段进行简要介绍与分析（第七章），以期为中国市场中所进行的类似于管理式医疗的多种探索提供帮助。

最后一部分对中国医改及其难点问题，其与管理式医疗的关系，以及中国市场中正在推进的多种管理式尝试的情况展开对比分析（第八章），同时也对管理式医疗在中国的发展环境、发展潜力及未来发展方向作粗浅分析（第九章）。进而，在整体层面上，借助对美国管理式医疗最终形态的形成原因、医疗管控体系结构的构建、医疗费用支付的方法及管控评估方法等方面的研究基础上，对比中国健康险的发展脉络，理清中国健康保险的发展节点，提供可借鉴的经验与方法。

思考题

1. 什么是管理式医疗？
2. 医疗保险在医疗体系中的定位如何？是如何发展变化的？
3. "凯撒模式"是一种怎样的医疗保险模式？
4. 管理式医疗对中国未来医改有什么借鉴意义？

第二章

美国管理式医疗的发生发展历程

美国管理式医疗产生于20世纪初期,其前身为预付制组织。产生发展至今,已经衍生出包括蓝色计划、健康维护组织、推荐医疗组织等多种形式,同时还建立了相对完善的法律体系。其独特的运营方式综合考虑医疗服务质量及服务费用支出,为美国医疗体系做出了极大的贡献。

第一节 美国管理式医疗的萌芽期

一、团体预付制(Prepaid Medical Group Practices)

1910年,华盛顿州塔科马的西部诊所(Western Clinic)提出了独创性的医疗保障计划,该计划被后世公认为预付制的开端。这种特殊的保障计划由西部诊所针对当地锯木厂专门设计,参与计划的雇主预先按职工人头数向西部诊所支付每人每月0.5美金的医疗服务费用,作为回报,职工可获得由西部诊所专门提供的、签约时已设计好的一系列医疗服务。西部诊所最初提出这种设想,仅是为了保证自身的客流和收益流,但随着计划的运行和展开,这种医疗服务模式受到了多方好评并快速蔓延,逐渐扩展到华盛顿州、俄勒冈州等美国其他地区,最终对美国整体医疗环境产生深远影响。

1929年,Michael Shadid医生在俄克拉荷马州创立了乡村农民合作医疗计划,该计划要求参与计划的当地农民每人筹资50美金以建立一个新医院。作为回报，未来计划参与者在筹资所建医院就医产生的医疗服务费用都可以获得一定折扣。但这个计划使Michael Shadid医生麻烦缠身，他被踢出了当地医学协会，并且被威胁将会吊销医生执照。然而20年后，Michael Shadid医生在庭外和解中被证明无辜，法庭认为医学协会抑制其发展的反对行为属于破坏市场的垄断行为。直至1934年，当地农民协会接手了对于该健康计划和医院的控制权。

同样在1929年，Donald Ross医生和H. Clifford Loos医生建立了针对洛杉矶水电部门职工的全面预付医疗计划。该计划包含了门诊和住院治疗保障，并且从一开始就注重疾病预防和健康维护，因此有人认为此项目是第一个真正意义上的管理式医疗计划。同样，Donald Ross医生和H. Clifford Loos医生也被踢出了当地医学协会。直至1980年，两位医生的诊所被北美保险公司（Insurance Company of North America）收购。

1932年前后的很长一段时间内，美国医学会（American Medical Association）持续采用强硬的态度抵制预付制的出现和发展。并且因为美国医学会是影响力极大的全国性医生组织，它所持有的明确反对态度，致使在未来很长一段时间内的美国各地区各类型的医学组织均对预付制组织持抵制态度。具体抵制手段主要为医学协会组织大力支持当时接受度极低的费用补偿型保险，即为被保险人提供按实际服务项目补偿医疗费用的保险形式。美国医学会的这种姿态一方面是为了反击当时层出不穷的预付制组织；另一方面，还是为了抵抗医疗成本管控委员会（Committee on the Cost of Medical Care）的成立。医疗成本管控委员会是于1932年成立的一个私立医疗联盟，组织高层来自医药、牙科、公共健康、服务等行业。该组织推崇预付制，认为预付制是一种有效的医疗服务供给体系。

预付制组织即使面对强力打压，依旧保持蓬勃的发展势头，主要原因在于美国民众对于各类医疗服务的原始需求愈加强烈，而预付制医疗组织一定程度上恰好满足这些多样化的需求。比如，雇主希望在向职工提供多样医疗服务保障的同时控制医疗费用支出，普通民众希望获得更多物美价廉的医疗服务，医疗服务提供者希望保持并扩大客流和利润率。

下面介绍两个著名的预付制组织案例。

案例2.1　凯撒健康计划基金会（Kaiser Foundation Health Plans）

1937年，凯撒建筑公司想要针对所承办的调水工程项目寻找对应的合理医疗服务模式，专为旗下工人及工人家属提供医疗保障。应其要求，Sidney Garfield医生成立了凯撒健康计划基金会以解决问题。随后一直到1942年，凯撒健康计划基金会的覆盖范围逐步扩大，被广泛使用于凯撒建筑公司的不同项目和子公司。

> **案例 2.2　团体健康协会（Group Health Association）**
>
> 同样在 1937 年，团体健康协会在华盛顿特区创立，成立目的是为了帮助房屋贷款公司降低由于巨额医疗费用产生的抵押贷款拖欠款。团体健康协会是一个非营利法人组织，董事会由协会成员选举，主要为组织会员及家属提供一定限额内的医疗、预防、手术及住院等医疗服务，会员只需每月缴纳少量会费。华盛顿特区医学组织竭尽全力地反对该协会的形成，禁止当地医院给予团体健康协会各种形式的优惠，选择与团体健康协会合作的医生均面临吊销执照的威胁。由此带来的是一场艰苦的反垄断斗争，最终由美国最高法院宣判团体健康协会获胜。较为遗憾的是，即使团体健康协会有 12.8 万名会员，依旧于 1994 年破产并被其他保险公司收购。

二、蓝色计划（The Blues）

蓝色计划由蓝十字计划（Blue Cross）与蓝盾计划（Blue Shield）共同组成，最早为一类非营利医疗保健组织联盟。其中，蓝十字计划主要指由国家级健康联盟下的区域性医疗组织提供特定住院医疗费用保障，而蓝盾计划则是在相同管理机制下提供医生及其他医疗费用保障。

最早的蓝十字计划于 1929 年出现，当时德克萨斯州的 Baylor 医院和 Baylor 大学共 1 500 名教师签订预付制合同，合同要求教师按月缴纳固定费用，医院则为教师提供住院期间的食宿费、护理费和日常用品费等其他医疗相关服务。随后该项目扩展到其他雇主、医院及城市。早期的蓝十字计划通常都是由本地或者区域性的医疗组织（包括其成员医院）提供，主要目的是在经济大萧条时期实现医院稳定长久的收益流。

最早的蓝盾计划于 1939 年出现，当时美国西北部太平洋沿岸地区的伐木和采矿公司面临高工伤率，这些公司希望为工人提供必要的医疗保健保障，以保证旗下工人可以获得及时且有效的治疗，同时医生可以获得及时的医疗服务费用补偿。部分有相同需求的公司共同组建了当地蓝盾计划总务委员会，委员会每月保证向医生提前支付一定的工资以保障其收入，医生则需保证及时为受伤工人提供治疗。

整体来看，蓝色计划类似早期的预付制，唯一不同在于蓝色计划组织本身没有提供医疗服务的能力。它着眼于如何支付医疗服务而不是提供医疗服务。换句话说，蓝色计划组织与医院或医生签约并支付费用，医院或医生则向其成员提供医疗服务。此外，早期的蓝色计划的限制性较强，即参保成员必须到签约合作医疗服务提供方接受服务，而医疗服务提供方不得再以任何原因向参保成员收取额外费用。

随着蓝色计划的扩张，往往不再仅覆盖单一医院或者医疗组织，制定公平合理的服务价格实现共赢是计划的关注点。通常来说，蓝色计划的支付金额取决于签约价格或者市场平均价格。为了定义区分医院普通收费价格和专供蓝十字计划的费用价格，医院编写了基于成本的费用表，也就是现今各医院费用管理表（Charge Master）的前身。蓝盾计划则推进了每一个诊疗过程的支付机制，也就是如今的《当代操作术语集》（Current Procedural Terminology）的前身。

通常蓝十字计划和蓝盾计划配对产生，很少单独出现。运营结构中，蓝十字计划与蓝盾计划相互独立，由蓝色计划协会统一协调管理。蓝色计划协会在早期通常为非营利组织，由推选的医院代表和医生代表作为主要的控制者，最终起到协调和监管作用。早期蓝色计划以地理上的州边界为限，尊重彼此之间地域界线与政策差异，不存在激烈的竞争。

现在的蓝色计划与最早期的原型有较多区别，比如保障对象覆盖范围更广泛，包括个人、家庭和团体；医疗服务保障项目不断增多，由只提供基本医疗费用的保障，扩大到大额医疗保险等。蓝十字计划与蓝盾计划也不再单纯地保持独立关系，而是彼此相互渗透、相互融合，甚至合二为一。同时，即使有明确规定强调某一区域内只允许出现一个蓝色计划的商标，面对利润刺激，不同蓝色计划彼此竞争激烈程度逐步升级，不再遵守州边界的地域性限制，开始主动侵犯他人"领地"。部分蓝色计划协会在近几年也转型为营利性组织，进而上市募集资金以建设自有医疗服务网络，逐渐演变成类似健康维护组织的经营模式。

三、健康保障责任范围扩充

第二次世界大战带来了通货膨胀和失业率的增长，促使美国于1942年出台了《稳定法案》（Stabilization Act），该法案实行价格管控及工资征税，甚至禁止企业过分提高工资吸引稀缺人才。但是法案却提出，当雇主自愿参与指定的职工保障计划并为促进商业健康保险体系发展做出贡献时，可获得税收优惠。所以，《稳定法案》的出台一定程度上为商业健康险注入了强心剂。从统计数据上可以发现：第二次世界大战之前只有10%的职工拥有健康保障；第二次世界大战后直至1955年，该比例上升到70%，即使这70%几乎都是仅包含住院费用保障，也意味着巨大的进步和发展。

随后，即使遭受国家及地方医学协会的强烈抵制，管理式医疗组织也继续缓慢发展，部分延续至今：

1944年成立大纽约地区健康保险计划（The Health Insurance Plan of Greater New York）。2006年该计划和纽约团体健康保险公司（New York – based Group Health Incorporate）合并成了爱博乐健康保险公司（Emblem Health）。

1947年，西雅图400个家庭，每家出资100美元，成立了普吉特海湾团体健康合作计划（Group Health Cooperative of Puget Sound）。

1954年，出现了第一个类似个体执业医师会（Independent Practice Association，IPA）的模式。该组织最早由San Joaquin医疗基金会建立，目的是为了与前文提到的凯撒健康计划基金会展开竞争。组织与个体医生签订按服务项目付费的服务合同并建立相对成熟的医生付费、反馈投诉、医疗服务质量监管、准入等相关制度，还制定了早期的相对费用价值表（Relative Value Fee Schedule），其作用主要是实现合理的医疗服务支付。像其他健康维护组织一样，这种形式的组织需要从州政府拿到许可证，保证向成员收取保费的合法性并行使保险人（保险公司）的责任。然而，因当时的健康维护组织不仅提供医疗服务，也承担保险风险，所以面对来自联邦政府多层级的监管要求。

1945年出台的《麦克卡兰－费古森法案》（McCarran－Ferguson Act）也对管理式医疗的发展起到了至关重要的推动作用。由于保险业本质建立在风险发生可能的基础上，建立初衷是维护公众的共同利益、携手面对风险，故行业不宜存在过度竞争，因此《麦克卡兰－费古森法案》规定保险业豁免于反托拉斯法，即授权州政府对保险业进行监管，而非受限于联邦反托拉斯法。

第二节　美国管理式医疗的发展期

一、健康医疗费用上涨

20世纪60年代初期，由肯尼迪总统主张建立的医疗保障计划（Medicare）第一部分的提案获得国会认可并最终通过，提案指出医疗保障计划第一部分的资金由联邦政府的个人所得税收入提供，即完全由政府支付，且计划将覆盖大部分医院可提供的医院服务（Hospital Service）。随后，国会共和党党派人士提出医疗保障计划也应同时覆盖医生服务（Physician Services），即医疗保障计划第二部分，该部分资金由联邦政府和参保人群共同承担，即政府使用财政收入进行支持，但参保人自己也需缴纳一定保费。

1965年，美国国会正式通过了两个医保项目，分别是针对老年人提供的医疗保障计划（Medicare，Title XVIII of SSA）和针对低收入或残障人群等的医疗救助计划

(Medicaid, Title XIX of SSA)。其中，医疗救助计划资金由联邦政府和州政府共同承担，保障责任和医疗服务给付结构类似于蓝色计划。

医疗保障计划、医疗救助计划、蓝色计划、商业保险等保障方式的发展和整合，促使大多数医疗服务的费用支付转移到第三方进行。第三方支付的方式断开了医疗服务提供者、实际支付者及医疗服务接受者之间的直接关系，在带来安全的同时也导致了医疗费用不必要的增加和过度医疗行为的出现。民众常常会质疑，一些额外的医疗服务费用是否必需。这些额外的医疗服务费用看似主要与医疗保障计划挂钩，但是实际上它是因第三方支付而产生和膨胀的。此外，民众生活水平的普遍提高、医疗科学技术的快速发展以及民众对于医疗保障服务愈加高涨的期望，均加剧了医疗费用高涨和过度医疗的现象。统计数据可以凸显出实际医疗费用的上涨状态：1960 年国家医疗健康支出总费用占 GDP 的百分比仅为 5.2%，到 1965 年为 5.8%，1970 年已经上涨到 7.4%。

面对医疗费用支出上涨的困境，早期的管理式医疗组织也一直在努力寻求解决方案，除了持续使用的费用折扣方案之外，还进行了其他控费尝试，比如：

1959 年，宾夕法尼亚州的蓝盾组织针对当地医院的历史数据进行收集、整理和回顾性分析，研究当地医院的医疗使用频率是否超过了正常水平；

1970 年，加利福尼亚州的医疗救助计划与当地保健基金会联手，发布了针对医院的团体预付制（Precertification）和实时审核（Concurrent Review）两种管控机制；

1972 年，美国社会保障局（Social Security Amendment）授权美国联邦职业标准评定组织（Professional Standard Review Organization）严格审核监管各机构医疗服务质量及适当性。尽管后期联邦职业标准评定组织经历多次重组和更名，但一直承担医疗服务监管责任，并积累了大量数据。

20 世纪 70 年代，不少大型管理式医疗组织在主动督促参保成员维持健康生活方式、参与或监管医疗服务机构的董事会进而严格限制其费用支出、直接和医疗服务机构协商医疗费用等方面进行了尝试。

1974 年美国出台了《退休金保障法案》（Employee Retirement Income Security Act），该法案最早着眼于保护退休职工的福利，即通过免税优惠的方式促使雇主向退休职工提供更为完善的福利保障。法案还明确指出若雇主不向职工提供退休福利保障，工会具有上诉权。但该法案对于管理式医疗还有另一重大意义，即允许雇主可以自筹资金建立或自主经营职工医疗保障计划，进而减轻职工的医疗费用支出负担。该类保障计划由联邦劳动保障部门统一监管，不受州政府监管及税收限制。在该法案的影响下，各大型企业普遍选择建立自保制度并委托专业保险公司经办管理。

总体上看，美国的健康医疗保障支出增长率远超经济增长率。随着美国 GDP 的增长，健康医疗保障支出跃升为国家面对的首要问题。20 世纪六七十年代，健康维护组织在健康医疗保障方面发挥了巨大的作用,并得到广泛的认可。

二、管理式医疗组织正式产生

从 1970 年到 1977 年,美国健康医疗保障支出占 GDP 的比例由 7.4% 增长到 8.6%,逐步成为公众热议的焦点。1979 年 5 月 28 日,美国《时代周刊》刊登了一张引人注目的图片,图片中的外科医生脸上戴着巨大的美元图案面具,旁边还标注着"医疗费用,前路渺茫"。面对民众、政府等多方均迫切寻求解决方案的现实情况,各类管理式医疗组织应运而生,其主要目的就是通过对医疗资源使用情况的严格管理最终实现控费的目的。除了最具代表性的健康维护组织,此段时期还出现了很多新的组织类型,如推荐医疗组织(Preferred Provider Organization,PPO)等。

(一) 健康维护组织(Health Maintenance Organizations,HMOs)

健康维护组织的核心可能是医疗集团、医生团队或保险公司,强调参保成员必须在固定的医疗网络内就诊,对于成员就诊于网络外医院或医生产生的费用,健康维护组织不予支付。健康维护组织还采用全科医生制度,即患者首先需要在全科医生(Primary Care Physician,PCP)处就诊,再由全科医生统一管理和协调其他各种医疗服务,包括提出转入专科、住院治疗等建议。同时,健康维护组织还采取预防投入机制、价格协商等管控手段。总的来说,健康维护组织通过建立合理的财政制度、组织架构、支付手段及形式等机制,尽可能去除不必要的中间环节,激励医疗服务提供者采用最简单有效的方法治疗患者,最终实现对医疗费用和医疗服务资源使用的管理和控制。

1. 健康维护组织法案(Health Maintenance Organization Act)

20 世纪 70 年代,美国健康教育福利部(现健康人力资源部)的负责人 Paul Ellwood,建议允许健康维护组织经办医疗保障计划,并提议医疗保障计划尝试采用按人头付费,进而遏制飞速增长的医疗费用支出。Paul Ellwood 被誉为现代健康维护组织之父,尼克松总统时期任命他作为健康教育福利部的负责人,主要研究和设计遏制医疗预算上涨的方法,其主导的研究项目及政策推进在很大程度上构成了现代的管理式医疗制度。Paul Ellwood 及其团队认为传统型的费用报销式支付体系并非是有效的激励机制,会造成医疗资源的浪费,而健康维护组织作为早期预付制的发展和替代,具有较高的市场吸引力。

1973 年,美国联邦政府正式出台了《健康维护组织法案》,正式明确了健康维护组织的定义和概念,并大力推动了健康维护组织的发展。《健康维护组织法案》的主要内容涉及以下几点:

政府拟向健康维护组织给予一定的政策和财政支持，并且由此获得的捐款、贷款等资金不仅可用于组织创建初期，同样适用于组织扩张期。

健康维护组织在一定程度上可不受州政府法律监管，主要由联邦卫生保健基金管理委员会统一监管。

法案还包含双重选择条款，即要求雇佣人数超过25人的企业，必须提供两类以上具备联邦资质的健康维护组织产品供职工选择。

部分健康维护组织认为双重选择条款会起到反作用，担心法案强制性的要求会引起雇主反感，阻止职工参与健康维护组织计划。但事实上，很多健康维护组织正是借助双重选择条款方能打破壁垒，并逐步与合作企业建立了长久合作关系。

《健康维护组织法案》还建立了关于申请获得联邦资质的标准及流程，参与申请的健康维护组织在保障责任、保障程度、医疗服务网络建设、服务质量、后续申诉流程及争议处理等多方面均必须达到联邦设置的最低标准。即使获取联邦资质对于每个健康维护组织来说并非强制，但多数健康维护组织仍会选择申请联邦资质认证。主要原因是获得联邦资质的公司往往意味着质量更高、信赖感更强，类似于获得了国家级别的"质量认证"，致使获得联邦资质的健康维护组织将更有市场竞争优势。此外，综合考虑双重选择可能带来的合作平台机会及联邦资质会为财政拨款及贷款带来的加分，申请联邦资质对于管理式医疗组织具有重要的作用。

时过境迁，联邦资质如今已不复存在，但它在管理式医疗产生初期发挥了巨大的作用，提高了健康维护组织遏制费用增长和保证医疗服务质量的能力，促进了健康维护组织市场规范性的发展，为市场竞争起到正向引导作用。自此，健康维护组织成功占据了美国大多数商业健康险市场。

《健康维护组织法案》同时还包含了阻碍健康维护组织发展的部分内容，造成这种情形的原因是国会不同阵营议员争执所致：一方阵营希望通过加大健康医疗市场的竞争，刺激医疗服务提供者展开价格战，最终起到限制医疗支出的作用；另一方则认为《健康维护组织法案》是国家医疗改革的先驱，应该着眼于为全民提供福利，尽可能扩大保障覆盖范围，为完全没有保障或保障很少的民众提供保险，通过健康维护组织而不是保险运营机构（Indemnity Carry）满足全民医保的需求，当然这样就会减弱健康医疗提供方市场的竞争形式。

这段时期还出现了一些值得注意的公共政策，比如开放的投保窗口期制度（Open Enrollment）和社区费率机制（Community Rating）。其中，投保窗口期制度要求保险公司不得设置关于投保人健康状况的投保门槛，无论投保人为个人或者团体都不得因其健康状况拒保；社区费率机制则要求保险公司对于一定区域内的所有被保险人均实行统一费率，不存在基于年龄、性别或健康状况的区分对待。以上两项都是值得赞赏的公共政策，但最终会导致获得联邦资质的健康维护组织缺乏市场竞争力，因为政府并没有向其他的传统保险设置同样要求。直到20世纪70年代,《健康维护组织法案》的修订法案才去除了部分繁琐的要求。

除此之外,这段时间某些历史也是有趣和值得关注的:

尽管在实施的具体细节上略有不同,但是国会不同阵营对于立法促进健康维护组织的发展都是持支持的态度;

各个州针对健康维护组织的法律都非常严格;

尽管是联邦政府强制执行的双重选择机制,但实际雇主并没有如预想般地激烈反对该机制;

政府部门和健康维护组织之间存在积极互动:政府通过监管过程推动健康维护组织发展,同时政府也会作为购买者为其公职人员购买健康维护组织的保障,接受健康维护组织的服务;

联邦政府。在一定程度上促进了医疗健康资金持有者和医疗服务提供者之间的竞争程度。

2. 20世纪70年代至80年代的健康维护组织

健康维护组织创立的目的在于升级支付机制,降低过度医疗的可能,在保证医疗服务提供者稳定收入的同时,有效控制医疗费用的持续上涨,实现多方共赢。在封闭式健康维护组织模式中(Closed – Panel HMO),医生不得向非签约健康维护组织以外的人提供医疗服务,参保成员必须指定初级诊所,医护人员作为组织雇员,其主要收入是健康维护组织支付的稳定薪酬,不与按服务付费(Fee For Service)中的诊疗服务次数挂钩,降低过度医疗的可能。在敞开式健康维护组织模式内(Open – Panel HMO),个体医生除了向签约健康维护组织提供服务外,还拥有独立的行医权,参保成员必须指定全科医生。按人头付费(Capitation)为主要的支付方式,医护人员的月收入同其负责管理的健康维护组织的会员数相关。特别对于全科医生来说,按人头付费能够有效控制其转诊操作,大幅降低不必要的医疗资源浪费,实现分级诊疗目标。

无论哪种类型的健康维护组织,参保成员必须首先通过他们的全科医生,才能转诊到专科医生(Specialist Care Physician,SCP)或者医院并得到相应的护理。健康维护组织有权要求签约的医疗服务提供者提供审核资料判定某些治疗手段的必要性,并且有权抽查监管病人的医疗过程,减少不必要的医疗资源使用。对待同样病症,健康维护组织会要求使用更为简单的流程,达到同样的治疗效果,例如建议增加门诊手术的比例、降低平均住院天数等等。总之,健康维护组织就是尽量去除不必要的治疗过程,全面管控医疗费用支出和医疗服务的利用率。

随着健康维护组织的市场占有率上涨、接受度变高,同时又可以保证医疗服务提供者稳定的客源和收益流,越来越多的医疗服务提供者愿意向健康维护组织开放更具有吸引力的折扣优惠,而那些没能及时合作的医疗服务提供者极有可能被市场淘汰。伴随健康维护组织的发展,还出现了新的支付形式,包括按住院天数支付(Per Diem)、按人头付费(Capitation)等,这些将在后续章节介绍。因为早期的健康维护组织相对还较为初级,网络建设也不全面,研究和尝试的新型支付形式也极为丰富,导致管理式医疗组织发展变迁期内各方之间的合作和支付情形变得较为复杂。

从《健康维护组织法案》颁布至20世纪80年代,健康维护组织取得的成功是毋庸置疑的,快速成长并逐渐取代传统型健康保险,这段时间可以说是管理式医疗发展的黄金时间。

3. 20世纪80年代至90年代的健康维护组织

1982年,随着医疗费用的再度剧增,特别是医疗保障计划和医疗救助计划的巨额医疗支出给美国财政带来了严重的威胁,出台新的制度迫在眉睫。美国国会通过了《税收公平和财政责任法案》(Tax Equity and Fiscal Responsibility Act, TEFRA)。该法案核心在于支付方式的改革。政府认为医疗保障计划的资金主要来自纳税人,所以医疗服务提供者不应该从中收取大额利润和管理成本。于是,法案尝试通过政策设置将大部分控费压力转移给健康维护组织,最终实现尽可能为被保险人提供全面保障的同时控制国家医疗费用支出。该法案主要提出以下几点改变:

根据不同医疗服务提供者的历史经验数据设置费用报销的上限(TEFRA Limit),超出上限的部分不予报销。

采用新型服务分级体系,为按病种付费的雏形(Diagnosis Related Group, DRG),即按照病人的实际性别、年龄、是否手术、是否发生并发症等划分类别,对于每个病种的报销额度也不同。法案要求医院设计按病种治疗收费的价目表,进而提高效率和控制费用。

参与医疗保障计划的健康维护组织应提供更低的费率,并覆盖处方药和预防性等服务。

法案实施后,大部分医院的收入不到以前的一半,并且出现了不同医院收入差距较大、上限额度调整不及时等问题,打击了医疗服务提供者的积极性。

同时,健康维护组织尝试开始提供诸多附加保障,比如预防性健康管理服务的大面积覆盖、女性及儿童的预防性健康检查、处方药费用的覆盖等未在传统保险和蓝色计划中提供的保障,这一系列举措使得民众对于健康维护组织的接受度和期待度越来越高。为了不被市场淘汰,传统保险和蓝色计划组织也开始在产品设计开发时考虑多样的保障责任。

(二) 推荐医疗组织 (Preferred Provider Organizations, PPOs)

如前文所述,1970—1980年期间还产生了其他类型的管理式医疗组织,其中较有代表性的是推荐医疗组织。该组织最早在美国丹佛产生，一家福利咨询公司的副总裁 Samuel Jenkins 代表其公司的信托基金客户与医院进行协商时，建议通过保障计划进行成本分摊（Cost Sharing），医院在收取医疗费用时给予保障计划一定的折扣优惠，在降低费用的同时向医院推荐更多客户人数，实现双赢。

推荐医疗组织可以被看作是健康维护组织的延伸。相对健康维护组织，推荐医疗组织的成员要支付更多的医疗保障费用，但不会限制成员在非紧急情况下仅能使用网络内医疗服务资源，参保成员也不再需要通过全科医生的批转，方可获得专科医生或住院等医疗服务。推荐医疗组织存在的基础是，医疗服务提供者愿意为了被病人选择而提供折扣价格，这种做法很快受到广泛认可。

对于参保成员来说，推荐医疗组织的选择更加自主和灵活，成员可以根据实际情况选择是否需要接受签约医疗服务网络外的医疗服务，但相比仅使用网络内的医疗服务，成员需要支付更高的保费或拥有更高的起付线及更低的报销比例，所以大部分参保成员还是宁愿选择在网络内就诊。数据显示，当参保成员选择网络内医疗服务时，推荐医疗组织报销约 90% 的费用；当参保成员选择网络外医疗服务时，推荐医疗组织报销总费用的 70%。

虽然推荐医疗组织有明显的优点，即不限制病人只能使用网络内的医疗资源，但由于其组织运营模式过于依赖医疗保险赔偿条款和折扣式付费方式，忽略疾病预防方面的工作，同时也很难有效地控制医疗费用支出，所以 20 世纪 90 年代末期推荐医疗组织渐渐退出历史舞台。

（三）服务使用管理（Utilization Management，UM）

服务使用管理指针对医疗服务的一系列评估及管理措施，其目的是进行医疗质量和费用成本的控制，确保资源合理使用、效益最佳。管理形式主要包括：

预授权（Precertification），指从医资格、就诊资格、医疗方案等必须提前申请，管理式医疗组织评估是否达到标准。

大额案件管理（large Case Management），比如大型事故、癌症治疗、功能性缺陷引起的慢性疾病、低体重儿等。

二次诊疗意见（Second-opinion Program），即对于一些特定的治疗过程，病人必须要从不同医生处获得二次诊疗意见，才可以得到报销。

此外，还有一些非常严格的运营模式（Practice Pattern），比如尽可能将治疗从住院变成门诊，减少病人的平均住院天数等。

从某种程度上说，服务利用管理使保险公司角色变得更加多样化，也在一定程度上减弱了医疗服务提供者的绝对话语权。其中不少管理手段沿用至今，并且不断扩充和发展。

第三节　美国管理式医疗的成熟期

20世纪80年代中期到90年代中期，管理式医疗快速发展和扩张，占领了传统费用补偿型的保险市场，各类管理式医疗组织不断涌现，整个行业也慢慢趋于成熟，但同时引发了新的负担和问题。

一、管理式医疗组织的迅速扩张和创新

健康维护组织和推荐医疗组织的扩张速度极快：1984年商业性管理式医疗组织参保人数为1510万人，1996年增长到6300万人，1999年增长到1.46亿人。其中，推荐医疗组织表现亮眼，在产生初期占比略微落后，到了1990年承保人数基本和健康维护组织持平，1999年总规模约占据整个管理式医疗市场的39%，高于健康维护组织28%的市场占有率。而传统费用补偿型保险的市场占有率则持续下降，从20世纪80年代中期的75%市场占有率至20世纪90年代中期不到33%，到了2000年传统型保险的市场占有率已不足10%。这段时间，出现了新型管理式医疗组织。

（一）额外点服务健康维护组织（Point Of Service，POS）

额外点服务健康维护组织是健康维护组织和推荐医疗组织的混合，针对就医选择自由和医疗费用管控的矛盾提出了解决方案：当参保成员选择使用网络外医疗资源时，需要接受支付限制（Limited Payment）。此外，参保成员仍必须选择一个可以随时更换的全科医生，由全科医生负责门诊医疗、审核及转诊等工作。网络内、外的医疗服务采用不同的费用补偿标准。如果参保成员想要完全覆盖（Full Coverage）网络内外的服务，需要支付更高比例的共付金额。

产生初期，额外点服务健康维护组织很受欢迎，但由于保费过高逐渐被冷落。而且这种混合型管理式医疗组织让统计汇总工作变得困难。人们逐渐把健康维护组织、推荐医疗组织、额外点服务健康维护组织等统称为管理式医疗组织（Managed Care Organization，MCO）。

（二）定点服务组织（Exclusive Provider Organization，EPO）

定点服务组织是一种特殊的推荐医疗组织，该组织严格限制参保成员只能在指定的医生处接受医疗服务才可以获得费用补偿。

（三）特殊医疗服务组织（Carve Out Organizations，COO）

特殊医疗服务组织是针对特殊性专科医疗服务的管理式医疗组织，例如处方药、精神及行为治疗、慢病管理、脊椎按摩治疗、牙科治疗等等。这些特殊医疗服务费用具有特殊性，费用较难控制，需要专门管理。但小型独立的特殊医疗服务组织承担风险的能力较低，一般很难获得经营资质。

与此同时，医疗保障计划和医疗救助计划也见证了管理式医疗的成长。在1990年到2000年期间，医疗保障计划的参保成员从130万人上涨到680万人，医疗救助计划的参保成员从230万人上涨到1 880万人。然而，事物都具有两面性，管理式医疗组织过快增长也带来了问题，部分管理式医疗组织超负荷运转，其能力水平无法支持正常经营工作的展开，管理系统和信息系统接近崩溃，服务质量开始恶化。

二、管理医疗市场的改变

（一）并购

20世纪90年代初期，管理式医疗组织并购现象严重。一方面，虽然管理式医疗市场发展势头迅猛，但小型的管理式医疗组织仍有经营不善的可能。造成这种情况的原因很多，比如：

大公司更愿意选用分支机构多、知名度高的管理式医疗组织为其职工提供福利，因为大公司往往拥有遍布全国的分支机构，对应的，只有多分支机构的管理式医疗组织才能保证分散各地的雇员都能够获得优质服务；

小型管理式医疗组织，信息系统建设和技术水平往往不高，很难面对不断涌现的新需求，不具备持续升级的能力；

为了解决前面提到的分支机构少、信息水平低等问题，同时为了保证向客户提供与大型管理式医疗组织相同质量及数量的服务，小型管理式医疗组织的现金流通常处于紧张状态，致使民众往往对其认可度不高；

小型管理者医疗组织在某个地域性市场如果不具有很高的垄断性，就无法提供和大型管理者医疗组织同等折扣力度，不具有竞争力。

以上原因加剧了小型管理式医疗组织的经营压力，大部分因经营不善陆续被吞并和收购。

另一方面，面对管理式医疗市场的巨大商机，商人的逐利天性被激发，大量资本涌入市场。为了快速进入市场，投资者可能会选择直接收购多个小型管理式医疗组织，随后将收购的组织合并、发展成地区性或者全国性的大型管理式医疗组织，最终达到上市的目的。而小型管理式医疗组织面对因经营不善而陷入财政困境的现状，也乐意接受收购条件尽快脱身。此外，一些大型州立保险公司为了获得更多的客户源，选择收购快要倒闭的小型管理式医疗组织，将其原有的参保成员纳入自己的服务范围后，再次转卖或者直接宣布破产。很快美国国内管理式医疗市场就被少数大型的保险公司分割，直至1999年，跨州级别的健康维护组织市场占有率已经超过了75%。

医生也放弃个体独立运营模式转变为团体运营模型。20世纪90年代，医院之间地区性的合并也逐渐展开，那段时间大概共发生了超过900起并购事件。

（二）由非营利模式向营利模式改变

诸多管理式医疗组织逐渐从非营利组织向营利组织转变，具有代表性的事例如下：

早期创立于加利福尼亚州的WellPoint为一家非营利性蓝色计划，转化为营利组织后逐渐收购其他小型管理式医疗组织扩充实力。根据2011年统计数据显示，其已成为美国最大的健康保险公司，成员数高达3 420万人。

联合保健公司（United Health Care）最早是创立于明尼苏达州的非营利保障计划。根据2011年统计数据显示，其已成为美国第二大健康保险公司，成员数高达3 400万人。

目前，美国管理式医疗市场中非营利组织和营利组织的比例大概各占一半。大规模并购后，市场上留下的都是大型的医疗服务提供者和管理式医疗组织。它们都在一定的地区占有绝对话语权，彼此之间的竞争趋于平缓，呈现出"双边寡头"的局势。也就是说在展开合作时，无论是医疗服务提供者还是管理式医疗组织都只有很少的选择，而市场价格也达到平衡状态并趋于稳定。至此，管理式医疗市场趋于稳定。

三、综合医疗服务体系（Integrated Delivery System，IDS）

上文提到了医疗服务提供者彼此间的合并：医院、医生、护理院、药房等医疗服务提供者相互合作、结盟组成了综合医疗服务体系，保持信息互通、资源共享。大部分综合医疗服务体系是由医院与旗下的医生共同组成，较为常见的形式为医生医院组织（Physician – Hospital Organization，PHO）。但该类组织管理体系较为松散，为了提供更广泛的保障范围和服务提供者，未明确区分医生等级标准。这种管理模式导致服务利用管理效率低下，影响了综合医疗服务体系的市场竞争力。此外，因为支付方式复杂、信息系统建立困难、管理经验缺乏以及现金流不稳定等多种原因，综合医疗服务体系的创立初期状况都较为艰难。

即使困难重重，综合医疗服务体系为了获得更高的利润仍然坚持寻找方法取消中介机构,并由其自身直接成为风险承担载体。为达目的,综合医疗服务体系竭尽所能进行游说,最终于1997年出台了《平衡预算法案》(Balanced Budget Act of 1997),允许达到一定要求标准的综合医疗服务体系可以组成医疗服务提供者发起组织(Provider-Sponsored Organization,PSO)并自担风险。一般来说,能达到标准的通常是大型综合医疗服务体系或者医生运营管理公司(Physician Practice Management Company)。很快,进行这种尝试的综合医疗服务体系大部分都由于各种原因而失败了。

四、服务利用管理焦点的转移

根据美国国家医疗费用统计显示,住院医疗费用的占比逐渐降低,由此,服务利用管理的焦点,从仅仅关注住院医疗资源的管控,扩展到包含门急症治疗、处方药、专科服务等各个方面。此外,服务利用管理也开始关注慢性长期疾病的患者以及特殊医疗服务组织,主要原因在于虽然这类患者总人数很少,但其所发生的医疗费用却极为高昂。

全科医生制度也发生了改变,在传统的管理式医疗组织中,全科医生的主要职责是管理病人所有的医疗服务,但其往往很难兼顾医疗费用管控及完全满足病人实际需求。并且,民众常常会对全科医生产生怀疑,怀疑他们的许多举动是否只是为了追求最大利益。而推荐医疗组织的增长,导致以全科医生为基础的"守门员"制度,部分转变为非紧急专科制度(Nonemergency Specialty Care)。

五、行业监管(Industry Oversight Spread)

1990年之前,健康保险公司和管理式医疗组织都是由各个州的保险部和健康部共同监管。1991年国家质量保证委员会(National Committee for Quality Assurance,NCQA)正式成立,该组织最早由管理式医疗组织行业协会发起,独立后的董事会由雇主、工会代表、顾客代表等共同组成,其职责是对健康维护组织的医疗服务质量进行认证评估。

同一时期,业绩评价系统(Performance Measurement System)陆续出台,最具有代表性的就是健康计划雇主数据与信息系统(Health Plan Employer Data and Information,HEDIS),该系统由国家质量管理委员会为适应一些大型公司及管理式医疗组织的需求研发,随后不断升级,其最新版仍可以在国家质量管理委员会的官方网站上搜索到。

另外,针对该行业颁布的一系列法案也对该行业的监督起到了指导作用,联邦级别的两个最重要法案是《统一综合预算协调法案》和《健康保险流通与责任法案》。

1985 年颁布的《统一综合预算协调法案》(Consolidated Omnibus Budget Reconciliation Act, COBRA): 规定雇主在合同雇佣关系结束后的 18 个月仍需为职工提供团体医疗保险,以保证失业职工可以持续享受团体医疗保障,尽管这类职工可以被要求支付全额保费的 2% 作为额外保费。如果雇主不能达到法案要求则不能享受免税政策。

1996 年国会通过美国《健康保险流通与责任法案》(Health Insurance Portability and Accountability Act, HIPAA)。法案首先对《统一综合预算协调法案》进行了一定的升级,为未包含在《统一综合预算协调法案》保障范围中的失业及跳槽人员提供医疗保障。此外,法案还对大部分医疗服务产业都制定了规范化条例,包括交易规则、医疗服务机构的识别、从业人员的识别、医疗信息安全、医疗隐私、健康计划识别、第一伤病报告、病人识别等。

六、管理式医疗的挑战

管理式医疗快速得到市场的认可,但其本身存在一些突出矛盾受到全社会的广泛关注,不断促进管理式医疗模式日趋成熟和规范。

(一) 自由就医选择的限制

社会对管理式医疗寄予期望,希望其能够减少日渐增长的医疗保障费用,但同时又为其带来的副作用而烦恼。20 世纪 90 年代早期,大部分雇主表面上同时向职工提供各种健康维护计划产品和传统保险产品作为选择,但是职工发现若选择传统费用报销型保险,需要支付很高的保费,最终发展为雇主出于控费考虑只提供健康维护计划产品。对于一些并非主动选择加入管理式医疗组织的职工来说,他们必须根据管理式医疗组织合同要求更换自己的专科医生。即使这种制度在一定程度上提升了医疗服务质量,还减少了费用,但民众仍因其强制性感到不便。

1995 年的调查数据显示,美国民众对管理式医疗的不满主要体现在:看诊时间过短、专科就诊不便、医疗费用未实际减少、医疗服务质量未实际上升、健康预防服务质量未实际上升。从参保成员的角度来看,想要获得更加便捷、全面、高质量的服务是其天性和权利;从管理式医疗组织角度说,提供的医疗服务覆盖越全面、自由选择程度越高,也就越难管控医疗费用的支出。面对公众的日益不满,管理式医疗组织一直在努力改进,例如建立更大的医疗服务提供网络、推出更合理的保障计划等等。

(二) 管理和信任风险

部分管理式医疗组织盲目扩张,却并没有建立相应的风险管理手段和系统支持,比如信息系统过度负荷、交易系统更新迟缓、出单过程混乱易出错、后台系统不稳定等等，均带来了极大的风险漏洞，降低了服务质量。同时，大批投机资金的涌入，也使得管理式医疗组织的管理者背离了组织建立的初衷，变得逐利和冷血，在支付过程中频繁出现错误和拖延。

在民众的印象中，管理式医疗组织的产品设计及定价不透明，服务成本价格不明确，个别健康维护组织产品定价专业员工能力水平令人质疑，个别健康维护组织故意将牙医等医疗服务定义为不必要的医疗并拒绝支付，赔偿准则设置不合理导致的高诉讼比例等现象都使这段时间的管理式医疗让民众大为失望。

此外，一些特殊医疗服务需求不断出现，例如治疗勃起功能障碍的处方用药、荷尔蒙激素治疗、试管婴儿等等，也逐渐成为管理式医疗计划的新挑战和价格管控的新难题。

（三）不公的媒体评论

由于民众对于管理式医疗的不满日益增长，政客和媒体为了博人眼球，开始对管理式医疗组织过度曝光。可以说，任何关于管理式医疗组织的诉讼案件都是当时价值极高的新闻素材，媒体使用可识别受害者效应（The Identifiable Victim Effect）等技术，通过过度渲染和杜撰出版一些极有偏见的文章。但实际上，这对于一些管理式医疗组织来说其实是不公正的，也进一步加重了民众对保险公司的不信任和厌恶感。

政客们也很快体会到跟上这波批判潮流带来的好处，他们试图通过大肆批评管理式医疗组织获得民众的选票。特别是1993年讨论制定《健康安全法案》（Health Security Act）时，很多州都通过了病人保护条款（Patient Protection），但其实该条款很多内容是不合理的，例如过于宽泛的上诉权、强制要求健康维护组织必须和任何有意愿的医疗服务提供者签约等等。

总的来说，这期间公众关注点集中在"健康维护组织的可怕故事"，几乎所有杂志、电影、卡通、综艺都想尽办法嘲讽和诽谤管理式医疗，诉讼案件也越来越多。民众也开始断言管理式医疗组织的很多制度和体系是不客观、不合理的，仅仅关注更高的利益。

管理式医疗组织努力在这种困境中寻求突破，比如覆盖预防性的服务和药品、放宽投保年龄限制、提高报销医疗费用比例、努力扩大医疗服务网络、取消全科医生的"守门员"制度等等，但这些努力都没有被关注和报道，因为在媒体眼里这些是没有新闻价值的。

时间是最好的疗法，当政客和媒体获得了新的关注点时，针对管理式医疗的批评渐渐被遗忘。但是这段时期对管理式医疗发展来说是至关重要的，民众的质疑带来了新思路，不断的尝试和碰撞形成了更为完善成熟的解决方案，也为医疗服务费用的管理留下了丰富的经验。

（四）医疗服务费用支出再度上涨（2000—2010年）

从管理式医疗产生开始到1999年，其在控制医疗服务支出中起到了至关重要的作用，在一定程度上抑制了美国医疗服务费用的快速增长。但从 1999 年开始，这种控制力慢慢减弱：1990 年美国的医疗服务费用为 GDP 的 12.3%，2000 年增长到 13.8%，2009 年增长到 17.6%，可以说这种增长是远远超过美国 GDP 总体增长的，医疗服务费用支出给美国财政带来了巨大的负担。医疗服务费用的上涨因素是非常复杂的，很难把它归咎于一种甚至数种原因。以下几种是较为常见的因素：

从最基础的角度看，因为医疗花费受到价格和使用率的综合影响。所以一方面来说，管理式医疗组织的服务利用的管理手段需要升级；另一方面，价格的上涨也是由于大型医疗系统、制药商、医疗设备制造商的收费过高导致的。

随着科技进步而层出不穷的新型疗法和药物，特别是针对门诊的新型治疗手段也是导致医疗服务费用上涨的原因。新的治疗技术往往会带来不可预知的疗效，而第三方支付系统又隔离了医疗服务提供者和病人在费用上的直接接触。所以新的诊疗技术通常会有较高的价格浮动区间。

民众对服务需求的增多和对服务质量要求的提高也会造成医疗支出上涨，特别是一些并非合理且必需的需求。过度的需求往往还会造成其他不良影响，比如大量虚假广告宣传的产生。

某些医生缺乏职业道德也是导致费用上涨的因素，针对同一种病症，当某种治疗方法可以获利更高时，医生会倾向给病人设计诱导性的治疗方案以获得利润。

防御性医疗（Defensive Medicine）的产生，即医生为了避免医疗风险、保护自己免于医患法律诉讼，习惯采取保守的治疗方法，进而造成了医疗费用的增长。

像前文提到的，管理式医疗按照公众的新需求，不断创新和扩大覆盖范围，比如慢性病、遗传病等的覆盖，也造成了费用的上涨。

高昂的管理及行政费用。20 世纪 90 年代末，计算机和互联网远不及现代发达。管理式医疗组织会在保险代理佣金、管理费用、行政费用等方面支出较多。但现在，管理式医疗组织通常通过建立网站、数据库及手机软件向民众提供产品的详细信息及电子医疗记录，新技术的发展大大降低了管理及行政费用。此外，美国在 2011 年也专门出台法案限制产品定价中用于销售、行政、管理等的费率比例。

人均寿命变长和社会老龄化程度严重也逐渐成为保险行业的巨大挑战和不可逃避的社会责任。

总体来说，保险公司要兼顾国家法律监管、民众实际需求和自身盈利目标的实现是十分困难的。现代的管理式医疗组织只能坚持勇于创新，采用建立健康档案、按时进行风险评估、提供疾病管理、监控所有医疗过程、与政府部门和医疗服务提供组织全面合作等手段，在防范和降低疾病风险的同时，降低医疗服务费用上涨的可能。

（五）参保人个人自负费用的上涨

医疗服务费用支出上涨，随之而来的就是保险保费的上涨。过去雇主一般会负担整体保费的70%，剩余由职工自负并直接从工资中扣划，所以保费的上调即代表着工资的减少。

同时雇主为了抑制由其所支付保费部分的增长，增加了起付线（Deductible）的概念，即保障生效的最低金额。2010年，超过17%的大公司和近一半的小公司都把年度起付线调整到1 000美金以上。此外，全科医生的挂号费上涨到20美元、专科医生的挂号费上涨到40美元，处方开药的费用也大幅上涨。这一系列举动都增加了参保人的实际自负金额。

（六）参保人数的下降

现实中很多人是没有保险的，造成此现象的原因很多。一部分人是被动选择的：小型公司可能无法为其职工提供保险，美国国内传统制造业的衰败造成该行业工人大批失业，同时也丧失了保险，破产的穷人缴纳不起高额的保费；另一部分人是主动选择不参保，例如部分职工因为公司不提供费用补偿型保险作为选择或者设置了极为不合理的起付线。2009年，美国没有任何医疗保障的人数高达17%，该类人群需要完全自负所发生的医疗费用。

本章小结

从管理式医疗产生发展到现在，毋庸置疑的是它对整个美国医疗服务体系产生了正向促进作用。但随着价格竞争和社会老龄化加剧等现实问题的产生，整个管理式医疗市场的走向越发变幻莫测，如何在社会利益和自身利益中做出合理的安排是所有管理式医疗组织面临的艰难抉择。无论是国家政府部门、管理式医疗组织还是医疗服务提供系统都在不断寻求新的改革方向。值得我们相信和不断研究的是，管理式医疗对当代中国医疗体制改革和商业保险公司的发展会起到重要的帮助和借鉴作用。

思考题

1. 美国管理式医疗经历了几个时期？每个时期发展的特点怎样？
2. 美国管理式医疗面临哪些挑战？

第三章

中国健康保险的发展历程

健康保险分为社会医疗保险和商业健康保险两大类。新中国成立以来,无论社会医疗保险还是商业健康保险,从无到有、从萌芽到壮大,逐步发展壮大。本章首先沿着社会医疗保险和商业健康保险两条线,按时间顺序回望了中国健康保险发展的重要历史阶段,并对中国健康保险的发展环境与现状进行了深入分析。之后在第二节中,总结了目前中国健康保险发展过程中存在的诸多问题,指出中国健康保险与管理式医疗协同发展是解决问题的关键。

第一节 中国健康保险的发展历程

一、中国健康保险发展的历史阶段

从保险供给主体的角度来看,健康保险分为社会医疗保险和商业健康保险两大类。首先是由政府提供的社会医疗保险。政府为了维护社会稳定、保障民生,有责任向全体国民公平地提供社会医疗保险,以保障人民基本的医疗费用支出。从世界范围看,各国政府都建立了不同保障程度的社会医疗保险制度。其次是由保险公司提供的商业健康保险。在政府提供的社会医疗保险之外,个人或者组织会有更加多样和更高层次的健康保障需求,这就需要由保险公司提供的商业健康保险来满足。社会医疗保险坚持广覆盖、保基本,满足基本的健康保障需求,而商业健康保险是社会医疗保险之上的重要补充，满足更加多样化、更高层次的健康保障需求，二者相互结合，共同构筑多层次的医疗健康保障体系。

新中国成立以来，无论社会医疗保险还是商业健康保险，从无到有、从萌芽到壮大，逐步发展、成长。本节将分五个阶段叙述，沿着社会医疗保险和商业健康保险两条线，按时间顺序回顾中国健康保险发展的重要历史阶段。

（一）第一阶段——孕育阶段（1949—1978 年）

1. 社会医疗保险

以国家 1951 年颁布《劳动保险条例》、1952 年颁布《国家工作人员公费医疗预防实施办法》为标志，中国逐渐建立了适应计划经济体制的公费医疗和劳动保险医疗（以下简称"劳保医疗"）制度，由企业和国家财政出资，全额承担国家工作人员和企业职工发生的医疗费用。公费医疗和劳保医疗保障人群不同，公费医疗主要面向机关事业单位，劳保医疗主要面向企业职工，而且面向的是全民所有制企业的职工。"文革"期间，这一制度遭到破坏。

农村医疗保障方面，自 1955 年起部分地区探索出集体合作医疗制度，由生产合作社群众出"保健费"，生产合作社提供补助。但是一直没有大规模普及。与"文革"期间公费医疗和劳保医疗制度遭到破坏不同的是，农村集体合作医疗却是在"文革"期间得到了普及。由于毛泽东肯定了地方合作医疗的做法，作为一项政治任务，农村合作医疗在全国得到铺开，1976 年全国 90% 的农民参加了农村合作医疗。

2. 商业健康保险

这一阶段我国尚未出现商业健康保险，整个国内保险业务也自 1959 年起停办，只保留了部分对外的保险业务。

（二）第二阶段——萌芽阶段（1979—1993 年）

1. 社会医疗保险

"文革"过后，传统的公费和劳保医疗制度逐渐恢复。随着城市经济体制的改革，多种所有制形式很快替代了公有制经济一统天下的局面，在这种情况下，公费医疗和劳保医疗越来越显示出对新型经济体制的不适应性。一方面，因为劳保医疗只保障公有制经济的职工，许多新型所有制的职工没有保险；另一方面，在劳保医疗制度下，医疗服务几乎全部免费，医疗费用上涨严重，给企业带来了沉重的压力，企业改制举步维艰。针对制度存在的问题，围绕控制医疗费用，尝试进行了一些改革，例如严格就医制度、控制公费医疗支付范围、个人少量缴费、进行社会统筹等。同时，1992 年劳动部提出了扩大劳保医疗覆盖范围的设想，使各类所有制类型的企业职工都能享有医疗保障。

进入20世纪80年代，因为农村合作医疗的资金主要来源于集体经济组织，生产合作社的衰落使得农村合作医疗丧失了制度基础，农村合作医疗逐渐衰落，到1989年，仍然实行农村合作医疗的行政村锐减到4.8%。

2. 商业健康保险

1979年国内恢复保险业。1982年，经上海市人民政府批准，中国人民保险公司上海分公司经办了"上海市合作社职工医疗保险"，这是我国国内恢复保险业务后启动的首批健康保险业务。另外，中国人保在部分地区陆续试办了附加医疗保险和母婴安康保险等健康保险。这标志着我国商业健康保险开始萌芽。

总体上看，该阶段国家仍盛行公费和劳保医疗制度，商业健康保险供给主体和产品单一，业务承保十分有限。

（三）第三阶段——初步发展阶段（1994—1997年）

1. 社会医疗保险

长久以来，公费和劳保医疗制度的弊端日益突出，医疗费用持续大幅上涨，国家和企业不堪重负。1994年，镇江市和九江市被国务院确定为职工医疗保障制度改革的试点城市，推行社会统筹和个人账户相结合的社会医疗保险模式。1996年，试点扩大到近40个城市，传统的公费和劳保医疗制度被打破。

为了改变农村合作医疗逐渐萎缩的局面，国家采取了一些措施，但是效果并不理想，主要原因在于缺乏政府资金补助，主要由个人进行缴费，因此发展缓慢。

2. 商业健康保险

在这一阶段，若干中资商业保险公司陆续成立，外资友邦人寿进入中国，商业健康保险的市场供给主体不断增加，重大疾病保险开始出现，人们在保险公司和保险产品方面有了更多选择，商业健康保险初步发展。

（四）第四阶段——快速发展阶段（1998—2003年）

1. 社会医疗保险

1998年国务院颁发《关于建立城镇职工基本医疗保险制度的决定》，全面推行社会医疗保险制度改革，这标志着在我国实行了40多年、由国家和企业大包大揽的公费和劳保医疗保障制度逐步被新的社会医疗保险制度取代。新的社会医疗保险制度坚持"保基本、广覆盖"，实行社会统筹和个人账户相结合、个人和企业共同筹资的方式。这一阶段，农村合作医疗仍然没有改观。

2. 商业健康保险

该时期，商业健康保险的供给主体继续增加，有资格经营商业健康保险的主体增加到60个以上，健康保险产品更加多样化，增加了银行等销售渠道，监管制度也不断建立，这些都促使商业健康保险进入快速发展阶段。

（五）第五阶段——专业化经营阶段（2004年至今）

1. 社会医疗保险

该阶段，我国经济高速发展，国家财政实力不断增强，促成了社会医疗保险的不断完善。2003年新型农村合作医疗试点实施，政府补助的增加使得农村居民参保积极性被广泛调动；2007年城镇居民医疗保险试点实施，为城镇非就业居民提供保险保障；2012年大病保险在全国层面铺开实施，提高了新农合和城镇居民医疗保险的保障层次。截至目前，我国已经建立了覆盖所有城乡居民的社会医疗保险制度。

2. 商业健康保险方面

以2004年中国保监会批准设立人保健康等专业健康险公司为标志，改变商业健康险依附于寿险和财险的状态，开始进入专业化经营时代。2006年，中国保监会颁布《健康保险管理办法》，规范商业健康保险经营，为行业健康发展提供了良好的制度保障。同时，国家陆续出台支持商业健康保险发展的政策，人们的健康保险需求也随收入增长不断释放，商业健康保险出现爆发式增长。

二、目前中国健康保险的发展环境

（一）国家政策持续推动健康险发展

我国政府高度重视健康保险的发展，注重发挥社会保险和商业保险的协同效应，将政府和市场"两手并用"，加快构建多层次医疗保障体系。

2009年以来，一系列支持政策密集出台。2009年3月出台的《关于深化医药卫生体制改革的意见》，把以社会医疗保险和商业健康保险为内涵的医疗保障体系作为医疗卫生四大体系之一，要求到2011年基本医疗保险全面覆盖城乡居民，提倡以政府购买服务的方式委托商业保险机构经办各类社会医疗保险；2012年8月出台《关于开展城乡居民大病保险工作的指导意见》，建立大病医疗保险制度，明确大病保险由商业保险机构承办；2013年9月出台《关于加快发展养老服务业的若干意见》，把保险作为养老服务业的重要一环，要求保险与养老服务业其他领域统筹发展，开发适合老年人的保险产品，鼓励老年人投保长期护理等健康保险，鼓励保险资金投资养老服务领域等；2013年9月出台的《关于促进健康服务业发展的若干意见》，把保险作为健康服务业四大板块之一，要求到2020年商业健康保险支出占卫生总费用的比重大幅提高，丰富保险产品、发展多样化健康保险服务，鼓励保险机构投资医疗服务业；2014年8月出台的《关于加快发展现代保险服务业的若干意见》，把发展保险服务业提升到服务国家治理体系和治理能力现代化的高度,要求把商业健康保险建成社会保障体系的重要支柱;2014年10月出台的《关于加快发展商业健康保险的若干意见》,聚焦商业健康保险发展,明确发展意义和发展目标,梳理发展任务,完善支持政策;2015年11月出台的《关于实施商业健康保险个人所得税政策试点的通知》,给予个人购买商业健康保险税收优惠,国际通行的健康保险税收优惠政策在我国落地实施;2016年10月印发《"健康中国2030"规划纲要》,为健康中国建设制定了行动纲领,到2030年全民医保体系要成熟定型、全民医保管理服务体系要完善高效、商业健康保险赔付支出占卫生总费用比重要显著提高。

随着这些支持政策的加快实施,政府对社会医疗保险投入的逐渐增大,支持商业健康险发展的政策逐渐落地,为健康保险发展注入了强大的发展动力。

(二) 监管政策为健康险发展提供支撑

为促进健康保险快速发展,作为保险监管部门的中国保监会,陆续出台并实施一系列文件和举措,促成国家健康险支持政策在保险行业落地实施。例如2013年3月出台《保险公司城乡居民大病保险业务管理暂行办法》,细化保险公司承办大病保险的经营资质、投标管理、业务经营和服务要求等,保障大病保险贯彻实施;2015年出台《个人税收优惠型健康保险业务管理暂行办法》,制定保险公司经营税优健康险的资质条件、产品框架以及财务和信息系统要求等,保障税优健康险顺利落地等。支持健康保险专业化经营。健康保险在风险特点、运营管理等方面均不同于财险、寿险等业务,需要进行专业化经营。自2002年颁布《关于加快健康保险发展的指导意见》明确鼓励健康保险专业化经营以来,给健康保险专业经营提供了诸多政策支持。例如2006年出台作为健康保险第一部专业化监管规章的《健康保险管理办法》;2012年出台《关于健康保险产品提供健康管理服务有关事项的通知》,引导、规范健康保险产品中嵌入健康管理服务等,支持了"健康保障+健康管理"的健康险经营理念;2015年出台的《个人税收优惠型健康保险业务管理暂行办法》中要求,除专业健康险公司外,其他人身保险公司应建立健康保险事业部,方可经营税优健康保险。

搭建有利于健康保险发展的行业基础设施。例如2013年11月发布我国第一套重大疾病发生率表,填补对于健康保险定价至关重要的重疾发生率行业标准的空白,推动搭建行业健康保险信息平台,整合行业健康险保单和数据信息,提高了行业数据整合和数据分析水平等。

(三) 经济社会发展促使健康险需求释放

一是随着供给侧改革不断推进,我国经济仍将保持中高速增长,这为健康保险发展提供了有力的收入支撑;二是我国医疗费用快速上涨,2011—2015年间全国卫生总费用年均增长率达到 13.89%，这使得居民购买健康保险、降低医疗费用负担的意愿不断增强；三是我国政府大力推进以人为核心的新型城镇化，常住人口城镇化率不断提高，从 2011 年的 51.27% 提高到 2015 年的 56.10%，每年约有 2 010 万人从农村转移到城镇，按照国家规划，到 2020 年我国城镇化率将达到 60%，这将释放出新的健康保障需求；四是我国人口老龄化进程加快，截至 2015 年末，65 岁及以上的老龄人口达到 1.4386 亿人，占总人口比重 10.5%，预计到 2020 年老龄化程度将提升至 17.17%，疾病、护理等健康保险需求将被进一步激发；五是随着社保的普及，对全民进行了很好的保险教育，因此群众更加主动地去寻求商业健康保险的补充保障。

（四）科技进步给健康保险发展带来机遇和挑战

新的科技进步给健康保险带来了机遇。比如生物基因的发展，可用于精准识别人体健康风险；可穿戴医疗、运动设备的应用，可为健康险公司提供投保人动态的健康信息，同时也有助于开展慢病管理服务；大数据也为风险识别、精准定价、客户关系管理等提供了有力工具。

新的科技进步也会给健康保险带来挑战。比如新药物和大型设备推广使用等，会增加医疗支出，可能动摇产品定价基础；疾病早期诊断技术的进步和普及，使得疾病确诊时间提前，影响产品赔付责任的确定和疾病概念的定义等。

总之，面对新技术的发展，或者改良健康保险经营的某个环节，或者颠覆健康保险的整个经营传统，须及时抓住机遇、妥善应对挑战。

三、目前中国健康保险的发展现状

（一）社会医疗保险的发展现状

1. 社会医疗保险实现全民覆盖

目前，我国社会医疗保险已经在制度上实现了全民覆盖，新农合保障农村人口，城镇居民基本医疗保险覆盖城镇非就业人口，城镇职工基本医疗保险覆盖城镇就业人口。从实际覆盖人口看，根据卫计委、人社部和国家统计局统计数据（见表 3.1），2015 年社会基本医疗保险的覆盖比例为 97.16%，实现了从"广覆盖"到"全覆盖"的质变和突破。

2. 社会医疗保险基金收入逐年提高

随着参保参合人数的不断增长，以及各级财政对新农合和城镇居民医疗保险补贴水平、个人筹资水平的提高，社会基本医疗保险基金收入逐年大幅增长（见表 3.2）。

表 3.1　　　　　　　　社会基本医疗保险覆盖比例

年度	新农合参合人数（亿人）	城镇居民参保人数（亿人）	城镇职工参保人数（亿人）	社会基本医疗保险覆盖总人数（亿人）	我国人口总数（亿人）	社会基本医疗保险覆盖比例（%）
2010	8.36	1.95	2.37	12.68	13.41	94.56
2011	8.32	2.21	2.52	13.05	13.47	96.88
2012	8.05	2.72	2.65	13.42	13.54	99.11
2013	8.02	2.96	2.74	13.72	13.61	100.00
2014	7.36	3.15	2.83	13.34	13.68	97.51
2015	6.7	3.77	2.89	13.36	13.75	97.16

注：2013年度，社会基本医疗保险覆盖人口总数大于全国人口总数，原因可能有两点：一是统计误差；二是部分人口重复参保不同基本医疗保险，例如农民工群体，在参保新农合的同时，同时参保城镇职工医疗保险等。

表 3.2　　　　　　　　社会基本医疗保险业务规模的增长情况

年度	新农合基金收入（亿元）	同比增长（%）	城镇职工/居民基金收入（亿元）	同比增长（%）	社会基本医疗保险基金收入总额（亿元）	同比增长（%）
2010	1 308.93	—	4 308.9	—	5 617.83	—
2011	2 048.47	56.50	5 539.2	28.55	7 587.67	35.06
2012	2 483.43	21.23	6 938.7	25.27	9 422.13	24.18
2013	2 972.13	19.68	8 248.3	18.87	11 220.43	19.09
2014	3 024.15	1.75	9 687.2	17.44	12 711.35	13.29
2015	3 286.62	8.68	11 193	15.54	14 479.62	13.91

注："城镇职工/居民基金收入"是城镇职工基本医疗保险和城镇居民基本医疗保险基金收入之和，人社部统计数据未对二者进行拆分。

3. 社会医疗保险保障近半全民医疗费用

社会基本医疗保险基金收入的增长带来的是对全民医疗费用保障水平的提高。我们使用《中国卫生和计划生育统计年鉴》中的"各级医疗卫生机构医疗收入"[1] 统计数作为全民医疗费用的替代指标。我国全民医疗费用逐年增长，但是社会基本医疗保

---

[1] 《中国卫生和计划生育统计年鉴》中的"各类医疗卫生机构医疗收入"指标，包括医院、基层医疗卫生机构和专业公共卫生机构等各类医疗卫生机构在开展医疗服务活动中取得的收入，包括挂号收入、床位收入、诊察收入、检查收入、化验收入、治疗收入、手术收入、卫生材料收入、药品收入、药事服务费收入、护理收入和其他收入。笔者认为该指标可视为全民就医花费的医疗费用，相关学术论文中也有将该指标作为全民医疗费用。

险基金支出的增长速度大于医疗费用上涨的速度，因此社会基本医疗保险对全民医疗费用的保障水平逐年提高，从2010年的占比39.89%提到至2015年的50.72%（见表3.3）。

表3.3　　　　　　　社会基本医疗保险对全民医疗费用的保障水平

年度	新农合基金支出（亿元）	城镇职工/居民基金支出（亿元）	社会基本医疗保险基金总支出（亿元）	各类医疗卫生机构医疗收入（亿元）	社会基本医疗保险支出占医疗收入比例（%）
2010	1 187.84	3 538.00	4 725.84	11 847.22	39.89
2011	1 710.19	4 431.00	6 141.19	13 926.84	44.10
2012	2 408.00	5 544.00	7 952.00	16 539.53	48.08
2013	2 909.2	6 801.00	9 710.20	19 147.45	50.71
2014	2 890.4	8 134.00	11 024.40	21 972.14	50.17
2015	2 933.41	9 312.00	12 245.41	24 144.03	50.72

4. 社会医疗保险的基金收支总体盈余

2011—2015年，随着参保人数的增加和保障范围的扩大，社会医疗保险基金的收入与支出均呈增长趋势。2011—2015年，从全国范围看，城镇基本医保和新农合保险基金的收入均大于支出，社会医疗保险基金有结余（见图3.1和图3.2）。

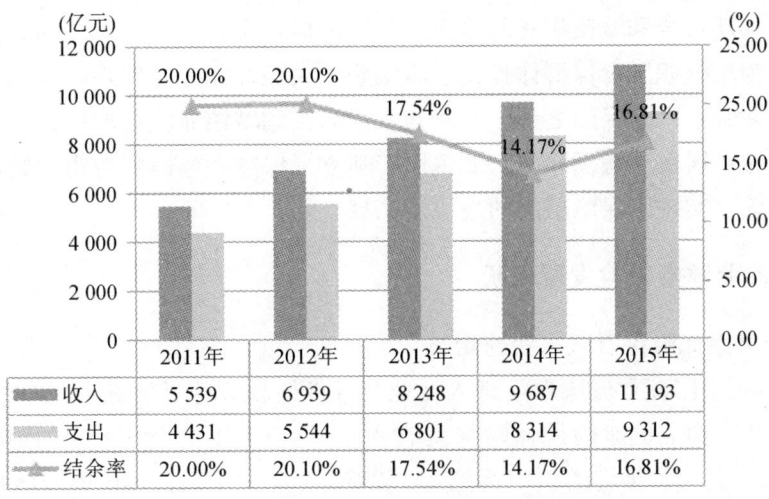

	2011年	2012年	2013年	2014年	2015年
收入	5 539	6 939	8 248	9 687	11 193
支出	4 431	5 544	6 801	8 314	9 312
结余率	20.00%	20.10%	17.54%	14.17%	16.81%

图3.1　城镇基本医疗保险基金收支情况

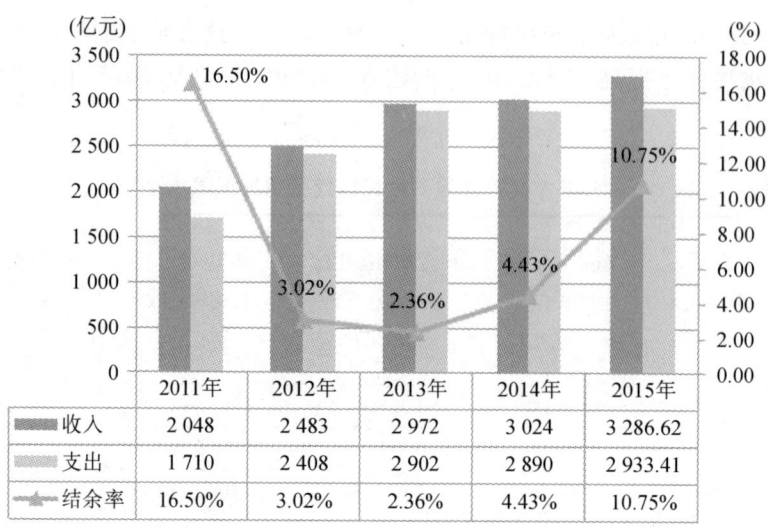

图 3.2　新农合保险基金收支情况

5. 社会医疗保险的保障层次拓展

我国社会医疗保险在实现全民覆盖、人民群众看病就医有了基本保障的基础上，近年来增加了其保障层次。

鉴于城镇居民基本医疗保险和新农合的保障水平比较低，人民群众对大病医疗费用负担较重，从 2012 年起国家层面陆续出台文件建立了大病保险制度，对大病患者发生的高额医疗费用给予进一步保障，提高了社会医疗保险的保障层次，目前大病保险对所有参加新农合和城镇居民基本医疗保险的群众实现了全覆盖。同时，各地根据地方实际，为城镇职工参保群体提供了城镇职工大额补充医疗保险。

总之，除基本医疗保险之外，政府为农村居民和城镇非就业居民建立了覆盖大额医疗费用的城乡居民大病保险，为城镇职工建立了保障大额医疗费用的城镇职工大额补充医疗保险，实现了保障层次的进一步拓展。

（二）商业健康保险发展现状

1. 商业健康保险保费收入快速增长

自 2004 年中国商业健康保险进入专业化经营阶段以来，十余年间保费收入呈爆发式增长态势，商业健康险原保险保费收入，从 2004 年的 259.88 亿元增长到 2016 年的 4 042.50 亿元，年均增长率达到 25.69%，远高于同期 GDP 年均增长率和保险业整体年均增长率（见图 3.3）。

2. 商业健康保险的产品种类日趋丰富

目前，我国商业健康保险已经形成了完备的产品体系，涵盖医疗、疾病、失能收入损失、护理等。产品数量增长的同时，产品类型不断细分，丰富了商业健康保险的

第三章
中国健康保险的发展历程

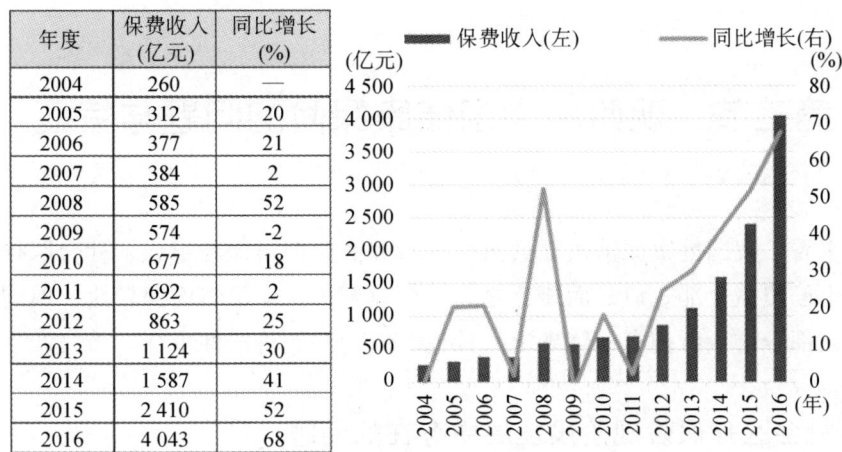

图 3.3　商业健康险原保险保费收入增长情况

保障内容和保障层次。

医疗保险方面，开发销售住院医疗保险、门诊医疗保险、涵盖社保范围外医疗费用的中端医疗保险、涵盖昂贵医院和海外医院的高端医疗保险等，满足不同收入人群的医疗费用保障需求。

疾病保险方面，开发销售包含几十种重大疾病的综合疾病保险、专门保障癌症的特定疾病保险、女性特定疾病保险、男性特定疾病保险、少儿特定疾病保险、糖尿病特定疾病保险等，满足不同性别、不同年龄、不同健康状况等人群的疾病保障需求。

护理保险产品方面，既有定额给付性质的护理险，也有报销式的护理产品。同时可给付护理服务的产品也已出现，被保险人发生护理时可以任意选择是接受现金保险给付还是接受保险公司提供的护理服务。

3. 商业健康保险逐步成为社会医疗保险的重要补充

从商业健康险收入与支出看，随着商业健康保险保费收入的不断增长，其对社会医疗保险的补充作用越发明显。2015 年，商业健康保险原保险保费收入已占社会基本医疗保险基金收入的 16.65%，而 2010 年该比例仅为 12.06%，在社会基本医疗保险基金收入增速趋缓的情况下，未来该比例将继续提高。

从商业健康险保障责任看，随着商业健康保险产品数量的不断增加和产品类型的不断细分，其对社会医疗保险的补充作用越发突出。社会医疗保险只报销社保范围内的医疗费用且保障额度有限，而商业健康保险还可报销社保范围外的自费医疗费用，保障额度可以任意选择，从几万元到上百万元不等。另外，除单纯报销医疗费用外，商业健康保险还可提供重大疾病保障、收入损失补偿等。

第二节 现阶段中国健康保险的问题与特征

综合来看，我国健康保险由社会医疗保险和商业健康保险组成，社会医疗保险在政府推动下已覆盖全部人口，而相比之下，商业健康保险虽然增速较快，但规模相对较小，只被部分群众所拥有，体现出强社保、弱商保的阶段性特征。

一、社会医疗保险现阶段发展中存在的问题

（一）社会医疗保险制度分割且主管部门不一致

中国目前形成的社会医疗保险制度，按保障人群的不同分成了三种，同时主管部门也不一致，保障城镇就业人口的城镇职工基本医疗保险以及保障城镇非就业人口的城镇居民基本医疗保险由人社部主管，保障农村居民的新农合由卫计委主管。

这三类基本医疗保险由于建立的历史时期不同、筹资方式和筹资水平不同、待遇水平不同、主管部门不同，因此各自独立成为社会医疗保险制度的一部分。比如城镇居民基本医疗保险和新农合通过个人缴费和财政补贴筹资，筹资水平和待遇水平较低，而城镇职工基本医疗保险通过个人和企业共同缴费的方式进行筹资，筹资水平和待遇水平较高，因此虽然城镇居民基本医疗和城镇职工基本医疗都由人社部主管，但是因为差异的存在而无法合并。再比如，虽然新农合和城镇居民基本医疗保险在筹资方式、筹资水平和待遇水平上相近，但是因为分属卫计委和人社部管理，所以也在很长一段时期内单独运行（目前国家正着手对新农合和城镇居民基本医疗保险进行合并，合并成由一个部门主管的"城乡居民基本医疗保险"）。

以上局面造成了社会医疗保险体系的人为分割，这种分割虽然具有客观性，但是其所带来的不利影响也较为显著。一是管理效率低下，三类基本医疗保险需要设置三套管理机构、制定三套管理制度，造成行政管理资源的浪费；三类基本医疗保险需要组建三套人员、开发三套 IT 系统，造成技术资源的浪费。二是容易使群众在身份转换中失去社保保障，目前社会劳动力流动性较大，又因为社会医疗保险在跨地区或跨制度的转移接续方面存在不足，因此群众在不同的身份转换中容易失去社保保障。例如农民工群体进城务工参保城镇职工基本医疗保险，但是辞职返乡后若不及时参加新农合即失去社保保障；再比如农村大学生在校参保城镇居民基本医疗保险，在毕业离校后未找到工作的情况下，如果不及时在农村家里参加新农合即失去社保保障。三是

不能形成统一的人口医疗健康数据库,三类基本医疗保险参保人的健康医疗数据沉淀在三套信息系统之中,虽然数据都在政府部门中,但是因缺乏资源的共享导致数据无法打通,不能完整呈现我国全部人口的健康医疗信息。

(二)社会医疗保险对医疗服务供需双方的制约作用不强

社会医疗保险作为医疗服务的支付方,目前对作为医疗服务供给方的各级医疗机构影响力较小、话语权较低,原因在于以下几个方面。首先,在行政约束上,目前虽然三类社会医疗保险由人社部和卫计委主办,但是本着管办分开的原则,分别设立了独立的医保经办机构进行管理,医保经办机构对各级医疗机构没有行政管辖权,虽然医保经办机构有评定社保定点医疗机构资质的权利,而且是否获得社保定点资质对于医疗机构的收入等影响较大,但是医保经办机构对定点医疗机构并没有有力的管理措施,因违反社保管理规定而被取消定点资格的情况较少出现。其次,在支付约束上,多采用总额预付和按服务项目支付,对医疗机构的激励约束作用不强,并不能通过支付引导医疗机构减少不合理医疗行为、提高医疗的成本收益。再次,医保管理机构专业人员不足和医保管理系统建设滞后,无法对医院的用药、检查治疗等诊疗行为进行有效的诊前、诊中监督,只能在诊后进行一定的审核。因为上述种种原因,社会医疗保险对医疗服务提供者的制约作用不强,在某种程度上成为一个随用随取的钱袋子和记录资金进出的账房先生,但是更关键的对医疗服务提供行为的控制、对医疗服务质量和效率的评价等应有作用却没有很好地发挥。除此之外,对于作为医疗服务需求方的参保参合人,社会医疗保险也没有实现有效的管控。从控制医疗费用支出、合理利用医疗资源的角度来讲,对于常见病、慢病应在基层医疗机构就诊,大病转诊到三级医疗机构,但是目前类似到三甲医院治感冒的情况屡见不鲜。目前的社会医疗保险并没有制定严厉的政策去约束参保人的就医行为,例如,社保没有强制要求必须在基层医疗机构首诊,否则不予报销医疗费用。再例如,虽然部分地区社会医疗保险对于不同级别的医疗机构设置了不同的给付比例,以鼓励在基层医疗机构就诊,但是给付比例的设置差异不大。这也与目前中国的医疗资源分布有关,基层医疗机构普遍在设备和医技方面较差,如果强制要求必须在基层医疗机构首诊,容易引起社会强烈不满。

(三)社保经办机构未参与药品招标采购

在全民医疗费用中,药品支出占全部医疗费用的比例较高,《中国卫生和计划生育统计年鉴》中的数据显示,2015年全部公立医院医疗收入中药品收入的占比为40.86%。因此,药品价格的高低、医疗机构用药合理性等因素对于控制社会医疗保险支出来讲具有极其重要的影响。

目前公立医院药品采购采用由省级药品集中采购平台进行集中招标采购的方式,

在医改试点地区可以由医疗机构或以市为单位在省级平台上进行独立采购，整个药品招标采购链条未出现社保管理机构的身影，作为买单方的社保管理机构对药品价格没有话语权。虽然福建省三明市等医改试点地区先行先试，由医保经办机构进行药品采购，但是绝大部分地区仍然采用的是医保经办机构不参与的传统方式。

（四）社会医疗保险与基本公共卫生服务割裂

先进的医疗保险管理理念认为，除了通过管理就医环节来控制医疗费用外，还需要通过改变参保人的生活习惯、进行定期体检、注重身体锻炼等预防保健的方式提高参保人健康水平，从而对参保人的健康状况进行管理，通过"少生病"及"生了病早控制"来控制医疗费用增长。现有研究已经证明，对预防保健投入一元钱，带来的医疗费用减少效果远大于一元钱，从经济账上看具有良好的成本收益效果。除预防保健外，对于常见慢性病的管理也是主动提高参保人健康水平的一项行之有效的手段。

目前，社会医疗保险负责对群众生病后发生的医疗费用进行报销，而基本公共卫生服务负责群众的慢病控制和预防保健等，两者分割，尚没有效联结。

二、商业健康保险现阶段发展中存在的问题

（一）商业健康保险虽然增速较快但规模仍小

从前文分析可以看出，我国商业健康保险的增速较快，2004—2016年的年均增长率达到25.69%，远高于同期GDP年均增长率和保险业整体年均增长率。但是总的来看，我国商业健康保险的规模仍然较小。

从保费收入看，2016年，商业健康保险原保险保费收入占人身险原保险保费收入的比例为18.18%，而在成熟的保险市场该比例一般为30%。从理赔支出看，2015年商业健康保险原保险赔付支出对全民医疗费用的覆盖比例仅为3.16%（即商业健康保险原保险赔付支出/各类医疗卫生机构医疗收入），再考虑到上述原保险赔付支出里，有一部分属于满期后的返还，并非全部都是参保人患病后的赔付支出，实际覆盖比例更低。有人认为是社会医疗保险挤占了商业健康保险的发展空间，但是社会基本医疗保险赔付支出大约占到全民医疗费用的一半，也就意味着给商业健康保险留出了一半的发展空间。因此，我国商业健康保险规模仍然较小，保费收入占人身险总保费收入的比例仍然较低，理赔支出对全民医疗费用的覆盖比例甚至可以忽略不计。

（二）保险公司不敢放手经营报销型健康保险

所谓报销型健康保险是指根据被保险人实际花费进行保险赔偿的险种，例如医疗

保险、报销型护理保险等。目前保险公司开展的健康保险业务中，重疾保险是各家公司最愿意开展的业务，因为重疾保险只在被保险人患所保障的疾病时进行定额给付，运营理赔简单，不涉及医疗费用的审核报销，无须建设庞大的医疗审核队伍，无须搭建复杂的 IT 系统等，经营风险较小，不受医疗费用增长的影响，只要设定的重疾发生率合理，即可保证险种盈利。而医疗保险的经营则要复杂很多，运营理赔复杂、经营风险大，若对医疗费用没有控制能力的话，保险公司不敢放手经营。

除上述原因外，监管政策对保险公司放手经营医疗保险也有制约作用。一方面，在客户购买商业医疗保险作为社保的补充时，想要得到的是长期保障，即发生理赔后保险公司仍然继续承保，因此希望保险公司提供的产品是长期险或者可以保证续保的短期险；另一方面，因为未来医疗费用增长情况难以预料，保险公司担心未来定价不足出现亏损，需要根据医疗费用水平变化能够对报销型医疗险的保费进行调整。但是，按照中国保监会监管规定，对于每年保证续保的短期险和长期险，保险公司对其价格不准进行调整。鉴于此，保险公司出于经营安全考虑，只愿向客户提供能够调整费率的一年期非保证续保的医疗险，这让客户担心自己在某个保单年度出现理赔后，下一年保险公司不再允许其续保，身体健康时向保险公司缴纳保费，一旦身体出现问题保险公司反而不再承保，因此，客户因有不能获得长期保障的后顾之忧，购买一年期非保证续保医疗险的热情不高。

但是，对于健康保险来讲，像医疗险这样的报销型险种才是消费者最刚需的险种，才是保费收入规模潜力最大的险种，也是解开健康险发展死结的险种。究其原因，是因为医疗险销售规模增长，才能真正增大健康保险的体量，商业健康保险赔付支出对全民医疗费用的覆盖比例（即占各类医疗机构医疗收入的比重）才会提高，对医疗机构的控制力才会增强，保险公司才会更有能力控制医疗费用，反过来也就越有底气放手经营医疗保险，进入发展的良性循环。

值得一提的是，自 2015 年以来，行业出现了高免赔额（1 万元）的"中端医疗保险产品"，无论保险公司还是消费者都对此类产品热情极高，保费收入爆发。原因在于，产品通过高免赔额的设计，不保小额保大额，使得医疗费用风险降低，也就降低了对保险公司医疗费用控制能力的要求；产品承诺不会因发生理赔而拒绝续保，一定程度上打消了客户不能获得长期保障的顾虑；产品虽然承诺不会因发生理赔而拒绝续保但不承诺绝对保证续保（产品停售则不再续保），从而不属于中国保监会监管政策所定义的保证续保产品，因此可以调整续保费率，打消了保险公司担心未来定价不足的顾虑。尽管如此，产品设计不能代替能力建设、不能代替监管规则的调整，保险公司不敢放手经营报销型健康保险的难题仍没有从根本上得到解决。

（三）商业健康保险经营的专业化水平仍然较低

从 2004 年起中国保监会批复成立专业健康保险公司，十几年来专业健康保险经营主体并未大幅增加，目前只有人保健康、和谐健康、平安健康、昆仑健康、太保安联健康、复星联合健康、瑞华健康7家专业健康险公司，并且专业健康险公司的市场份额也一直较小，按原保险保费计算，2016年专业健康险公司总保费收入占行业人身险总保费收入的比例仅为5.93%，占行业健康险总保费收入的比例也仅为32.61%。

商业健康险有自己独特的经营规律，对经营专业化水平要求较高。例如，健康保险有类似财险的报销性质，需要建立庞大的、有广泛医学背景的运营队伍；健康保险必须对医疗费用进行管控，需要建立自己的医疗机构网络；健康保险需要积累大量的健康医疗经验数据，需要搭建条目设置合理精细的专业健康险IT系统等等。长期以来，受寿险经营思路的影响，商业健康险一直重资金运作、轻服务能力建设，简单的、类寿险的定额给付业务做得较多，而复杂的、对服务能力要求较高的报销式业务做得较少，对专业化服务能力建设不够重视。

总之，因为长期以来未大规模地由专业健康险公司对商业健康险进行专业化经营，且对专业化服务能力建设不够重视，再加上行业发展时间短、积累少，导致没有培养出足够多的、经验丰富的、有医学背景的运营管理人才，没有培养出足够多的、优秀的、掌握健康险专业知识的销售人才，多数公司尚没有按照国际经营惯例，建立起自己的医疗机构网络；另外专业健康险IT系统建设也简单粗放。这些都成为制约商业健康险发展的重要因素。

（四）商业健康保险对医疗服务供需双方的制约作用不强

目前商业健康保险的规模仍然较小，赔付支出占各级医疗机构的收入比例仍然较低，掌握了核心医疗资源且最广大群体常就医的公立医院等医疗机构与保险公司合作意愿不强，即便合作，合作深度也十分有限。

目前保险公司仅局限于与以下医疗相关机构开展深度合作，并掌握一定的话语权：一是与移动医疗创业机构合作，例如春雨、微医、丁香园等。这些移动医疗机构在中国出现后，一直在摸索自己的盈利模式，包括预约挂号、网络问诊、慢病管理、医疗社交、医疗信息搜索等，但是在没有支付方的情况下，一直没有打造出完整的商业模式闭环，因此有强烈的动力与商业保险公司合作，通过合作可以借助商业保险公司获客，可将自身的服务纳入商业保险公司的支付范围。但是，这些移动医疗公司目前仍处于初创阶段，尚没有掌握核心的医疗资源，一直以来自身也在围绕传统的公立医院等社会核心医疗资源打转。二是与体检机构、生物基因公司合作，例如慈铭、爱康国宾、华大基因、中源协和等，中国目前的体检资源非常充足，竞争激烈，非稀缺也非垄断，保险公司是其重要的销售合作对象，生物基因公司目前也处于商业化应用的起步阶段，同样希望通过保险公司获客。这两类机构同移动医疗创业机构一样，其所拥有的都是核心医疗资源的周边资源。三是与公立医院特需部（或国际部）、高端私立医疗机构合作，例如和睦家、沃德医疗、三甲医院的特需部（或国际部）等，因为其高端属性，就医费用较为昂贵，需要由保险公司的高端医疗产品为客户提升支付能力。这类医疗机构虽然掌握核心医疗资源，但是因为其只面向高收入客户提供高端服务，服务群体较小，高端群体业务在保险公司整体业务中占比较低。

从目前已有的这些深度合作分析看，合作医疗相关机构需要保险公司的资源，或者需要保险公司带来的费用支付，或者需要保险公司的广大客户。但是，对于掌握最核心医疗资源、最广大群体常就医的公立医院等医疗机构来讲，每天患者比肩接踵，不需要跟保险公司合作获取客户，保险公司目前的赔付支出占其业务收入的比例又几乎可以忽略不计，因此保险公司带来的支付也不关其痛痒。在不存在这两个合作基础的情况下，保险公司对公立医院等医疗机构的控制力也就不强，话语权较小，不能对其进行医疗服务审核、医疗质量评价等，以控制医疗费用、保证医疗质量。

目前，在社会医疗保险都没有严格要求参保人进行分级诊疗的背景下，整个社会没有形成分级诊疗的医疗消费习惯，商业保险公司也不会"冒天下之大不韪"在保险合同里加入这种约束。

（五）商业健康保险的健康管理服务能力仍然有限

目前，很多经营健康保险的保险公司已经意识到提供健康管理服务的重要性，既可以突出特色、增强客户黏性，还可以通过提升客户的健康水平来降低赔付支出。人保健康提出了"健康保障+健康管理"的健康险经营理念，打造了线上"PICC人民健康"App、线下健康管理中心等健康管理平台，将十几项健康管理服务进行标准化、产品化，初具健康管理服务能力。中国平安倡导"新生活运动"，引导客户运动锻炼、关注健康，开发运营"平安好医生"App，为平安和非平安客户提供家庭医生等在线健康管理服务。泰康人寿等专门成立健康管理子公司，为客户提供健康管理服务。

但是，从现有的实践看，保险公司的健康管理服务能力仍然较为有限。目前，保险公司可以给客户提供的健康管理服务大多为就医绿色通道、第二诊疗意见、咨询热线等，多是为客户就医提供便利，而非前端的预防保健，目的也多是作为增值服务增强产品的吸引力，而非提升客户健康水平，对提高客户健康水平更为重要的家庭医生、健康风险评估、健康干预、慢病管理等服务能力没有普遍建立。

另外，保险公司尚未能将健康保险与健康管理进行充分的融合。目前保险公司或者作为保险产品的增值服务，向被保险人提供一些低价值、对增进健康水平作用不大的健康管理服务，或者对健康管理服务进行定价并单独销售，将健康管理服务收入化。但是真正以改善客户健康水平从而减少保险赔付支出为目的的健康管理，并没有有效开展。

三、健康保险与管理式医疗的协同发展

管理式医疗作为一种管理模式及理念，目的是控制医疗费用、提高客户健康水平，在控制医疗费用的前提下保证医疗质量。我们既可以将管理式医疗这种模式应用于社会医疗保险，也可以将其应用于商业健康保险。上文列举了中国健康保险发展中存在的许多问题，而管理式医疗与健康保险之间的关系，有的是"先有鸡后有蛋"的关系，需要通过先发展管理式医疗这种模式然后去解决健康保险的某些问题，有的是"先有蛋后有鸡"的关系，想要发展管理式医疗需要先解决健康保险的某些问题，有的是"鸡生蛋，蛋生鸡"的关系，两者互为条件、需要同步解决与发展。

（一）通过发展管理式医疗解决健康保险的问题

在当前社会医疗保险中，急需引进管理式医疗这种模式，用管理式医疗的方法改造目前的社会医疗保险管理制度。目前社会医疗保险实现全民覆盖，每年赔付支出庞大，需要利用自己最重要支付方的优势地位，按照管理式医疗的模式来控制医疗费用。例如通过制定基层首诊转诊审批规则、建立住院或大型医疗检查提前审批机制等，去约束参保人的就医行为，实现基层首诊、双向转诊；通过实行按病种付费或按人头付费等综合支付方式，让医疗机构自发约束自己的诊疗行为，并对医疗机构的医疗质量、医疗效率等进行考核评价，根据评价结果在经济上进行奖惩；通过参与药品招标采购，控制药品价格、提升药品质量；通过与国家的基本公共卫生项目和重大公共卫生项目结合，更好地结合医疗保障和健康管理，引导大众关注健康、管理健康，提升健康水平等。

可喜的是，随着新一轮医疗卫生体制改革的深化，医保正在沿着管理式医疗的方向进行改革，但其施行起来并非一日之功，存在客观约束条件和体制机制利益障碍，但管理式医疗为医保发展改革提供了有益借鉴，可以减少发展改革的诸多问题。

（二）通过解决健康保险的问题发展管理式医疗

上文述及，无论医保管理经办机构还是商业保险机构，目前在运营IT人才、信息系统建设方面都存在明显不足。管理式医疗重在"管理"和管理的"精细"，在审核医疗费用、管控医疗行为、评价医疗质量、促进合理用药等方面，都需要大量人力，需要强大的IT系统去支撑。因此，培养足够多的健康险专业人才、建设先进的专业健康险信息系统是发展管理式医疗的前提条件。

另外，通过健康管理提升参保人健康水平是管理式医疗的重要理念。健康保险需

要拓展健康管理服务项目、提升健康管理服务水平，打造全生命周期的健康管理服务体系，从而实现管理式医疗倡导的通过提升健康水平控制医疗费用的目的。

（三）在发展管理式医疗中解决健康保险的问题

目前商业健康保险增速较快但是规模仍小，导致保险公司面对掌握核心医疗资源的医疗机构没有话语权，进而很难控制医疗机构的诊疗行为，而控制医疗机构的诊疗行为又是管理式医疗的核心要素。

正是没有像管理式医疗那样，形成强大的医疗费用控制能力，进而保险公司不敢放开经营报销型的健康保险，而作为市场规模潜力最大的险种，如果不大量经营，商业健康保险规模难以变大。

可见，解决目前健康保险发展中存在的规模小、不敢放手经营报销型医疗保险、对医疗服务提供者制约作用不强等问题，与发展管理式医疗之间，互为因果或条件，需要在发展管理式医疗中解决健康保险的问题，需要在解决健康保险的问题中发展管理式医疗。

本章小结

我国健康保险从无到有，从萌芽到壮大，逐步发展，目前政策、社会、经济和技术变革等均为健康保险发展提供了良好的发展环境，使得社会医疗保险已经实现全民覆盖，商业健康保险也正处于高速增长阶段。尽管如此，无论社会医疗保险还是商业健康保险，在目前的发展阶段都还存在很多问题。"工欲善其事，必先利其器"，管理式医疗作为一种被国际经验证明十分有效的管理模式及理念，可以被我国社会医疗保险和商业健康保险借鉴，来解决目前发展中的问题、破解发展中的瓶颈。

思考题

1. 中国健康保险的发展经历了几个阶段？每个阶段特点为何？
2. 目前中国健康保险的发展环境和现状为何？
3. 现阶段中国健康保险存在的问题与特征？

第四章

各国医疗体系对比

本章对美国、中国及新加坡、英国、德国的医疗体系进行了详细而系统的介绍,通过对比分析可以充分为我国医疗体制改革、健康保险以及管理式医疗的发展提供可借鉴的经验。

第一节 美国医疗体系简介

一、医疗服务体系概况

美国的医院从社会角度划分,可分为公立医院和私立医院两类。从数量上看,私立医院占大多数。由政府办的公立医院仅占医院总数的27%左右,其余为私立医院。

从结构上看,美国的医院可分为政府医院、非政府非营利性医院和营利性医院。政府办的医院有联邦政府医院、州及地方政府医院,如退伍军人医院、伤残医院、精神病医院、印第安人医院等。非政府非营利性医院有医学院附属医院、教学医院、教会医院等私立医院和一些社区医院。营利性医院则以综合性医院为主,其举办的目的是为了获取利润。

按医院的经营性质划分,又可将美国的医院体系分为非营利性医院和营利性医院,公立医院均属于非营利性医院,私立医院中85%左右是非营利性医院,所以在所有医院中,非营利性医院占主导地位。但美国医院的性质并不是一成不变的,是可以相互转换的。

二、医疗卫生管理体制

美国医疗卫生管理机构分为联邦、州（市）及县三级，联邦职能较弱，而地方部门权力较大。1977年10月起医疗卫生由美国卫生与公共服务部（U.S. Department of Health and Human Services）主管，其主要职责是分配卫生经费给地方卫生机构、协调与提供特定人群的医疗服务、指导管理和协调全国医疗卫生工作，其直属机构有：疾病控制中心（Centers for Disease Control and Prevention, CDC）、食品药品管理局（Food and Drug Administration, FDA）、卫生资源处（Human resource accounting, HRA）、国立卫生研究院（National Institutes of Health, NIH）、滥用酒精、药物和精神卫生管理局（Alcohol, Drug Abuse, and Mental Health Administration, ADAMHA）等。

医疗卫生管理的主要权力集中在州，各州都有卫生立法权、政策制定权、机构审批权和具体工作管理权。各州与联邦卫生和人类服务部是协作关系，负责本州居民的基本卫生、安全和福利事务。其基本职责是控制流行病、管理环境卫生、妇幼卫生、卫生教育、公共卫生和人口统计及疾病报告。州以下大多数按行政区设立相应的卫生行政机构。

三、医疗卫生服务提供及经费来源

美国直属联邦政府的医院主要是军人医院和退伍军人医院，是国防部为海陆空官兵及退伍军人设立的。另外还有印第安人医院，为印第安人及少数民族提供免费医疗服务；海员医院为海员提供服务；犯人医院为犯人提供服务。经费全部来自联邦政府，医护人员也全部是国家雇佣的，不需要外界任何的人、财、物支援。

美国公立医院包括州立、市立医院，隶属州政府及地方政府机构，行政管理由所属政府机构严格控制。绝大多数公立医院是以治疗急性病为主的综合医院，约占全国医院总数的27%，占住院治疗人数的18%和门诊治疗人数的23%。美国公立医院通常建在卫生服务资源缺乏的地方，几乎90%的老年人和贫穷者是由公立医院提供服务的。

所有的公立医院是非营利性、免税的，只按服务水平收费，收入用于医院的生存和发展，但主要经费是来源于州政府和地方政府。随着服务要求的不断增加，而政府又不可能相应增加卫生经费，并有可能缩减，使得大多数公立医院都面临设备陈旧和过时，装备、人员和经费短缺等问题，难以吸引高水平的医生，主要依靠住院医生、实习医生和外籍医生，导致服务水平低下。

美国的医疗服务以私有制为主，因此私立医院相当发达。近年来，私立医院占比持续攀升，一是股份制医院发展壮大并跨国经营，二是收购和兼并一些非营利性医院。私立医院服务对象主要是有固定工作、有保险的中等以上收入家庭及其成员。私立医院的设备、仪器以及人力资源都是一流的，并能提供高效率、高质量的服务。私立医院的经费主要来自私人医疗保险和患者自费。

美国有不少教会开办医院，甚至形成全国性的医院系统，属于慈善性质、非营利性质医院，其财产和收入无须赋税，经费来源于慈善机构和教徒捐献。社区医院也是属于慈善性质的，是由社区投资兴办的中、小型综合医院和专科医院，它的主要任务是为急性病和外转患者提供短期的住院治疗，经费全靠市民资助捐献。美国十分重视和发展社区医疗，目前社区医院占医院总数的80%。

美国的医疗保险体系是典型的商业保险模式，主要通过市场手段来协调资金支持和服务提供。医疗服务的供给、医疗服务的价格等主要通过市场竞争和市场调节来决定。政府基本不干预或很少干预。

四、医疗保险

美国医疗保险制度的重要特点是多元化，并且私人医疗保险占很大比例。美国政府的公立医疗保险主要包括医疗保障计划（Medicare）、医疗补助计划（Medicaid）、军人医疗计划、少数民族免费医疗和工伤补偿保险。

医疗保障计划（Medicare）是全国相对统一的医疗保险制度，保证老弱残疾者的基本医疗需求，该制度受益人群占美国人口的17%，政府在该医疗照顾项目中承担了主要责任。

医疗补助计划（Medicaid）是美国联邦政府和州政府对低收入人群、失业人群、残疾人群等弱势群体提供的医疗救助计划。由联邦政府支付5%，州政府支付45%共同资助低收入人群及其家庭实行部分免费医疗。服务的项目主要有门诊、住院、家庭保健等。全国每年约有300万人受益。

私营医疗保险公司在美国医疗保险中占很大比例，政府医疗保险计划的很多工作是由私营医疗保险公司运维的，这些公司主要分为两类：一是非营利性医疗保险，主要由医生组织发起的蓝十字（BlueCross）组织和医院联合会发起的蓝盾（BlueShield）组织。它们不以营利为目的，为投保者提供门诊和住院服务保险，在全国形成了一个松散的网络，参保者约为6 700多万人。二是营利性医疗保险，美国开展医疗保险的商业保险公司有1 000多家，2013年美国64.2%的人口参加了此类医疗保险。此外美国还有一种由保险公司直接参与医疗服务全流程管理、与医疗服务提供者联合提供医疗服务的保险组织,如健康维护组织(HMO)、推荐医疗组织(PPO)等。这一类管理式医疗组织在节省医疗费用支出和提高医疗质量方面都取得了一些成效,现已成为美国占主导地位的医疗保险形式。

五、医疗服务体系存在的问题及改革

(一) 卫生服务的不充分和不公平

美国以自由医疗保险为主,私人医疗保险往往人为追求高额利润,拒绝接受身体状况较差、收入较低的贫困人群。而且非营利性医疗保险组织收取的保险费并不低于私人医疗保险组织,患病时得到的补偿也有限。目前,在美国约有10%的人口没有任何医疗保障,还有约200万人口未得到充分的医疗保障。因此,美国医疗卫生服务的可及性和公平性都有待改善。

但是,美国通过大力发展政府公立医院,来弥补卫生服务的不公平性和不充分性。美国举办公立医院的目的不是为那些已经享受基本医疗的职工服务,而是为全国15%的不享受或享受程度比较低的非在职人员服务。这就是美国努力完善的美国国家安全网医院,国家安全网医院负责对低收入的、没有参加医疗保险的弱势人口提供医疗保健服务;国家安全网医院和其他医院的区别不取决于它的所有制,它既可以是公立医院,也可以是民间医院。目前美国国家安全网医院有的是公共所有的由地方和州政府举办的医院,有的是民间的非营利医院。国家安全网医院的最大特征在于是否向那些由于经济原因或医疗保险原因或健康原因不能就医的居民提供医疗及保健服务。

(二) 卫生费用上涨过快

2014年,美国卫生费用就高达1.3万亿美元,人均医疗卫生费用为9 255美元,是全球费用最高的国家,近年来仍居高不下。并且每年管理费用就要花去总费用的15%,而其他发达国家则只占5%或更少。联邦医疗保险和救助总局2015年发布报告指出,2014—2024年,预计每年美国医疗卫生支出增长5.8%,比GDP增速高1.1个百分点。由此,到2024年,卫生费用占GDP比重将由2014年的17.3%上升为19.6%,卫生总费用预计将达到5.4万亿美元。此外,医疗机构和部分医生为追求高新医疗技术,也造成超前消费和资源浪费。美国前总统克林顿也不得不承认,美国的医疗制度是"全世界最昂贵、最浪费的制度"。

美国政府针对美国医疗制度存在的问题进行了改革。美国国会、政府及医疗保险组织颁布了一系列法令并采取相应措施,以减缓医疗费用的增长。主要措施有:

1. 改变医疗服务的提供方式

鼓励和支持健康维护组织（HMO）与推荐医疗组织（PPO）的发展，鼓励保险公司与医疗服务提供者联合，鼓励竞争，以促使优质服务的医疗机构取代低质价高的医疗服务机构。

2. 改革医疗费用支付办法

美国于 1983 年 10 月起在医疗保障计划（Medicare）中实行按病种支付（DRG），由实报实销改为定额补偿。自 DRG 实施以来，基本控制了住院服务需求的上升，老人保险基金也避免了巨额赤字。

3. 增强费用意识，遏制费用增长

在医疗服务中尽可能选择效率较高而费用较低的诊疗技术。为防止医院过度发展医疗设备和服务，实施医疗服务预审核制度，以控制医院成本。改革支付医生报酬的方式，实行基于资源的相关价值支付法（RBRVS）。该办法对临床各科人员的培训成本、工作强度及相对服务成本进行计算，从而制定出在全国通用的有限制条件的标准费用体系。实践证明，相对价值费用标准明显低于现行的其他方式，有利于合理收费，限制了医疗费用的进一步增长。

第二节　中国医疗体系简介

一、中国医疗服务体系

中国医疗服务体系由医院、基层医疗机构以及专业公共卫生机构三大机构构成。医院包括综合医院、中医医院、专科医院；基层医疗卫生机构包括社区卫生服务中心、乡镇卫生院、村卫生室、门诊部；专业公共卫生服务机构包括疾病预防控制中心、专科疾病防治所、妇幼保健院、卫生监督所。

由表 4.1 和图 4.1 可以看出中国医疗卫生服务机构自 2000 年至今的数量变化。从医疗卫生服务机构总量来看，2000—2005 年，由于基层医疗卫生机构的减少导致总量有所下降，自 2005 年起一直稳步增加，自 2015 年数量略有减少。医院数量一直持续上升。专业公共卫生机构 2010—2015 年急速增加，后又开始呈下降趋势。另外，通过数据发现，在我国，基层医疗卫生机构占了绝大多数，是中国医疗卫生机构的主体组成部分。

表 4.1　　　　　　　　中国医疗卫生服务机构数量统计　　　　　　　（单位：个）

年份	医院	基层医疗卫生机构	专业公共卫生机构	总数
2000 年	16 318	1 000 169	11 386	1 034 229
2005 年	18 703	849 488	11 177	882 206
2010 年	20 918	901 709	11 835	936 927
2015 年	27 587	920 770	31 927	983 528
2016 年	29 140	926 518	24 866	983 394

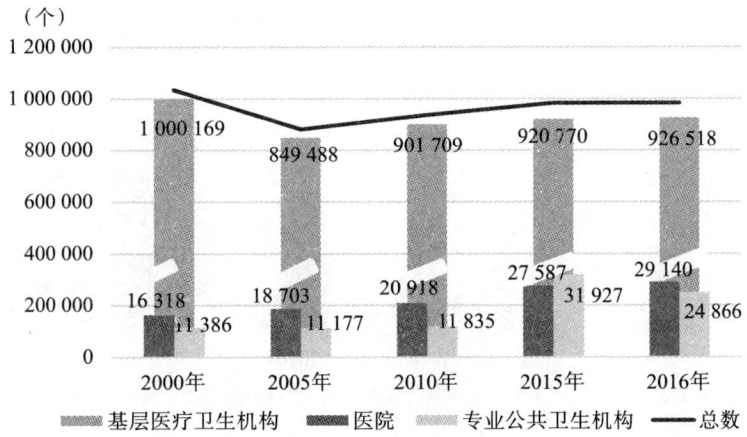

图 4.1　中国医疗卫生服务机构数量统计

二、中国医疗卫生费用

（一）医疗卫生费用指标

改革开放以来，中国社会经济和居民收入水平快速提高，城市化进程加快，老龄人口比重越来越大，同时，中国医疗卫生事业快速发展，医疗服务体系逐步完善，医疗服务工作效率和质量逐步提高。但是从 2000 年至今近 20 年时间里，随着中国人口老龄化加速以及其他因素，医疗卫生费用也逐年上涨，各项指标在过去几十年间不断提高，并呈现出继续增长的态势。

从表 4.2 和图 4.2 可以看出，2000—2015 年间，中国医疗卫生费用总支出与人均医疗卫生费用一直保持较高的增长态势，而且医疗卫生费用总支出的增长率始终高于 GDP 增长率。这表明，中国 GDP 在医疗卫生事业上的投入仍然相对不足，投入比例依然很低。

表 4.2　　　　　　　　　　　中国卫生费用支出统计

	卫生支出总费用（亿元）	人均费用（元）	总费用占GDP百分比（%）	总费用增长率（%）	GDP增长率（%）
2000年	4 586.6	361.9	4.6	—	—
2005年	8 659.9	662.3	4.7	88.81	86.40
2010年	19 921.4	1 487.0	5.0	130.04	121.81
2015年	40 974.6	2 980.8	6.0	105.68	64.97

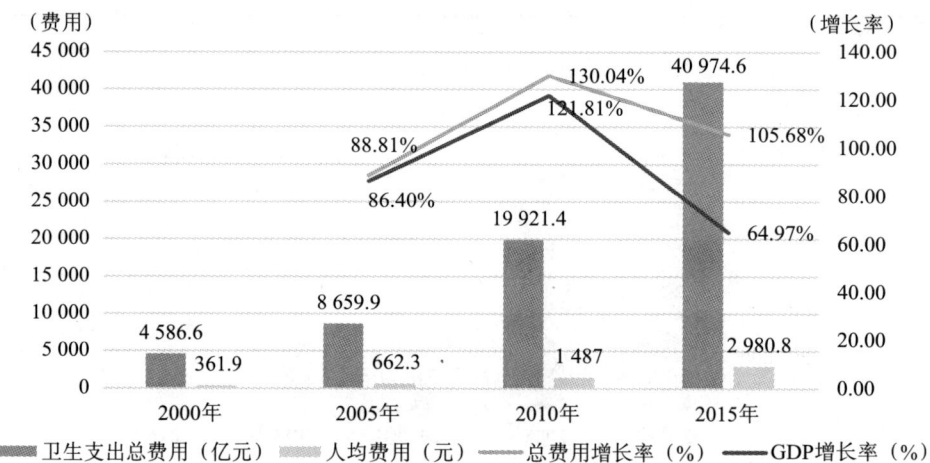

图 4.2　中国卫生费用支出统计

（二）医疗卫生费用的承担者

中国医疗费用的承担者主要包括政府、社会和患者，以2015年为例，2015年卫生支出总费用40 974.6亿元，其中政府支出12 475.3亿元，社会支出16 506.7亿元，患者个人现金支出11 992.7亿元，依次分别占比30.4%、40.3%、29.3%。经过多年的改革与发展，我国医改已初见成效，个人支出占卫生总费用比例起初为卫生支出总费用的最主要部分，现已降至30%以下。但与国外相比，中国患者医疗费用承担的比例仍较高。这也是我们之后仍需继续努力的方向。

社会卫生支出费用主要由社会医疗保障基金、社会办医以及商业健康保险公司承担，其中社会医疗保障基金承担比例占社会卫生支出的50%以上，社会办医及商业健康保险公司承担比例较低。医改以来，商业健康保险费由573.90亿元增长至2014年的1 587.20亿元，占社会卫生支出的比重由9.32%增至11.81%。2012年以来我国商业健康保险发展迅速，尤其是2014年，商业健康保险增速进一步加快，比上年增长40.08%。但中国的商业健康保险发展依然是不充分的，今后仍需不断发展、改革以及创新，以发挥其重要作用。

三、中国医疗保障体系

目前中国医疗保障体系包括基本医疗保险体系、城乡医疗救助体系、补充医疗保险体系三种层次的保障体系（见图4.3）。

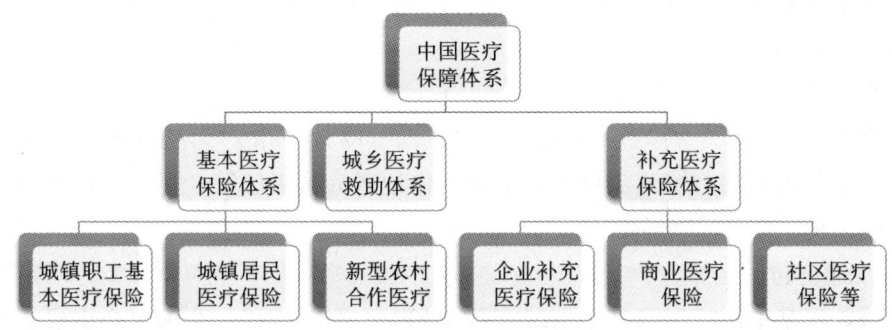

图4.3 中国现行医疗保障体系

基本医疗保险体系是医疗保障体系的主体，包括城镇职工基本医疗保险、城镇居民医疗保险和新型农村合作医疗三项制度。这三种基本医疗保险体系都是由政府主导的医疗保障制度。城镇职工基本医疗保险、城镇居民基本医疗保险和新型农村合作医疗这"三大支柱"，以实行大病统筹为主而起步，分别从制度上覆盖城镇就业人口、城镇非就业人口和农村居民。

城乡医疗救助体系是中国多层次医疗保障体系的兜底体系，主要是帮助困难人群参加基本医疗保险，并为他们个人无力承担的自付费用提供补助，包括城市医疗救助制度和农村医疗救助制度。由政府财政提供资金，主要是为无力进入基本医疗保险体系以及进入后个人无力承担自付费用的城乡贫困人口提供帮助，使他们能够与其他社会成员一样享有基本医疗保障。社会医疗救助的对象是因病致贫的低收入者和贫困者，资金主要由财政支持，也可以吸纳社会捐助等其他来源的资金。

补充医疗保障体系包括商业健康保险和其他形式的补充医疗保险，主要是满足基本医疗保险以外较高层次的医疗需求。

（一）城镇职工基本医疗保险

1998年国务院发布《关于建立城镇职工基本医疗保险制度的决定》（国发［1998］44号），在全国范围全面进行职工医疗保障制度改革。目前基本情况如下：

1. 覆盖范围

城镇所有用人单位，包括企业、机关、事业单位、社会团体、民办非企业单位及其职工，都要参加城镇职工基本医疗保险。随着原劳动保障部对于灵活就业人员、农民工、非公有制经济组织参保政策的明确，城镇职工基本医疗保险实际上覆盖了城镇全体从业人员。截至2015年底，我国城镇职工基本医疗保险参保人数为2.89亿人。

2. 筹资标准

医疗保险费由用人单位和职工共同缴纳。用人单位缴费率控制在职工工资总额的6%左右，在职职工缴费率为本人工资的2%，退休人员个人不缴费。具体缴费比例由各统筹地区根据实际情况确定。目前，用人单位缴费率全国平均水平为7.37%，个人缴费率全国平均为2%。

3. 统筹层次

原则上以地级以上行政区为统筹单位，也可以县（市）为统筹单位，京津沪原则上在全市范围内实行统筹。目前，全国多数地区为县级统筹，目前正在进行提高统筹层次的工作。

4. 待遇支付

城镇职工基本医疗保险基金由统筹基金和个人账户构成。个人账户主要支付门诊费用、住院费用中个人自付部分以及在定点药店购药费用。统筹基金用于支付符合规定的住院医疗费用和部分门诊大病医疗费用，起付标准为当地职工年平均工资的10%（实际在5%左右），最高支付限额（封顶线）为当地职工年平均工资的6倍左右。其门诊与住院的报销比例依据年龄与医疗项目的不同有所区分。

（二）城镇居民基本医疗保险

为解决城镇非从业居民的医疗保障问题，2007年7月，国务院印发《关于开展城镇居民基本医疗保险试点的指导意见》（国发［2007］20号）。目前，这项制度已在全国全面推开。主要政策有：

1. 覆盖范围

城镇中不属于城镇职工基本医疗保险制度覆盖范围的学生（包括大学生）、少年儿童和其他非从业城镇居民，都可自愿参加城镇居民医疗保险。截至2015年底，城镇居民医保参保人数3.77亿人。

2. 筹资标准

由各地按照低水平起步的原则，根据本地经济发展水平、居民家庭和财政负担的能力合理确定。

3. 政府补助

为了引导和帮助广大城镇居民缴费参保，城镇居民基本医疗保险实行了政府补助的政策，各地区针对不同人群设置了不同的补助标准。

4. 待遇支付

城镇居民基本医疗保险不建立个人账户，基金主要用于支付住院医疗费用和部分门诊大病费用。此外，为解决参保居民常见病、多发病的门诊医疗费用负担问题，部分地区开展了门诊统筹，将普通门诊医疗费用纳入医疗保险支付范围。

（三）新型农村合作医疗

新型农村合作医疗是以政府资助为主、针对农村居民的一项基本医疗保险制度。其具体内容如下：

1. 覆盖范围

所有农村居民都可以家庭为单位自愿参加新型农村合作医疗。截至2015年底，参合人数6.7亿人。

2. 筹资和政府补助

政府对所有参合农民给予适当补助，其中中央财政对中西部除市区以外参加新型农村合作医疗的农民每年每人补助40元，地方财政的资助额不低于40元，个人缴费20元。中央财政对东部省份也按中西部地区的一定比例给予补助。

3. 待遇标准

新型农村合作医疗一般以县（市）为单位进行统筹，主要补助参合农民的住院医疗费用。各县（市）确定支付范围、支付标准和额度。其以力争避免城乡居民发生家庭灾难性医疗支出为目标，合理确定大病保险补偿政策，实际支付比例不低于50%；按医疗费用高低分段制定支付比例，原则上医疗费用越高支付比例越高。2017年，新型农村合作医疗门诊和住院费用的报销比例分别稳定在50%和70%左右。

（四）基本医疗保险医疗服务管理主要政策

医疗保险的保障功能需要通过购买医疗服务来实现。由于医疗服务存在高度专业性、资源相对垄断性等特点，医患之间信息不对称，不能实现完全充分的市场竞争，因此，医疗保险机构必须承担控制医疗费用的责任，对医疗机构的服务行为进行有效管理和引导。主要管理手段是"三个目录、两个定点、一个结算办法"，简称"三二一"。

1. 服务项目管理

通过制定相关标准和办法，确定基本医疗保险可以支付的医疗服务项目范围。主要包括基本医疗保险药品目录、诊疗项目、医疗服务设施标准，简称"三个目录"。参保人员在"三个目录"规定范围内发生的医疗费用，由基本医疗保险基金按规定支付。

2. 就医管理

城镇基本医疗保险实行定点医疗机构和定点药店管理。医疗保险经办机构同定点机构签订协议，明确各自的责任、权利和义务。参保人员在定点医疗机构就医发生的费用，按基本医疗保险规定支付。参保人员可以选择若干包括社区、基层医疗机构在内的定点医疗机构就医、购药，也可以持处方在若干定点药店购药。目前，全国定点医疗机构8.36万家，其中基层医疗机构占76%，定点零售药店9.63万家。多数统筹地区实现了住院医疗费用由医保经办机构与定点医疗机构直接结算，个人只负担自付医疗费用，但异地就医垫付问题还比较普遍。

3. 结算管理

医疗费用结算方式是指医疗保险费用拨付的方式和流向，不同的支付方式与标准产生不同的激励机制。目前各地实行按服务项目付费、按服务单元付费、按人头付费、总额预付制、按病种付费等多种结算方式。从医疗保险结算的发展趋势看，由单一的结算方式向复合式结算方式转变，如门诊和住院通常采取不同的结算方式；由以按服务项目付费为代表的后付制向预付制转变，越来越多的国家和地区选择按病种付费、按人头付费等，这将有助于调动医疗机构和医生主动控制医疗费用的积极性。

四、中国公共医疗卫生体系

公共医疗卫生体系就是疾病预防控制系统，这个系统由政府，主管部委（厅、局等），实施中心（司、中心、院等），疾控专业人员，保障医疗机构来协调组成。公共卫生体系主要是指各级卫生行政部门、疾病预防控制机构、卫生监督管理机构、医疗救助机构和公共卫生研究机构等。公共卫生服务具有公共产品的特性，政府在公共卫生产品供给中承担主要职责，政府主导，部门配合，公众参与，组织社会有关方面资源实施公共卫生措施，建设公共卫生体系。

按照我国现有的机构设置惯例和分工，公共卫生体系主要由六个子系统组成，即疾病预防控制体系、卫生监督执法体系、医疗救治体系、突发公共卫生事件应急指挥体系、妇幼保健机构体系以及基本医疗卫生服务体系。

（一）疾病预防控制体系

我国的疾病预防体系，新中国成立后即开始建立，过去是以各级卫生防疫站为主体，2002年进行体制改革，将卫生防疫站中的履行政府卫生监督职能的部分单独成立卫生监督体系。改制后的疾病预防体系机构，履行政府的疾病预防控制职能。主要职责为疾病预防与控制、突发公共卫生事件应急处置、疫情及健康相关因素信息管理、健康危害因素监测与干预、实验室检测检验与评价、健康教育与健康促进、技术管理应用研究与指导。同时以疾病预防控制机构为主体，以乡镇（街道）卫生院（社区卫生服务中心）、村（居民区）卫生室（社区卫生服务站）为基础，形成覆盖到村（居民区），联系所有医疗机构的疾病预防控制网络。

（二）卫生监督执法体系

以各级卫生监督机构为主体，承担卫生行政监督职能，并建立以乡镇（街道）卫生监督执法分支机构为基础的城乡一体化的卫生监督执法网络。主要职责是依照国家的法律法规，行使卫生行政监督执法工作，并对重大食物中毒、职业中毒等公共卫生突发事件依法进行调查处理及现场卫生监督；开展卫生法律、法规知识的宣传教育和咨询服务工作等。

（三）医疗救治体系

医疗救治体系是一个综合性应急救治组合，承担社会公共卫生应急救治任务。是由各级各类医疗机构，各级院前急救机构（急救中心、站）以及采供血机构等组成的医疗救治服务网络，并依托于综合性医院和符合规范要求的传染病医院和相关专科医院，定点对各类中毒、核辐射等伤害进行救治，在综合性医院或专科医院设立符合隔离防护要求的独立的传染病病房（区），履行公共卫生任务。

（四）突发公共卫生事件应急指挥体系

以政府的卫生部门为主，建立公共卫生应急组织及其办事机构，组织疾病预防控制体系、卫生监督体系、医疗救治体系，对社会突发公共卫生事件进行应急处置。主要职责是建立应急预案体系和应急物资、技术的储备；构建公共卫生应急指挥信息系统，开展应急卫生知识和技能培训；开展应急救援宣传活动，动员群众应对突发公共卫生事件；协调政府其他部门对突发公共卫生事件做出必要的响应。

（五）妇幼保健机构体系

妇幼保健机构体系是以妇幼保健机构为主体，以乡镇（街道）卫生院（社区卫生服务中心）为基础的妇幼保健网络。主要职责宣传贯彻《母婴保健法》和国家妇幼卫生工作的方针政策；开展妇幼保健工作；保障生殖健康；推行妇幼保健技术服务。

（六）基本医疗卫生服务体系

我国卫生部新的政策方针将基本医疗卫生服务体系纳入公共卫生服务体系。根据我国基本医疗卫生服务试点工作情况来看，基本医疗卫生服务对居民免费提供计划免疫、妇幼卫生保健、健康管理等10类40项基本公共卫生服务，并按成本提供30种一般性疾病诊疗和74种药品的基本医疗服务。试点借鉴国内外研究成果，确定基本公共卫生服务项目和基本医疗卫生服务项目，形成五级基本医疗卫生服务包，以分级打包的形式提供不同等级的五级基本医疗卫生服务。10类40项基本公共卫生服务由社区卫生服务机构、乡镇卫生院和村卫生室提供。基本医疗服务费用由政府、社会、个人三方合理分担，门诊费用由新型农村合作医疗和城镇居民基本医疗保险门诊统筹经费支付。按规划，基本医疗卫生服务制度的实施，将在2010年初步实现人人享有基本医疗卫生服务的目标。

五、中国医疗卫生监管体系

目前，中国医疗卫生监管体系主要由国家卫生和计划生育委员会、人力资源和社会保障部、国家食品药品监督管理总局三大部门共同管理。

国家卫生和计划生育委员会主要负责宏观的管理、相关政策的制定和对医疗质量的管理，下设省卫生和计划生育委员会、市卫生和计划生育委员会、县卫生和计划生育局，协助对地方的管理。1995年颁布《医疗机构评审办法》。2008年9月，卫生部调整部分内设机构，增设医疗服务监管司（设综合信息处、评价处、医疗质量安全监管处、医院运行监管处），负责医疗机构医疗服务监管工作。组织制定医疗机构医疗服务监管办法和实施方案并组织实施，建立、完善医疗服务监管体系，建立全国医疗机构医疗质量评价体系，制定医疗质量评价的相关规章制度、综合绩效评价办法和指标体系，并组织实施，负责建立医疗质量安全监管制度。制定医疗技术风险防范的管理办法并组织实施，负责建立监管的长效机制，组织开展医疗质量、安全、服务、财务管理等方面的评价检查和监管工作；拟订城市医疗支援农村医疗工作的政策并组织实施；承办"医疗、科技、卫生"三下乡的协调组织工作，研究建立以患者为中心的公立医院监督制度，参与医药卫生体制改革，推进公立医院管理体制改革工作，负责医疗质量监管工作，突显医疗质量监管工作的重要性。

1999年，劳动和社会保障部（现在的人力资源和社会保障部）颁布《城镇职工基本医疗保险定点医疗机构管理暂行办法》，标志着劳动保障部门成为医疗质量监管体系中的监管主体之一，其在一定程度上发挥了医疗质量监管的职能。

国家食品药品监督管理总局，主要负责医疗卫生监管体系中与药品和医疗器械相关的政策制定以及对其进行安全质量的监管。其设有药品化妆品注册管理司（中药民族药监管司）、医疗器械注册管理司、药品化妆品监管司、医疗器械监管司、稽查局等机构，对中国药品和医疗器械的注册、流通等进行监管。地方也相应设立了省、市级别的食品药品监督管理局（原本由药监局、卫生局、工商局等机构对药品和医疗器械进行监管，2013年机构改革后，国家进行了进一步的职能分工和机构整合），配合国家食品药品监督管理总局进行监管工作。

此外，还有些社会组织参与中国医疗事业的管理，例如中国医院协会。中国医院协会协助国家相关部门对医院开展一些调研工作和定期发布一些行业信息，其主要期刊是《中国医院》，里面涉及一些对医院的评价，但是由于其半官方组织的性质和各会员单位之间的利益关系、制约关系，中国医院协会在中国的医疗管理上所起的作用并不如美国医疗协会在美国所起的作用。

六、中国医疗信息系统

（一）中国医疗信息化建设现状

1. 医院信息系统建设初具规模

中国医院信息化建设始于20世纪70年代，至今经历了从单机操作、部门系统到医院整体信息系统的发展过程。初期由于资金和技术的短缺，建设情况不太乐观。大部分医院信息建设初期的重点是以费用信息管理为主，例如医院收费系统。近几年，医院在基本完成自身基础设施的建设后，也将发展内涵作为未来工作的重点。特别是在国家"金卫"工程的推动下，有越来越多的医院响应国家政策，开始对自身医院信息化建设进行规划实施，同时不少公司也投入完整的医院信息系统研发当中，并试图推销给医院。

2007年卫生部统计信息中心公布的医院信息化数据显示，在全国抽样的3 765家医院（其中，二级以上663家，二级以下3 102家）中，医疗费用收取及管理系统、药房药库管理系统的安装率达到了80%以上，表明注重收费管理的医院管理信息系统（HMIS）在大多数医院得到运用；住院流程管理系统、住院床位管理系统的安装率达到70%以上，表明住院管理系统同样在大多数医院得到运用。

另外，全国医疗卫生软件制造商有500家左右，其中，医院信息系统的制造商约300家，大型制造商所占比例为15%，小型制造商所占比例为60%，中型制造商所占比例为25%。从制造商的规模与数量来看，我国医院信息化建设的规模和实力仍需进一步发展。

现在医院信息系统（HIS）在设计理念上已有所转变，患者逐渐成为建设的中心，在实际建设工作中同时把握医疗、经济和物资三个方向，实行医院管理系统建设与临床信息系统建设"两手抓"，绝不落下医院的任何一个部门。在国家医疗制度改革的大趋势下，各地医院纷纷对自身的信息化发展做出规划。根据中国医院协会信息管理专业委员会2009—2010年中国医院信息化状况调查报告（CIO版）中对医院制定的信息化发展规划的1 028个有效数据的分析可以看出，目前已有超过90%的医院制定了部分或全面的信息化发展规划，不过其中半数以上的医院信息化规划还不够全面。

由于医疗卫生制度改革的推动，原卫生部专门成立了专家小组，对电子病历、电子健康档案的基本构架、数据标准和医疗信息平台设计方案进行探讨,并订立了诸多规范文件。其中许多覆盖整个医院的医疗系统,如门急诊、住院、实验室信息、医疗影像等系统陆续投入使用。此外,一部分发达城市的医院已经使用电子病历,不仅医院自身信息化初具规模,各地对区域医疗信息化建设也跃跃欲试。但是由于地域间经济发展失衡,各地医院的信息化发展目标与进度不同,加上国家与地方对医院信息化的支持又偏向于高等级大型医院,使得占绝大多数的二级以下医院在医疗信息化发展上处于相对劣势地位。这些因素导致区域医疗信息化还不够十分普遍,目前只在医疗事业均衡发展的少数发达城市进行试点工作。

2. 医疗卫生管理信息化建设力度提高

为适应国家制定的医疗卫生系统信息化发展规划,根据医疗卫生系统现状,中国于2000年开始建设国家卫生信息网,期望建成一个从中央覆盖至县(区)卫生系统的信息传输系统,集中卫生信息资源,辅助各级卫生部门进行科学决策,做好卫生监督管理工作及突发事件的应急管理工作。以卫生防疫信息网为先行军,争取最终涵盖卫生系统及其相关的所有领域,并联通建立的各个网络,实现信息共享。此建设工程共吸纳2.36亿元,其中1亿元由中央财政拨款,各级地方政府配套投资约1.3亿元,现已完成包括"国家卫生信息网卫生防疫信息系统""国家卫生信息网网络管理中心"和"国家卫生信息网卫生部局域网"的建设。

随着医疗制度改革的推进,医疗保险信息系统的开发与应用也越来越普及,医疗保险信息系统的建设离不开医院信息系统的支持,完善的医疗保险信息系统应该连接医疗单位、保险管理机构、参保单位以及居民个人的财务清算管理系统。目前国内医疗保险信息系统发展态势较好,许多大中城市均实现了定点医院和定点药店的医疗保险网络体系,居民可持卡就医,联网结算。

3. 医疗信息化建设典范涌现

中国医疗信息化建设还赶不上欧美等发达国家,这其中的一部分原因是中国地区经济水平的差异造成医疗信息化发展的不平衡。而在经济发达地区,医疗信息化建设还是卓有成效的。在国家卫生和计划生育委员会的号召下,一些省、市医疗信息化工作取得了一定成绩,出现了一批医疗信息化建设典范。

广东省南方医院建立远程医疗中心。2009年,广东省南方医院和广东联通开始协同建设华南地区最大的、最具影响力的远程医疗中心,共计投入300余万元,采用了WCDMA 3G技术,这一应用突破了地域限制,弥补了一些医疗资源分布不均造成的问题。

以北京为例,2010年,同仁医院、中日友好医院等联合北京移动推出了"12580"电话预约挂号,开展了医院与患者之间可通过短信交流的移动信息化新业务。北京地区移动"全球通"用户可以不用亲临医院,随时实现预约挂号。外地患者也可以请北京的亲友用患者本人的身份证号码代为挂号。就诊当天，患者持有效证件在就诊前半小时到医院指定窗口就可以领取所预约的专家号，同时通过此平台，医生可以随时发送患者的复诊或用药提示。截至目前，北京已开通电话、微信、网站、APP、ATM机、支付宝等多种挂号渠道，"114"预约挂号平台已接入医院146家，其中三级医院68家，二级医院78家，患者可拨打电话"114"直接挂号，也可以微信关注"北京114预约挂号"，预约挂号。北京多家医院也推出微信直接挂号看病服务，通过关注医院微信公众号便可实现预约挂号；另外，通过北京市预约挂号统一平台及相关医院网站、APP，甚至通过ATM机或支付宝的相关渠道也可实现预约挂号。

原卫生部推出电子病历试点。电子病历具有主动性、完整和正确、知识关联、及时获取等特征，是医疗机构对门诊、住院患者（或保健对象）临床诊疗和指导干预的、数字化医疗服务工作记录。中国产业调研网发布的2016—2020年中国电子病历行业发展现状调研与发展趋势分析报告认为，近年来，各地为推进医院信息化建设，配合公立医院改革试点，我国陆续出台电子相关政策法规，促进电子病历的推广和规范化发展。2010年2月，《电子病历基本规范（试行）》发布，对医院电子病历的建立、使用、保存和管理进行规定。2010年10月，国家卫生部发布《电子病历试点工作方案》，在北京市等22个省（区、市）部分区域和医院开展电子病历试点工作。我国《电子病历系统功能规范（试行）》自2011年1月1日起实施。近年来，电子病历系统的快速成长也预示着医疗信息化新的市场格局正在形成。2010年全国医院经过政府采购的电子病历建设实施项目，软件实际签约额在1亿—1.5亿元。国内电子病历市场呈现出两个明显特征：一方面市场销售额持续高速增长；另一方面供应商高度集中。目前，在北京、上海、广州等经济发达地区，大部分三级医院已经建立或正在建立电子病历系统，未来2—3年将迎来电子病历建设和应用的热潮。我国国民经济持续快速发展，医疗卫生指数占GDP的比例稳步提高，信息化投入是医疗卫生支出的重点之一。新型医疗卫生体制改革的落实，必将推动城乡医疗机构信息化建设。

（二）中国医疗信息化建设中的问题

目前，中国医疗信息化发展相对滞后。很多卫生行政部门尚未实现办公自动化、网络化，大多数医院的信息系统仍然是以财务为重点的管理模式，没有完全转向以患者为中心的医院信息系统建设上来；不同层级医院、医疗管理部门之间没有构建统一的数据共享平台，信息收集不准确、不及时、不完整，传输渠道不通畅等问题十分突出；城市、农村医疗信息化发展不平衡，信息化程度多停留于应用层面上，如门诊挂号系统、门诊定价收费系统、住院患者收费系统等，而没有深入到卫生系统运行、管理、监管等环节。

1. 资源配置相互重复

当前卫生系统已经拥有多种网络信息直报系统，如中国疾病预防控制中心传染病直报系统、全国应急指挥系统等，均有相当完备的网络系统用于信息传送、处理、分析等。但是中央层面尚未建立各个系统共享的平台，各大医院只能根据自身需要定制相应的软件服务，盲目引进的医院信息管理系统品种繁杂、兼容性差，大多数系统只用于简单的文字处理、财务统计等较低层次的信息处理工作，不仅导致资源配置在一定程度上相互重复，而且给各大信息系统的数据汇集与统计分析带来了障碍。

2. 信息交换不够畅通

由于各地医疗机构使用的信息管理系统多属各医院自行开发，没有统一标准和接口，使用混乱，各地医疗机构形成了"信息孤岛"。信息采集渠道单一，信息不全面，共享能力差，使得资源潜力无法充分发挥。系统对接困难，无形中给医院间的交流合作和科研工作带来了很大阻力。若实现一定区域范围内医院信息的统筹、共享以及各个系统的有效集成，可以增强信息的传输能力，构建统一的数据信息平台，为患者提供高质量的医疗服务。

3. 信息丰富，但利用率低

各大医院均拥有大量患者既往病史、治疗方案、反馈信息等材料，但未进行深入的分析和充分利用。分析患者的来往地、消费水平、消费偏好、科室工作量、工作效率等可调整医疗服务的发展方向，使医院提供的服务更符合患者的需求；总结发病原因、治疗方案、治疗成功率、疾病死亡率等可为医疗科研人员提供宝贵的科研素材，有利于医疗水平的整体提高。新医改方案的出台，使健康档案的建设在全国范围内逐步开展，但目前较低的数据汇总和统计分析水平导致大量数据难以充分利用，无法挖掘隐藏在数据中的信息，影响了医疗信息化进程的推进。

4. 城市、农村发展失衡

信息技术的深入应用，使得城市中各大医院均增加了医疗信息化建设的投入，门诊和住院医生工作站已在许多医院成功实现信息化建设，个别医院正在努力实现电子病历和医学影像的数字化，逐步完成数字化医院的构建。而农村医疗信息化的开展存在很多困难，如没有建设起覆盖全市各乡镇的农村医疗保障信息交换平台，地、县级和西部地区没有完全实现计算机辅助管理、辅助医疗，没有实现农村医保信息的数字化、网络化管理以及各医疗机构之间的信息共享等。城市、农村医疗信息化发展不平衡，严重阻碍了医疗信息化的全面推广。

5. 法规、标准不统一

目前医院信息系统建设过于自由，不规范且缺乏规则，严重制约了医疗信息化的应用。各个医院都有自己的一套系统，药名、检查方法、手术名称、诊断名称都不一样，没有统一的标准体系，给信息交换与共享带来很大困难。另外，医院在数字影像的采集、显示、远程医疗等方面尚未制定标准，因而数字化医疗在工作中的可靠性和安全性难以得到保证。

6. 认识层次有待提高

医疗信息化不仅要加强医院信息化的深入开展，更要注重公共卫生信息化的开展和基于医药企业的医药电子商务平台的构建。应建立和完善国家、省、市三级药品监管、药品检验检测、药品不良反应监测信息网络，推动医药企业信息化建设，逐步建立基本药物供求信息系统，完善医药电子商务平台。随着人口流动规模和范围的扩大，疾病传播速度加快，客观上需要建立能够快速响应的信息警示机制，建设覆盖全国的科学、高效、快捷、互通的疾控体系，实现网上疫情监测、应急处置和救治。这就给公共卫生信息系统的建立和完善提出了紧迫要求。如何开展、实施医疗信息化建设是政府、医疗行政部门、医院和IT行业正在思考的主要问题。政府是推动医疗信息化建设的原动力，医疗部门则是加速医疗信息化建设的推动力，只有两者合力才能更快、更好地推进医疗信息化建设。

七、中国医疗卫生体制的评价

（一）医疗卫生费用投入逐年增加，但仍相对不足

从2000年至2015年，全国医疗卫生总费用由4 586.6亿元增长至40 974.6亿元，占GDP比例由4.6%增至6%，政府卫生支出的数量及比例基本呈现出逐年递增的趋势，显示出政府对医疗卫生事业的重视和支持力度正在逐年上升。但是相对于美国、日本等发达国家，医疗卫生投入费用绝对数量及相对比仍然处于相对落后的水平。居民个人医疗费用支出占总医疗卫生费用的比例仍然相对较高，负担相对沉重。财政对医疗卫生机构的支持仍然很低。

（二）医疗卫生机构数量众多，覆盖广泛，但医疗服务水平仍然相对较低

中国医疗卫生体系由医院、基层医疗卫生机构以及专业公共卫生机构三大类机构构成。同时，医院包括综合医院、中医医院、专科医院；基层医疗卫生服务中心（站）、乡镇卫生院、村卫生室、门诊部（所）；专业公共卫生机构包括疾病预防控制中心、专科疾病防治院（所/站）、妇幼保健院（所/站）、卫生监督所（中心）。各类医院、基层医疗卫生机构以及专业公共卫生机构分别向不同的群体提供医疗服务，担负分工明确的不同服务功能，覆盖了从城市到农村各级地区的人群，以及满足了各种不同目标产生的医疗服务需求。但是由于医疗卫生人员、医疗卫生设施等医疗卫生资源分配不均衡，大部分优质资源集中于医院，尤其是三级医院，导致基层医疗机构、低级别医院资源数量及质量都相对较差，提供的医疗服务水平仍然相对较低。

(三) 医疗资源总量逐年上升，但是资源分配仍不均衡

统计数据已经显示出医疗卫生机构拥有的各项医疗资源总量，如各类医疗卫生人员、床位等卫生服务设施数量持续上涨，绝对数量不断增加，服务总量不断提高，但是资源分配比例仍存在较大的不均衡，不仅存在于不同的医疗机构类型之间，如医院与基层医疗卫生机构之间；也存在于相同机构类型但不同级别之间，如三级医院与二级医院、一级医院，拥有的各类卫生人员、床位等资源数量及比例分配现状仍存在很大的不均衡。三级医院占据了极大比例的医疗卫生人员、床位等资源；医疗资源的利用情况也极不均衡，例如三级医院床位使用已经出现了超载的现象，而二级医院、一级医院的床位却处于部分相对闲置状态。

(四) 医疗保障制度体系的保障范围面广泛，但保障水平相对较低

目前中国医疗保障体系包括基本医疗保险体系、城乡医疗救助体系、补充医疗保障体系三种层次的保障体系，广泛地保障不同范围的群体。

基本医疗保险体系包括城镇职工基本医疗保险、城镇居民基本医疗保险和新型农村合作医疗三项制度，分别从制度上覆盖城镇就业人口、城镇非就业人口和农村居民；城乡医疗救助体系是中国多层次医疗保障体系的兜底体系，主要是帮助困难人群参加基本医疗保险，并为他们个人无力承担的自付费用提供补助；补充医疗保障体系包括商业健康保险和其他形式补充医疗保险，主要是满足基本医疗保险之外较高层次的医疗需求。当前的医疗保障制度基本上已经覆盖了社会的各类群体。

基本医疗保险体系是医疗保障体系的主体，截至2016年底，全国基本医疗保险参保人数超过13亿人，参保覆盖率稳固在95%以上。但是，同时也要看到，即使存在医疗保障制度，中国医疗卫生总费用中，患者个人现金支付的比例仍然相对高于美国、日本等发达国家，同时人均保障支付医疗费用、最高保障水平仍然相对较低，对降低患者个人医疗费用作用非常重大的商业医疗保险，在中国发展仍然相对不足。

第三节　其他国家医疗体系简介

一、新加坡

(一) 医疗服务体系概况

新加坡医疗服务体系有双重的卫生保健服务提供系统，公立系统由政府管理，私

立系统由私人医院及开业医师组成。初级卫生保健由私人医师门诊部及公立医院联合门诊部提供，公办医疗机构包括国家公办医院、6家专科诊疗中心和16家综合诊所；私立医疗机构包括13家私立医院和190多家私人诊所。病人选择公办医院就诊必须由综合诊所转诊才能进入大医院诊治。目前，私人诊所承担80%的初级卫生保健服务；公办医院承担了80%的住院服务。

新加坡有规定严格的病人就诊逐级转院制度，病人先到社区医院就诊，如果社区医院没有能力治疗，再转到大型的综合医院。当然，私人医生也有转诊和使用医疗保险的权利。这样的规定，可以保证宝贵的医疗资源用于重要的环节，从而克服某些大医院、专业医生看"小病"等资源浪费的问题。

（二）医疗卫生管理概况

新加坡卫生服务管理工作分别由三个部门共同承担。卫生部负责提供预防、治疗及康复服务，负责制定国家卫生政策及卫生标准，并协调私立与公立卫生部门的发展与规划。环境部主要负责环境卫生服务，包括控制空气、水的污染，控制传染病的爆发，媒介昆虫的防治，食物安全生产和销售等。人力资源部则主要负责工业卫生及职业卫生。

（三）国有医院和医疗体系的改革

新加坡独立之前实施的是英国医疗服务制度模式。独立以后，尤其是20世纪80年代以来，该国政府对医疗制度进行了一系列重大改革，逐步形成一个具有本国特点的全民医疗保健制度。改革之前，医院工作效率低，员工缺乏积极性，医疗服务质量差，病人、医院和政府都不满意。针对这种状况，政府从1985年起，采取了一系列得力措施，对医院和医疗体制进行改革。

1. 医院重组

从1985年开始，政府重组了其所属的8所急诊医院和6所专科医院，重组后的医院，政府只是医院的股东，对医院只拥有产权，管理权下放给医院，并且以私人公司的形式进行运作，医院的管理权交给有限公司。由各方面代表组成公司董事会，由董事会制定医院的发展规划、方针和政策，审批收费标准和大型设备、基建项目的经费使用等，任命医院行政总监（或院长）全面管理医院，行政总监向董事会负责，定期汇报工作，医院拥有对员工定期晋级、加薪、辞退、财务收支、医院业务、行政管理等自主权。并且在运行过程中，引入了商业会计系统，从而能提供更精确的运营费用和落实财务责任。

与未重组的政府医院比较，重组的医院明显有更大的自主权来运行；重组医院与其他私立医院的区别在于他们每年接受政府的补助金或津贴为病人提供受到补助的医疗服务。政府通过卫生部对医院进行政策指导，而对于那些补偿与报酬等微观管理问题则将权力下放给医院，一些敏感问题，如调整医疗服务价格等仍要提请政府批准，这就使医院在享有经营自主权的同时保证它们不丧失社会公益性。

2. 系统重组

1999年，公立卫生保健系统重组成两大垂直整合网络：国家卫生保健集团（National Healthcare Group，NHG）和新加坡卫生服务集团（Singapore Health Services，SHS）。NHG包括4所医院，两个专科中心，9个联合诊所和3所专科医院。SHS则包括3家急诊医院，1家社区医院和4个专科中心（眼、牙、心脏和癌症）以及8个联合诊所。医院集团实行双向转诊，充分发挥社区医院作用，通过各级卫生保健提供者更好的合作和协作，既提高了医疗质量，又降低了医疗费用；同时医院集团的互补作用可以减少医疗服务的重复建设，保证了医疗服务容量的最优发展。

（四）医疗制度

新加坡医疗制度由三大部分组成，即医疗储蓄计划、大病保险计划和穷人医疗救济计划。其中医疗储蓄计划属于全民强制性的，在整个医疗制度中起主导作用。大病保险计划和穷人医疗救济计划则是起补充作用的辅助性医疗服务计划。

1. 医疗储蓄计划

新加坡政府卫生部于1983年发表全民保健计划蓝皮书，改革医疗保健制度，实行全民医疗储蓄计划。该计划目的是制定一个良好的医疗保健制度，以保证参与者患病需要医疗服务时，可获得必要的医疗保健服务，且能负担得起有关医疗费用，或事先储蓄一笔费用来负担医药费。

该国医疗储蓄计划是全民强制性的。根据规定，凡在新加坡工作的合法居民，都必须加入医疗储蓄计划。参加者都有一个交纳医疗保险金的个人户头，不设人群或团体的总户头，医疗储蓄的户头只能支付本人和直系亲属的住院费用。

该国医疗储蓄的交纳率根据年龄而不同，总体为本人工资的6%—8%，其中雇主和雇员各分担一半。医疗储蓄存款可以赚取利息，利率以现行银行储蓄平均数为依据，最低利率不得少于2.5%。医疗储蓄设置总额封顶，总额封顶的目的是为了使储户能谨慎利用医疗储蓄，不鼓励过多消费，使储户既能保证有一定支付能力享受高级床位的住院治疗，又能足以应付一生中有病时住基本床位的需要。当储户年龄达55岁时，医疗储蓄的总额只要保持一个最低限额，超过部分可以提取，目的在于确保老后有资金准备。一旦储户本人去世，其医疗储蓄的余款并可作遗产由家属继承。政府对公立医院实行经费补助。

2. 大病保险计划

由于参加大病保险的居民同时已是医疗储蓄的储户，所以大病保险又称医保双金计划，即医疗储蓄加上大病保险。大病保险于 1990 年开始推行，是一项自愿参加的保险。由于医疗储蓄只能应付一般性医疗开支，大病保险旨在协助投保人应付重病时的医疗支出，是一项低成本的保险计划。大病保险资金来自投保者本人，根据年龄不同，每人每年交纳的保险金不同。大病保险可支付患者的住院费用和某些昂贵的门诊治疗，如门诊洗肾、门诊放疗化疗等，但对投保前已有的疾病，如先天性异常和遗传病、精神病等疾病不予支付费用。

大病保险只在医疗费用超过某个基本数目（称为"可扣额"）时，由大病保险计划支付 80% 的费用，投保者自付 20% 费用。投保者可动用医疗储蓄来支付可扣额。

3. 穷人医疗救济计划

对医疗储蓄计划和大病保险计划尚未能覆盖到的一小部分贫困人群，新加坡政府于 1993 年 4 月颁布了穷人医疗救济计划，对弱势群体给予医疗救助。

穷人医疗救济计划是专为贫困居民支付医疗费用而设立的，是一种基金捐赠计划。经费由医疗救济基金会管理使用，资金来源主要是政府资助。政府在该计划创立时捐款 2 亿新加坡元，作为该计划的基金，并且承诺，随着国家经济的增长，政府每年将另外增加 1 亿新加坡元的捐款。医疗救济基金会利用这些捐款所获得的利息来支付穷人的医疗费用。

政府将医疗救济基金会的利息收入分赠给各家公立医院，各公立医院一般都设有政府委托的基金分会。无支付住院费能力的贫困人群可向基金会提出救济申请，经基金会审核后，决定救济数额。一般情况下，绝大多数的申请者都可以获得资助，只有极少数的人因不符合救济标准被拒绝。

（五）医疗保障制度的良好成效

新加坡作为一个城市国家，人口只有 518 万人，年龄结构较轻，经济比较发达，人均收入（2015 年）为 5.28 万美元，在世界上属于高收入国家。该国还拥有较充分的医疗资源，全国有医院 30 所；总床位 11 394 张，每千人口拥有 2.2 张；医生数达 9 373 名，每千人拥有医生数为 1.8 人；护士 31 749 名，每千人拥有护士数为 6.1 人。上述指标已接近发达国家。该国较高的社会经济基础、较完善的社会保障制度及较充分的医疗资源，为该国新型医疗保障制度的实施奠定了坚实的基础。

新加坡这种将个人储蓄保险与社会保险相结合的模式，是一种新型的医疗保障经费筹集和医疗费用支付方式的模式。它消除了国家保障型和社会保险型医疗制度的第三方付费所造成的弊端，还能克服商业保险型医疗制度的消费不公平现象，是具有本国特点的保障模式。

二、英国

(一) 卫生费用筹集及支付概况

英国是一个实行《国家卫生服务制度》(NHS)的国家。NHS主要是通过国家预算来筹集医疗资金、支付医疗费用和为全体公民提供免费的基本医疗保健服务,其实质是一种全民免费医疗制度。

该国于1944年正式提出了国家卫生服务的口号,1948年正式通过并颁布《国家卫生服务法案》(National Health Service Act),对该国所有医疗机构实行国有化,医疗机构的工作人员身份都划为国家卫生工作人员,国家采用中央集权制方式,以提供公共基本医疗保健服务,在全国范围内正式实施《国家卫生服务制度》。

(二) 医疗卫生管理体制

英国医疗行政管理方式主要实行统一管理的三个层次组织结构模式。首相任命和委派领导国家卫生和社会保障部的国务大臣,下设地区卫生局和地段卫生局,共三级。其职能大致如下:

国家卫生和社会保障部是该国医疗卫生行政管理最高权力机构;它负责该国卫生工作的总体规划、决策,控制资源分配。国家卫生和社会保障部设有政策委员会,由卫生国务大臣兼任主席;该委员会为国家卫生服务制度的拟定、形成、实施及医疗卫生服务的运行制定有关发展战略。

地区卫生局的主要职能是执行国家卫生和社会保障部的决策;制定地区医疗卫生服务计划;承担地区大型医疗机构的建设项目;向下一级卫生局分配资源;负责地区内医疗卫生科研项目管理;负责本地区卫技人员的培训等。

地段卫生局是各地段负责提供医疗保健服务的执行机构。主要任务是管理、协调和保证本地段医疗机构的正常运行;为本地段居民购买医疗服务;管理本地段初级卫生服务;评估本地段居民身体健康状况;收集本地段有关死亡、疾病及卫生服务需求等有关信息等。

(三) 卫生服务提供情况

英国的医疗保健服务主要从两个方面提供:一方面是1948年以后划归国有的各级公立医疗机构;另一方面是各地提供初级卫生保健服务的全科开业医生。

英国的公立医疗机构所占比重极高,绝大部分医院归国家所有。普通医院和专科医院的职能是向病人提供床位并给予治疗。医疗服务包括急诊、门诊、短期住院和长期住院。在公立医院中，自费病人支付的金额必须转入 NHS 的总预算，不能由医院或医生私分。

自 1965 年起，英国政府为了增加医疗供给，以满足不断增长的医疗需求，又重新实行了允许和鼓励私人开业、鼓励发展私立医疗机构发展的方针。在政府的支持和鼓励下，私立医疗机构在英国迅速发展。从刚开始仅限于伦敦及附近地区，逐步扩大到全国各地。目前私立医院多由大公司、团体、个人开办，有非营利性医院，也有营利性医院。私立医疗机构的发展，一方面满足了该国居民日益增长的医疗需求，另一方面缓解了该国因医疗供需矛盾所造成的病人看病需排长队、医院服务效率低下及医疗卫生工作人员积极性差等问题。

英国初级卫生保健服务主要由开业医师（包括全科医生、牙科医生、眼科医生和药剂师等）和开业护士提供。开业医生与 NHS 的家庭医生协会签订合同，家庭医生协会监督开业医生的服务，并规定其费用补偿标准。此外，还负责按登记的注册人数向他们支付酬金。

在英国，全科开业医生承担了绝大部分的初级卫生保健工作，每个英国居民都必须预先在一名通科医生处登记注册，然后在其一旦发病时，就去找这些医生看病，或者由这位医生介绍去专科医院门诊治疗或住院治疗。在英国，约有 97% 的居民都有自己指定就诊的全科开业医生。每个通科开业医生的服务顾客都有 2 000 多人。

英国公共卫生服务依据其内容，分别由中央政府机构、地方公共卫生机构及一些私营卫生机构来承担。绝大部分的卫生服务，如疾病预防、筛检、精神卫生、老年卫生服务、家庭卫生保健、残疾人健康保健及增进健康的其他一些内容，多由各地区及地段公共卫生机构组织实施，职业卫生服务则由企业与地方卫生部门联合进行。

（四）医疗服务体系存在问题及改革措施

在 1990 年以前，英国的医疗卫生体系都是由政府所主导的，政府不仅是卫生服务的提供者，而且是卫生服务的购买者。医院属于国家所有，没有自主权。医院受当地卫生局的直接管辖，由当地卫生局将公共资金拿来直接提供卫生服务，全民在交纳税收后平等地享有几乎免费的医疗卫生服务。从表面上看，这样的医疗卫生体系最能保证医疗服务的公平性，但是由于公立医院的完全垄断和缺乏竞争导致了医疗服务供给效率低下、服务质量降低与医护人员积极性不高等现象，引发了广大民众的强烈不满，同时由于医疗服务效率低下、医疗价格失灵造成资源配置调节滞后，不能及时满足患者需求，导致患者等待时间加长，尤其是住院手术需排长队等候，这种表面上公平性很强的医疗服务体系其实是一种对大多数人不公平的服务体系。为改变上述弊端，加强医院之间的竞争，提高医院服务效率，英国从 1990 年开始进行医疗卫生改革，主要是尝试将原来政府的提供者和购买者角色重合的结构进行分离，引入内部市

场或公共合同,主要措施如下:

1. 公立医院改革

公立医院的改革并非是进行大规模的私有化,而是逐步将大型医院和所有其他医疗机构与卫生部门脱钩,由政府的附属预算单位转变为独立核算的国有医疗服务机构,医院在很多方面拥有了自主权,如服务内容、人事管理、设备投入、资金筹措等。为了在市场中更具有竞争实力,降低交易成本,医院之间纷纷结成自我管理、自我经营的医院托拉斯。医院托拉斯是国家卫生服务体系的一部分,其资产依然归国家所有,每年收入的6%必须归入其固定资产。获取资金的数量不再以医院规模和人口覆盖面积为基础,而是以医院实际提供的卫生服务数量和质量为衡量标准。改革后的医院为了生存和发展,只能通过提高自身效率来赢得竞争。

2. 引入私人资本

私人筹资计划(Prirate Financing Initiative,PFI)是一种引入私人资本的模式,它是指由私立机构投资建造公立医院,医院建筑物产权在一定期限内归私人投资方所有。在这个期限内医院每年向投资方支付一定的费用,直至期限届满后建筑物产权归属医院。时间期限一般为20—30年,具体投资数额和年支付能力由投资方、医院和政府三方协商确定。投资方除投资建设外,在期限内还需负责建筑的维修保养和提供医院后勤辅助服务。通过引入私人投资这种方式,不仅引入了资金,而且还给公立医院引入竞争机制和先进的管理运作模式,加快医院转变机制、提高公立医院的经营效率、增强经营意识和经营文化,最终政府、医院和投资方都能获利。

3. 创建全科医生基金持有者(General Practitioner Fund Holder,GPFH)

全科医生基金持有者拥有预算,可以为他们的注册患者从医院购买某些特定服务。也就是说医院必须和中央政府的卫生管理部门和地区卫生部门以及全科医生基金持有者签订合同,获得所需的资金。

4. 政府卫生部门进行职能转换

政府卫生部门从身兼提供者和购买者的双重身份变成购买者和行业监管者,卫生部门不仅不再直接组织医院提供卫生服务,而且也不再直接向医院提供服务资金。在对比各个医疗机构价格和服务质量的基础上,通过合同方式,不仅可以从公立医疗机构购买服务,也可以从私立医疗机构购买服务。政府职能的转变大大提高了医院的竞争动力和医疗服务效率。

三、德国

(一) 医疗服务体系概况

德国全国共有 2 260 家医院,平均每千人病床 6.97 张,其中综合性医院 2 030

所。医院按其投资性质分为三类：公立医院，由政府和社会团体或社会保险机构提供资金开办，总数约790所，床位数占55%；私立非营利医院，由宗教或慈善团体和各类基金会捐资兴办，数量约820所，其床位占38%；私立营利性医院，为420所，由私人举办，床位仅占7%。上述三类医院中，公立医院的床位数所占比重最大，在国家医疗服务中起主导作用。约超过95%的床位通过提供强制性健康保险制度的服务而取得收入，另有少量床位是通过私立医疗保险的病人或其他方面获得收入。

（二）医疗保险概况

德国是世界上创建医疗保险制度最早的国家。1883年，普鲁士宰相俾斯麦制定并颁布了《疾病社会保险法》，正式建立疾病和工伤保险制度，规定疾病保险费由雇员和雇主各负责一半。1911年，德国政府颁布《帝国保险法》和《雇员保险法》，将医疗保险扩大到普通居民。近100多年来，该国医疗保险作为社会保险事业的一部分，逐渐得到发展，所覆盖的人群范围越来越广。

该国政府规定，参加医疗保险是全体国民的义务，不同职业的居民必须加入相应的医疗保险组织。医疗保险组织主要由政府开办，它主要有两种类型：一种是以普通工人和职员等为对象，称作普通疾病保险制度；另一种是以个体农民等为对象，称为农业者疾病保险制度。

该国的医疗保险是强制性的，按法律规定，所有企业雇员及其家属、养老金领取者，农民、残疾者、失业者、大学生、手工业者都必须参加法定医疗保险。至于自由职业者、年毛收入超过54 900马克（1989年）以上的高收入者，则可以自愿投保法定保险或私人保险。公务员及其家属，其医疗费的50%由联邦政府报销，另50%可自由投保法定保险或私人保险。据统计，目前该国有99.7%的人口参加了法定或自愿医疗保险，只有0.3%的富豪人群没有参加。

（三）医疗机构管理体制

德国医疗机构管理体制实行联邦、州、区三级管理，联邦和州均设有卫生部，根据各自分管的卫生工作享有卫生立法权，区一级设卫生处。

联邦青年、家庭事务及卫生部负责全国卫生行政管理工作。其职能主要有：负责全国公共卫生、卫生预防、卫生监督与协作、药品、麻醉剂以及相关的立法事务管理等。此外，该国联邦劳动及社会事务部配合卫生部，负责医疗保险、劳动保护等相关工作。各州卫生部主要执行联邦卫生法律，负责本州医疗卫生、医院管理、传染病预防及治疗、疾病控制、急救医疗与管理等方面工作。各行政区分设卫生处，主要执行联邦和州卫生部制定的各项卫生法律，负责基层医疗卫生管理、医疗保险等工作。

(四) 卫生服务提供情况

德国对医院宏观管理就是按"区域卫生规划"进行。所谓"区域卫生规划"就是全国的每一城区和农村都建立四级医院服务体系。在每一个城区医院服务体系中有一所最高服务级医院、两所中心服务级医院、18—21所跨社区服务级医院和5—10所社区服务级医院。医院的等级由政府根据服务的需要，根据医院的规模、设备条件、技术力量统一安排划定。

社区服务级医院（一级）：病床数200—250张，服务人口约有4万—6万人；跨社区服务级医院（二级）：床位在400张以上，服务人口约为9万—11万人；中心服务级医院（三级）：床位900—1 300张，服务人口约为40万—50万人；最高服务级医院（四级）：主要是大学附属医院，病床数在1 600—2 000张，服务人口为120万—150万人。这一级医院的诊断、治疗水平必须达到国际先进水平，除医疗工作外还要承担教学、科研任务。除了上述的四级医院服务外，家庭医疗服务工作开展得很普遍，以家庭为基本服务对象，主要提供各种护理服务。

(五) 医院费用筹集制度

德国医院实行双重筹资制度。第一，医院的基本建设和发展由州政府预算基金投资，包括公立医院和私人医院同样可以获得州政府的投资，这部分筹资约占21%左右，基本建设费用包括医院建筑和耐用医疗设备的费用。第二，医院运行费用由医疗保险基金支付，占总筹资的67%。如医疗服务项目超出保险基金规定的范围，病人还需要自付一定的费用，约占11%。医院运行费用的支付是由每个医院同几个医疗保险基金谈判而确定的，全国有多少医院就有多少份合同。谈判签约过程每年都要进行一次。谈判前，医院以前一年合同为基础，将所有具体开支列出清单，计算原始费用，确定每日住院费，根据固定的每日住院费及医院病床数来支付费用，作为医院日常经营的经费。第三，门诊费用的支付。门诊每一种服务都有一定的分值，每一分值的价格没有定量。医生协会与疾病基金同业公会就总的费用进行谈判，达成协议后，支付服务费的总数。每一个医生的服务报酬由医生协会分配。

(六) 医疗服务体系改革

德国公立医院的比例小于英国，但是远远大于美国。德国卫生体系中提供者和购买者的区分比较清晰，医疗机构为提供者，保险机构为购买者，这两者是合同关系。同时，德国医院的所有权也比较清晰。德国医疗服务的一个重要特征是医院服务和门诊服务的分离，开业医生和仅限于提供住院服务的医院存在明显的分隔，甚至后两者间的分隔比任何国家都严格。德国医疗服务的公平性很好，但是费用仍较高，所以德国医疗服务体系改革重点是通过改革合同关系,将购买者的角色由被动的支付者变为寻找低成本和有效服务的主动谈判者来加强成本控制。改革的具体方向如下:

1. 公立医院改革

德国公立医院目前面临的主要问题是床位数和三级机构过多,效率低下,费用过高,经营状况不好。另外,由于公立医院内部实行过度分权的管理体制,导致医院上下普遍缺乏责任感和义务感,无人真正关心医院的运营情况。因此,总体上看来,公立医院收支失衡而又缺乏改善自身状况的主动性,处于一种内外交困的境地。

为此,德国政府把改革重点放在实行医院自治或公司化管理上,实现医疗服务购买者与提供者(医院)的分离,在两者之间引进契约化的合同关系,提高医院在服务范围、人员任用和财务上的自主权,允许医院保留经营利润或营利的权利。

2. 适当鼓励营利性医院的发展

营利性医院的发展不但可以吸引社会资本投资于医疗卫生领域,而且引入了先进的管理运作模式,可以提高经营效率,在总体上保证社会有足够的医疗服务能力满足居民的卫生服务需求,减轻了政府的负担。从目前德国医疗机构发展趋势看,公立医院处于规模缩减中,而营利性医院不断扩张。

3. 加强病人和医院或医生的责任

传统的德国强制性健康保险中只强调保险方,即第三方的职责,在费用控制上对病人和医院或医生基本没有任何制约,这样的制度使医疗费用急剧上涨,因此德国政府在20世纪90年代后期出台了一系列改革措施来加强病人和医院或医生的责任,控制医疗费用的开支,比如引进按病种支付的付款方式、推进门诊治疗来削减住院天数等措施。

4. 发展社会团体,加强对医疗卫生体系的监控

只依靠政府的卫生行政部门对庞大的医疗卫生体系进行有效监控难度较大,所以,德国大力发展包括疾病基金会协会、医生协会、医院协会等各种社团,来分别代表各自的利益及加强对本行业的监控。而政府只要通过加强立法和对社团行为的监控即能有效地管理卫生系统。

5. 加强门诊、急诊服务和住院服务的合作

德国的门诊、急诊服务和住院服务之间的合作非常少,这就造成了医疗费用的浪费和医疗资源配置的低效率。因此在最近几年的改革中,重要措施之一是加强门诊、急诊服务和住院服务的合作,比如允许部分开业医师利用医院资源和允许部分医院工作人员在业余时间看门诊、急诊等。

本章小结

美国的医疗体系建设起步较早,发展至今有较多经验值得我们借鉴,其在发展过程中遇到的一些问题也时刻警醒着我们吸取经验教训,少走弯路。新加坡、英国及德国的医疗体系建设也各有特色。中国目前的医疗体系已初具规模,相关制度也已逐步建立,但仍存在不少问题,如此便需要我们在立足于本国国情的基础上,充分学习借鉴各国先进经验,不断完善我国的医疗体系。

思考题

1. 美国医疗体系于我国而言有哪些值得借鉴的地方?
2. 如何评价中国现有医疗体系?
3. 新加坡、英国与德国的医疗体系各有何特点?

第五章

医疗费用支付方式的比较

医疗费用支付方式是指资金从保险公司或政府等支付方转入医疗服务提供者的方法,作为连接双方的关键,支付方式会对医生服务行为、医疗费用支出、整个医疗体系运行情况等各个方面带来巨大影响。本章通过对美国及中国医疗费用支付方式的详细介绍,以期在借鉴国外先进经验的同时,结合我国基本国情,综合运用各种医疗保险支付方式,建立适合我国的支付方式组合。

第一节 美国管理式医疗框架下的医疗费用支付方式

一、支付方法的现状与影响

本节主要介绍管理式医疗组织向医院、医生、医疗设备及辅助服务等医疗服务提供方支付服务费用的方式,涉及的管理式医疗组织类型主要包括推荐医疗组织、个体执业医师会、额外点服务健康维护组织、健康维护组织等。传统上,健康维护组织是唯一使用所有支付方式的支付方,甚至会使用与医疗服务提供方共担经济风险的支付方式。但随着金融、互联网等技术发展成熟,支付方式日益丰富并趋于融合。本文所介绍的支付方法,主要指管理式医疗组织向医疗保障计划条款所覆盖网络内医疗服务提供者的支付方式,不包括个人向合同网络外的医疗服务提供者的支付方式,提及医疗保障计划或医疗救助计划时也主要指其中由商业保险公司经办的部分。

经济市场上存在一个众所周知的逻辑：支付方希望尽可能降低价格并控制费用支出，而提供方则以高额利润为目标。但在管理式医疗领域，这种逻辑却是不光彩和不被接受的，民众总是偏激地认为管理式医疗组织、医生和医院都是贪婪的。但现实中，医院和管理式医疗组织的整体利润率都较低，根据2011年的数据显示，二者利润分别仅占整个管理式医疗行业总利润的4.7%和4.3%，得利较高者的主要是处方药及医疗器械的生产厂商。

管理式医疗组织出现至今，与其相关的政府法律、监管制度、民众需求、医疗技术等均不断变革，组织本身也持续重组升级，致力于提供更高效、优质的医疗服务。支付方法作为连接管理式医疗组织与医疗服务提供者的关键因素，也随着签约双方的组织结构及偏好等特征的变化而更为复杂多样，进而导致了支付方法的分类界限和定义描述逐渐变得模糊不清。同一个管理式医疗组织或者医疗服务提供者会因地制宜采取不同的支付方式，例如，一家覆盖全国的保险公司，可能在加州实行按人头结算方式，而在德州实行按服务结算的方式；也有可能在甲医院使用按病种结算方式，而在乙医院使用按床日结算方式。甚至对待同一时期的同一个支付对象，支付方式也有可能不同。当多种支付方法混合使用时，极有可能在某种特殊的环境下再度组合形成一种新的支付方法。

当多种支付方式并存时，支付双方会因利益而产生签约选择偏好。例如，医疗服务提供者有时更偏向与商业健康保险公司签约，而不愿意服务于医疗保障计划，主要原因在于国家形式的医疗保障计划在降低国家医疗费用的同时，也会大幅度降低医生、医院的收入。当然，医生不等同于投机商，一般不会因为收入改变对病人的治疗态度。

支付方法对个体医生和医院带来的影响有本质上的区别。医院通常受支付方式的影响较小，它会分析自身的收入来源构成，在保证医疗服务质量的同时控制费用和经济利润。面对多个管理式医疗组织，医院都会重新进行分析进而做出最优选择。换句话说，医院是在保证一定医疗服务质量的基础上选择与能够保证其最大利润的管理式医疗组织签约。支付方式对个体医生的影响相对较大，其行为极可能会随着支付方式而改变，也就是说可能会降低医疗服务质量。

当然，支付方法关注的不仅仅是金钱，其影响主要体现在如何有效支付以便实现多方共赢。支付方法及政策的不当使用，可能会导致医疗效率降低和医疗费用上涨；相反，好的支付方法及政策可以重新确定最合理的支付比例。除了采用好的支付方法外，管理式医疗组织还尝试建立灵活有效的管理式医疗组织供给系统（Health Care Delivery System）和监督机制。

总之，支付方法对医疗服务质量会产生显著的影响，管理式医疗组织可以通过支付手段对医疗服务进行监督和管理，支付方法和金额的确定主要取决于管理式医疗组织的产品特征、经营模式、医疗服务提供者类型、市场竞争程度等因素。下面主要按照医疗服务提供者类型对支付手段进行介绍。

二、医生费用支付方法

针对个人医生的支付方法有很多，管理式医疗组织会基于组织形式、产品特性、地理位置、专科类型、医疗服务提供组织形式、相关法律法规等多种因素决定支付方法。但无论使用什么样的支付方法，并不是所有医疗服务都会通过费用补偿机制得到补偿，例如，通常病人第二次手术的费用补偿金额只是第一次手术的50%。总的来说，支付方法和金额对于医生的行为和服务质量可以起到复杂的作用，除单纯的经济利润外，还会影响到医生的心理、就业选择等。

管理式医疗组织使用的支付方法可能并不是医生实际被支付的方法。例如，某健康维护组织使用按人头付费的支付方法向个体执业医师会结算，个体执业医师会再通过按服务付费与旗下的医生结算，这种运营方法已经存在了数十年。根据表5.1，执业医生收入构成中只有不到20%来自实际营收分配。

表5.1　　　　　　　　　医生收入构成

绩效工资（Performance - adjusted salary）	43.8%
固定工资（Fixed salary）	24.7%
轮班、时薪或其他基于时间的工资（Shift, hourly or other time based payment）	6.2%
实际营收分配（Share of practice revenue）	19.5%
其他（Other compensation）	5.8%

图5.1和图5.2为目前主要的医生费用支付方法，分为非风险共担和风险共担两大类。其中风险共担型支付方法主要在健康维护组织中被广泛使用。其中较为特殊的是按病例支付的方法，该方法忽略每个病人实际病情的严重程度，统一按照病例分类直接支付同样费用，所以这种支付方法也具有一定的风险共担属性，但考虑按病例支付方法经常会获得特殊保护，所以也把其归类在非风险共担型支付方法的范围。

（一）非风险共担型医生费用支付方式

大多数管理式医疗组织都会使用非风险共担型医生费用支付方法。即使健康维护组织主要采用的是风险共担型支付方法，但其中还是有部分签约医生会争取获得非风险共担的支付方法。如今最具有代表性的非风险共担型医生费用支付方法是按服务支付。

```
非风险共担型医生费用支付方式
（Non-risk-based Physician Payment）
● 按服务支付（Fee-for-service）
    ◇ 实际支付法（Straight Charges）
    ◇ 市场价格支付法（Usual Customary or Reasonable, UCR）
    ◇ 折扣价格支付法（Percentage Discount on Charges）
    ◇ 价格表支付法（Fee Schedule）
    ◇ 相关价值支付法（Relative Value Scale, RVS）
    ◇ 基于资源的相关价值支付法（Resource-based Relative Value Scale, RBRVS）
    ◇ 按医疗保障计划的折扣价格支付法（Percent of Medicare RBRVS）
    ◇ 特殊价格表或按相关价值乘数支付法（Special Fee Schedule or RVS Multiplier）
    ◇ 附加设备费用支付（Facility Fee Add-on）
● 按病例支付和总额支付法（Case Rates and Global Fees）
```

图 5.1　非风险共担型医生费用支付方式

```
风险共担型医生费用支付方式
（Risk-Based Physician Payment）
● 按人头支付（Capitation）
    ◇ 个人和风险池支付（Individual Versus Pooled Risk）
    ◇ 专科医生支付（Specialist）
    ◇ 总额支付（Global）
    ◇ 个体医生营运组织支付（Independent Practice Association）
    ◇ 按人均就诊费用支付（Contact Capitation）
● 按服务支付（Fee-for-service）
    ◇ 扣除费用比例支付（Fee Percentage Withhold）
    ◇ 预算下的按服务收费（Budgeted FFS）
```

图 5.2　风险共担型医生费用支付方式

1. 按服务支付方式简介

按服务支付是最常见的费用支付方法，也是推荐医疗组织和费用补偿型保险唯一使用的支付方法。相比其他支付方式，该方法极为简单便捷。在进行网络内支付时，按服务支付依赖于账单代码（Billing Code），其中有近 8 000 个代码主要针对个人医生，管理式医疗组织会根据账单代码付费。但如果医生想要获得更高的费用，可以通过设计更复杂的医疗过程升级账单代码实现。此外，按服务支付还鼓励频密交易（Churning）和分类计价（Unbundling），这些都会导致病人非必要复诊频率上涨。

有专家认为按服务支付是美国医疗费用超额支出的根源，特别是在保险公司对医疗服务提供者行为管控能力极低时，很多医生会通过提供不必要的服务获得利润。换句话说，按服务支付会促使医生提供很多不必要的医疗服务，例如病人初次就诊时，医生可能不会直接对病人病情进行判断，而是建议先进行一系列不必要的定式检查流程。无论医疗服务对病人是否真实产生疗效，只要产生账单，医疗服务提供者就会快速获得相应的补偿。

按服务支付对医疗服务也有正向促进作用。因为实际收入和医生的付出成正向关系，也就意味着如果对病人付出更多精力和关怀的医生会得到更多的补偿，收入反映出医生投入的精力和服务的质量。另外，按服务支付的系统数据库会有益于下一步研究进行，因为相比起按人头收费，医生会更加仔细地统计账单代码并收集相关信息。目前，按服务支付普遍使用于推荐医疗组织、蓝色计划以及个体执业医师会等健康维护组织。风险共担型按服务支付多用于健康维护组织和个体执业医师会。

2. 按服务支付费用决定依据

按服务支付方式中决定费用的主要因素是基准费用的设定，也就是按市场中的平均医疗服务价格测算。最终实际支付费用在基准费用的基础上根据各种实际影响因子在一定区间内浮动，例如地理影响因子，可能意味着城市地区最终实际支付费用比农村地区高。管理式医疗组织作为支付方很有必要了解各种影响因子及浮动区间的限制，并以此制定费用支付表。

按服务市场价格支付，是指支付时每个项目的价格在一定的地域范围内都是普遍认可、接受且合理的，但实际中往往很难及时调整价格并保证其合理性。比如，白内障手术刚开始实施时，是一种操作复杂、耗时极长的疗法，但随着技术的发展和经验的积累，已经高度制式化。但医生却不会及时调整价格，仍然按过去的高昂价格收费，证明按市场价格支付的控费能力较弱。

想要测算基准费用需要首先统计一定地域内某项医疗服务价格的所有数据，计算四分位数，并在第一、二、三四分位数中选择最合理的作为基准费用。未来随着医学技术、法规制度的发展，代码系统和基准费用也不断变化调整。而普通管理式医疗组织没有能力影响基准价格，除非该组织在地理上分布很广或者在一定地域范围内市场占有率极高。

小型管理式医疗组织没有能力建立具有统计意义的定价数据库，于是市场上出现了专业提供数据库服务的公司，其中最具有代表性的是 Ingenix 和 Emdeon。管理式医疗组织可以直接购买并利用其建立的数据库进行产品定价。2009 年，在纽约州总检察长 Andrew Cuomo 的质疑下，Ingenix 公司承认了其数据库并不具有统计学上的有效性，因为其数据样本的抽取没有达到统计学随机抽样定义且未经审计，所以专业商业数据库也并不是完全可信的。

此外，随着支付费用异常值的累积，样本的四分位数会受到影响，进而制定出新的、不准确的基准费用。医疗服务提供者可以通过增多异常值的操作方法，持续上调基准费用，最终导致整个国家医疗费用不断膨胀，再次证明按市场价格支付无法有效控制医疗费用的上涨。

3. 按服务付费具体类型

（1）实际支付法。只有在特殊情况下才会使用按实际支付方式，例如，管理式医疗组织为了保证其网络服务的完整性，不得不与医生签订全额支付合同以获得其特殊服务功能，又或者某个医生是管理式医疗组织的唯一选择。这种支付方式将带来严重的通货膨胀现象。

（2）价格表支付法。价格表是以支付双方针对每一项医疗服务商定的最高补偿金额（Maximum Amount）为基础制定的。签约医疗服务提供者约定按照价格表收费作为服务的费用补偿，承诺不再额外收取超额费用。最高补偿金额通常就是在基准费用的基础上简单浮动，计算简单、支付方便。但使用这种支付方式最大的问题是所有医生必然将提升自己的原本价格直到最高上限。总的来说，这种方式可以有效控制医疗成本，也是目前大多数管理式医疗组织使用的方法。

（3）相关价值支付法。最终费用补偿标准由相关价值系数（Relative Value Unit，RVU）及标准价格乘数（MM，Monetary Multiplier）共同决定，例如，一项服务的相关价值系数是4，标准价格乘数是12元，医生最终将获得48元。相关价值系数反映了普遍合理的支付水平，标准价格乘数则代表了医疗服务种类。只需通过改变相关价值系数就可以直接修正所有项目的支付费用。

标准价格乘数通常取决于医疗服务物质或者费用上的支出，对于认知服务及行为服务关注度不足。也就是说，愿意多花时间为病人治疗并且尽量避免使用非必需治疗手段的医生，获得的收入反而会低于那些习惯于采取侵入性治疗的医生。同样的，内科医生的收入往往低于外科医生。

（4）基于资源的相关价值支付法。基于资源的相关价值支付法的最早产生是为了解决标准价格乘数不公平的问题，综合考虑医疗服务中各类资源投入，特别是人力成本，进而提高全科医生、内科医生的工作积极性。支付费用由三个相关价值系数共同决定：第一个也是最重要的相关价值系数反映了治疗难度，包括耗时长短及技术难度等；第二个相关价值系数反映了临床消耗，例如材料费等；第三个相关价值系数反映了医疗事故保险费用。最终，三个相关价值系数合并生成总相关价值系数。总相关价值系数由美国医学会的相对价值研究更新委员会（Relative Value Update Committee）每五年更新一次。

医疗保障计划使用基于资源的相对价值支付法向签约医生进行支付。对于未签约医生，支付价格允许浮动上限为医疗保障计划原价的115%，但未签约医生通常只能获得支付额的95%，所以两个限制共同作用致使最大支付额度为109.25%。除了医疗保障计划外，基于资源的相关价值支付法还广泛用于大部分管理式医疗组织。

（5）特殊价格表或按相关价值乘数支付法。正常来说，管理式医疗组织只需制定一个基础的相关价值系数或者价格表，但个别实力强大的医院或者医生联盟在协商中会要求获得特殊待遇，所以管理式医疗组织不得不针对其单独制定特殊支付方式。但是由于理赔系统通常无法自动识别和录入特别待遇数据，由于人工处理和介入带来的管理费非常昂贵。

（6）附加设备费用支付。随着管理式医疗的发展，医疗服务相关的附加费用也逐步增长，其中附加设施费用主要源于经营所必需的各类固定资产费用，比如经营场地、医生购买或者租赁昂贵的心脏成像、核磁共振成像设备等医疗设备。正常来说，支付给医生的钱应该已经包含了一切与治疗有关的费用，不应该再产生额外的设施费用，所以当医疗机构提出要收取附加设备费用时，无疑意味着其获取了第二次利益。

4. 按病例支付和总额支付法

按病例支付或者总额支付是一种打包或套餐形式的补偿标准，打包价格包含了治疗某类疾病的所有医疗服务费用。以常见的产科服务为例，打包价格包括了产前检查、上门服务、术前管理、手术实施、术后管理及产后检查等整个治疗流程。无论医疗服务的最终使用情况如何，医生获得的费用补偿是不变的，故这种支付方法可以有效控制医疗费用支出，常用于门诊和手术治疗相关的服务项目。这种支付方式在形式上类似于按服务收费，但是分类更少，复合性更高。

5. 网络外费用支付

鉴于网络外服务保障可以有效地提高产品的吸引力，所以部分管理式医疗组织仍会提供网络外的医疗服务作为选择，比如当参保成员旅游或出差离开保障覆盖的网络时，可能会因紧急情况而需要医疗服务。网络外医疗服务费用通常采用的支付方式包括：（1）全额支付法（Paid in full）；（2）按照网络内支付价格表上调一定比例，上调幅度通常为30%；（3）综合考虑市场价格及医疗保障计划价格支付；（4）按照医疗保障计划的公允费用上调一定比例，上调幅度通常为100%—150%。

实际中的网络外费用支付很难管控。2009年8月美国健康保险公司（America's Health Insurance Plans）发布了在30个州进行的一项关于对比网络外医疗费用与医疗保障计划公允费用的调查结果，调查列出了每个州最贵的10项收费，发现最高的网络外费用是医疗保障计划医疗保障的数十倍，如此高的差距让人震惊。

6. 其他费用影响因子

（1）服务环境。设施费用是总费用不可忽视的部分，所以管理式医疗组织也会根据医疗服务发生的环境改变价格。同样的医疗服务，在医院发生的费用明显高于独立的门诊诊断中心（Free-standing Ambulatory Surgical Center）。但是，为了保证总费用的一致性，管理式医疗组织会降低设施费用高的环境中医生人力成本部分的费用补偿。

（2）线上服务。在互联网大环境中，线上服务指医生和患者通过电子邮件或者应用程序在互联网上交流，其产生的费用远低于线下费用。但是目前线上服务的管理体系仍不成熟，没有形成统一的相关价值系数或者价格表。

（3）共保（Coinsurance）。对于一些管理式医疗项目的参保成员，项目要求其必须按照一定比率自己支付一笔共保费用给医疗服务提供者，具体的支付数量取决于签约的支付率，这项政策导致了20世纪80年代大量的诉讼案件，民众认为这种收费是极不合理的。

（二）风险共担型医师费用支付方式

1. 按人头支付方式

按人头支付是最具有代表性的风险共担型支付方式，是指无论医生最终提供医疗服务及资源数量是多少，费用补偿是固定的，即按每月每人固定的人头费执行，目前普遍使用于各类管理式医疗组织。按人头支付成功的关键在于参保成员对费用高昂的服务依赖性较低。

因为健康维护组织采用全科医生担任"守门员"制度，按人头支付方式可以保证其支付和后期统计的及时有效。对于专科医生进行支付时也可以使用按人头付费方式，但必须限定参保成员仅能接受指定专科医生的服务。

按人头支付方法对于医生来说有金融和服务两类风险。其中，金融风险为实际收入风险，指当某个单独病例产生的费用远超平均费用时，医生收到的人头费用远无法覆盖这种特殊超额情况。服务风险本质上是指假如某段时间医生签约的按人头支付方式的就诊人数超过正常就诊率，医生的日程表就会被签约的按人头支付方式带来的病人填满，进而丧失为其他病人服务获取额外收入的机会，甚至无法满足所有签约参保成员的需求，这种情况主要出现在过度签约的医生身上。

按人头支付方法的补偿标准会受到多种因素的影响，比如签约双方组织大小、存在时间长短、历史发病率等。主要影响因子如下：

（1）医疗保障服务范围。按人头收费定价首先要明确管理式医疗组织提供的医疗保障服务范围。所有医疗服务必须有清晰的定义和完整的数据，如果管理式医疗组织本身没有经验数据，现在有很多国际性的专业公司可以协助提供详细资料。

医疗服务包括预防性服务、门诊治疗、住院治疗等，其中检查费、处方药品费、手术费都值得特别关注，可能需要额外的支付处理。例如，普通检查费用一般已经包含在按人头支付费用中，但假设病人的病情特殊，还需要将检查实验样本送到功能更为全面的专业实验室进行检验，这种需要外部支持的检查费用是否包含在人头费中需要在签约时特别注明；还有某些手术或内窥镜治疗过程是难以定义的，因为操作流程会因人而异，且对医生执行能力有一定要求；免疫接种项目费用随新型疫苗投入市场快速变动且涨幅较大，管理式医疗组织常见的解决方法是只将疫苗接种服务列入保障范围内，但不包含具体所使用的疫苗本身费用。

（2）性别及年龄。就诊次数、治疗费用会随性别及年龄的变化产生巨大区别，所以管理式医疗组织的费率表通常按性别及年龄分布。例如，新生儿（小于18个月）每人每月的人头费为70元，1岁半到2岁为10元，2岁到18岁仅为9元，原因就在于新生儿的发病率较高；此外，18到45岁男性的人头费仅为8元，但同年龄段女性约为35元，原因在于该年龄区间的女性通常处于生育期。每个按人头收费的签约全科医生每月收入都会随着其服务的人员分布而改变，所以从大数法则的角度分析，只有当全科医生名下的病人人数达到一定量时，他的收入和服务质量才可能具有稳定性。

相对于全科医生，管理式医疗组织对专科医生的需求较少，因为大多数参保成员看医生只是为了解决小病，但针对专科医生支付收集的历史数据却往往更为完整。

（3）严重及复杂程度。病情的严重及复杂程度通常不能很准确地反映在费用补偿中，原因在于当管理式医疗组织尝试根据严重及复杂程度进行费率调整时会受到很多干扰，常见的原因包括：

管理式医疗组织测算费率时，通常不会将团体投保历史数据纳入考虑，但个人参保实际占比不高，仅依据该部分数据做出的预测可信度低。

疾病负担程度（Burden of Illness）是近年来才广泛关注和收集整理的数据指标，它可以较为有效准确地根据病情严重程度进行费率调整。但在过去疾病负担数据不完整的情况下，很难准确进行费率调整。

医生们会使用很多手段调整统计数据，阻止费率下调。

极为严重或复杂的案例在整个参保群体中占比极低，管理式医疗组织经常选择将这类案例单独管理。

（4）其余影响因素。其余影响因素还包括挂号费、保障责任的改变、行为改变、组织所处地理位置等等。

大部分管理式医疗组织在发展过程中一直坚持收集历史数据，建立详细而完整的大数据库，精算师对这些数据进行研究，很大程度上可以准确预测未来情形并制定费率表。简单举例，假设全科医生每接诊一次收费为65元，平均每年每个人看病的次数是4.2次，那么人头费为：$65 \times 4.2 \div 12 = 22.75$（元）。

管理式医疗组织还会通过预留部分补偿费用作为押金、设立奖励基金池等方式，对受到较高评价的医生进行奖励，具体评价指标可能包括治疗效果、病人满意度、服务质量、费用管控等。

2. 按人头支付方式的优缺点

（1）优点：对于管理式医疗组织来说，按人头支付将部分风险转移给医疗服务提供者，自身费用支出更为可控，费率预测更为准确，进而减少不必要费用，比按服务支付更容易管理，发生诉讼官司的可能性降低；对于服务的提供者来说，按人头付费可以保证较好的现金流，在有效的资源管控下，反而会获得更高额的利润。

（2）缺点：提供医疗服务与获得费用补偿之间不存在直接的关系，一定范围内可以认为无论提供服务的多少获得费用补偿是均等的；个别超预期费用案例会对医生收入带来很大的影响，但停损保障的存在在一定程度上减弱了此部分风险；个别医生为利润尽可能不提供必需的医疗服务，最终导致服务质量和治愈率的降低。

3. 额外点服务健康维护组织支付方式

由于额外点服务健康维护组织的费率较高，在短暂流行后很快就退出历史舞台，该类管理式医疗组织在支付时首要必须准确区分某项服务归属于网络内还是网络外，分类会对费率带来很大影响。早期额外点服务健康维护组织曾尝试先预付医生较高服务费，结算时再由医生退返剩余部分费用的支付方式，最终导致整体医疗费用大幅上涨。现在额外点服务健康维护组织主要采用按服务支付方式。

4. 押金和风险池

采取按人头支付方式时，医生会面临金融及服务风险。面对风险，管理式医疗组织会根据经验预测特殊医疗服务、机构护理服务及辅助服务等特殊情况发生的频率和费用可能，并且按预测预留押金建立风险池。管理式医疗组织每年实际使用风险池的资金比例从2006年的30.3%下降到2010年的28.9%。

押金的提取方式一般是预留人头费用的一部分（如标准费用的10%—20%），即假设每人每月的人头费是20元，押金提取比例为20%，那么实际每月支付给医生的只有16元，剩余4元会一直在风险池中保留，每年年底会进行清算，统计当年超预期费用额度。为了提高医疗服务的质量和使用效率，在签约时通常会指明：如果医疗服务费用补偿过高甚至超出风险池承受能力，管理式医疗组织有权调整未来的押金预留比例。

针对不同的服务，管理式医疗组织会分别建立风险池，常见风险池类型包括特殊医疗风险池、医院及设施风险池、辅助医疗服务风险池、处方药品风险池等。较为特殊的是，管理式医疗组织还会建立一个责任风险池，主要针对停损保障（Stop Loss）或者大型医疗事故。管理式医疗组织通常会根据自身具体特点选取选择建立必要的风险池，建立的关键点在于清晰地区分不同服务类别，比如家庭照护是否应该属于机构医疗费用类别等。某类风险池并不一定仅限于支付它对应的风险类事件，盈余情况下可以先垫付其他风险类事件。只有风险池余额为正时，医生才会按比例获得费用补偿或者额外奖金，当然奖励机制也会综合考虑医疗质量、费用成本、就诊便利性、病人满意度等指标。

5. 药品费用支付方式

药品费作为一项特殊的医疗费用，在整体医疗费用中占比较高，通常受到民众的较多关注。药品费通常由两部分组成：一是挂号费，即每次买药需要支付的药剂师劳务费；二是药品本身价格。近年来管理式医疗组织尝试了多种方法控制其上涨可能。比如，建立专业的药品费用监管机构并制定严格的药品服务利用管理制度（Drug Utilization Review），加强药品的审核机制并制定标准价格表；挂号费由管理式医疗组织、药品费用监管机构、签约药店等在内的多方共同协商确定；使用共保或起付线方式代替挂号费；药品费用监管机构和大型制药厂商合作，以更为低廉的价格生产需求量大的常见药品，并在标准价格表中注明。

但从历史经验看，现行的药品费用管控方法未能对药品价格产生真正的影响，主要原因为药品价格持续高速增长，新型制药技术发展迅速，专利权使部分生产厂商在市场上占有垄断地位和绝对话语权，民众对药品质量信任度的提升导致药物使用更加普及等。所以，药品的费用支付还是多使用按服务支付方式。

6. 停损保障（Stop Loss Protection）

当某些病例中的医疗费用过高而超过预定上限，医疗服务提供者不再继续承担超出部分的医疗费用，就是停损保障（Stop Loss Protection）。通常停损保障有两种形式：单项停损和总额停损。

单项停损是指因某一个案例带来的巨额损失，比如某位医生的一个病人患了白血病，其治疗费用超过 5 000 元以上的，绝大部分都不再由医生负担，转由押金风险池或者专门针对停损保障设立的基金支付。总额停损则是指因为整体医疗费用超过一定限额引起的停损。

停损上限会根据押金风险池的大小以及全科医生负责的病人人数设定，比如一个全科医生有 300 个病人，那么上限可能为 2 000 元；当该医生有 800 个病人时，上限会调整为 5 000 元。一方面停损上限设置得越低，高额费用案例对医生收入的影响越小，医生可以更好进行整体全面管理；另一方面，过低的停损上限也有可能会激发起个别医生的贪欲，人为地控制医疗费用。同时，停损上限也会促使医生合理控制签约的服务人数，例如签约管理 300 人时，其停损上限为 2 000 元，若多加几个病人，停损上限立即变成 5 000 元，那么医生必然会拒绝那几个新成员的加入。

总的来说，停损保障是对医生公平性的体现，防止出现由于某些特殊大额医疗费用导致医生收入大幅下跌的可能。但通常只有大型的管理式医疗组织才可以完全自行承担和管理这些巨额风险，规模较小的管理式医疗组织会通过再保的方式将风险分散。

7. 专科医生支付方式

（1）常见支付方式。专科医生按人头支付结算较全科医生更为简单，就像前文提到的全科医生的医疗费用可能会根据很多影响因子改变，但是专科医生医疗费用的影响因子相对简单，主要包括负责病人群体人数、人均费用、治疗水平、专科医生签约时的谈判能力等。一般大型管理式医疗组织会根据自身数据库建立模型。小型管理式医疗组织则可以从再保、咨询类公司等获得相关数据支持，预测决定专科医生服务费率。

同全科医生支付相似的一点是要明确划分服务覆盖的范围，特殊的服务通常是不包含在保障服务范围内的。此外，鉴于发生率的原因，专科医生的人头费往往很低，可能只是全科医生人头费的5%，费率调整频率也不高。所以一个专科医生往往会负责多名参保成员以确保收入，成员人数可能会达到全科医生负责的3倍甚至更多。

（2）特殊支付方式。

疾病管理公司：指针对某类特殊病种提供医疗服务的疾病管理公司，比如心脏病管理公司。管理式医疗组织和这类机构签约并直接支付打包费用，合同生效后，签约机构会全面负责病人的所有医疗服务需求；如果其自身不具备提供某些服务的能力，可以再签约其他的合作机构并将已获得费用分割出一部分，但其再次签约导致的费用分配比例，不再是管理式医疗组织关心的重点。

按人均就诊费用支付：属于按人头支付的一种变换形式。病人可以根据病情选择自己想要的签约专科医生接受医疗服务，不计病人到选定医生处的实际看病次数，一定时限内都只算作一次。管理式医疗组织根据不同医生服务的人数比例，从医疗费用总额中划分进行补偿。这种支付方式建立在针对某类专科疾病的押金风险池的基础上。假设管理式医疗组织一共有100个需要心理治疗的病人，一定时限选作一年，专科风险池资金为100万元，在一年中共有25个病人到A医生处看病，则A医生最后获得100个病人就诊总费用的25%，即25万元作为费用补偿。

（三）价格公开

价格公开的宗旨在于告知消费者真实价格，从而归还其自行选择产品的权利，但通常价格公开不会影响价格的多样性。价格公开实现困难在于民众认为便宜没好货。例如当人们选择紧急医疗救助或者需要治疗的疾病对医生技术要求极高时，都会选择购买价格最高的产品，因为民众潜意识中认为价格低廉代表着劣质服务。

目前价格公开的实现手段通常是在指定网站公布价格。一般来说该类网站只允许注册成员才可以使用。公开信息可能包括支付给医生的实际金额、当地的平均价格及两个价格之间的对比等。有些网站还会协助比较不同产品之间的差异，并研究这些差异造成的价格差别。当然大多数公司并不会公开详细数据。

（四）法律监管手段

20世纪90年代，美国出台了针对医生激励计划（Physician Incentive Plan，PIP）的法律，早期立法的主要目的只是保护医生的权益。每个州的相关法律均不一致，最大相似点可能就体现在对于信息公开披露的要求上。除此之外，每个州的法律都会因为具体情形和需求而侧重不同因素。下面将以最有代表性和全面性的联邦政府法律作为简介对象。针对医生激励计划的联邦法规最早出现在1987年，由美国健康保健财政局针对医疗保障计划及医疗救助计划而制定颁布，具体内容主要包括以下几方面：

1. 金融风险

仅针对医疗保障计划及医疗救助计划而制定颁布的法律法规，主要关注管理式医疗合同条款是否体现出对医生或医疗组织在医疗费用上有足够的金融风险认识和预防机制，如是否建立停损保障等。

2. 公开信息披露

法规会要求管理式医疗组织进行公开信息披露，主要内容包括但不限于：医生激励计划中是否包含转诊服务及具体处理方式，具体激励方法（通过押金、奖金等），转诊风险占总收入的比例，已采用的停损保障方法的数量和种类，医疗保障服务覆盖面积大小，参保人数是否达到预期，已经进行的客户问卷调查需公开结果等。

（五）医生薪酬计划的民事责任

部分管理式医疗组织可能没有经办医疗保障计划及医疗救助计划，也就意味着其不受对应的联邦或州立相关法律法规管理，但是仍不能逃脱可能会面临的民事责任。

三、医疗机构支付

医疗机构的支付对象主要指提供住院、护理、康复、急诊、危重治疗等服务的医疗机构。面对同一个服务提供方，管理式医疗组织可能会同时使用多种方法结算。

（一）医疗机构支付来源及使用范围

1. 支付来源和成本转移

医疗机构的收入来源有很多，根据历史数据显示，其中商业保险支付约占36%、医疗保障计划支付约占30%、政府注入资金和医疗救助计划支付各约占10%、私立基金支付约占3.8%、特殊医疗服务需求支付占3.2%。

在支付过程中，会因为保障计划性质的不同而产生成本转移，商业性质的保障计划通常会比医疗保障计划和医疗救助计划支付更高的费用。也就是说，商业性质的保障计划实际承担了医疗保障计划和医疗救助计划应该支付的部分费用。假设实际费用为1元，那么医疗保障计划和医疗救助计划通常仅支付0.8—1元，而商业保障计划通常支付1.1—1.3元。

2. 医疗机构价格的通货膨胀

通常医疗费用的通货膨胀率都会高于经济整体通货膨胀率,主要原因如下:病情较为简单的病人会选择使用门诊,住院资源都属于病情严重的患者;护工工资的持续上涨;鉴于医院无法和医疗保障计划及医疗救助计划在价格上展开商议,所以医院只能寄希望于商业保险来获得最大的经济收益。

3. 常见医疗机构支付类型

表5.2列出了常见的医疗机构支付类型,但其中有些方式仅能在住院或者门诊费用补偿中使用。

表 5.2　　　　　　　　　　常见的医疗机构支付类型

项目	住院	门诊
实际费用支付法(Straight Charges)	✓	✓
折扣价格支付法(Discounted Charges)	✓	✓
按床日支付(Per diems)	✓	
按病种支付(Diagnosis-Related Groups,DRG)	✓	
按医疗保障计划的折扣价格支付法(Percent of Medicare)	✓	✓
按病例分型支付(Case rates)	✓	✓
按人头支付(Capitation)	✓	✓
按分类价格支付(Ambulatory Payment Classificaiton)		✓
按巡诊人次支付(Ambulatory Patient Group)		✓
其他	✓	✓

(二)按实际费用支付及折扣价格支付法

1. 按实际费用支付

按实际费用支付是所有支付方法中最简单的一种,同时也必然是最昂贵的一种。通常使用按实际费用支付的原因有两个:无法通过有效协商获得合理折扣价格,或者为了完善服务网络而签订了某类特殊需求的合同。折扣价格支付法则是在费用折扣的基础上进行支付,具体可以分为固定和浮动折扣两类。

2. 固定折扣价格支付

医疗机构和管理式医疗组织签订合同,根据合同由医疗机构提供全部的收费单据及固定折扣比例,管理式医疗组织根据前述材料支付费用。决定固定折扣的因素有很多,其中最主要的是市场竞争程度和医院对稳定客源需求的迫切程度。这种方法虽然简单易行,但依旧存在很多缺点,通常只用于小型的管理式医疗组织。

3. 浮动折扣价格支付

这种方法通常用于市场份额较大的管理式医疗组织,且不同的管理式医疗组织和医疗服务机构之间存在着很激烈的竞争关系。具体的折扣浮动办法由合同双方协商决定,通常取决于医疗总费用及门诊手术总数量。

4. 特殊的折扣价格支付法

专门针对一些价格高昂的医疗服务进行费用补偿。

(三) 按床日支付

按床日支付是指参保成员在住院治疗中,根据治疗实际住院天数结算的一种支付机制。主要分为以下几种类型:

1. 固定床日费用法

这是管理式医疗组织最常使用的结算方法之一,签约双方事先约定好一个固定的每日每床住院费用补偿标准。换句话说,最终无论实际发生的治疗费用是高昂或是低廉,最终得到的费用补偿都是一致的。但现实中不同的病例需要支付的费用差额实际上是很大的,特别是一些治疗方法对于价格敏感性反应较强。其测算主要取决于住院率、疾病种类、病情轻重等。所以对于某些特殊治疗或费用高昂的治疗项目,固定床日费用法反应不敏锐,无法公平地体现特殊项目价格区别。

2. 打包床日费用法

管理式医疗组织和医疗机构会协商打包费用表,每一种不同的治疗类型均对应一个费用标准。比如手术室、产科病房、监护病房、康复治疗等。

3. 弹性床日费用法

通常住院前期的住院费用都高于后期,而弹性床日费用法就是指对不同的天数或区间采用不同的费用补偿,比如越靠前的床日费用补偿越高。

4. 浮动床日费用法

根据合同,管理式医疗组织每年初向医疗服务提供机构预付部分费用,之后定期结算。具体费用依据参保成员实际住院的天数决定,随着住院天数的增加,费用会逐渐降低。

(四) 按病种支付

费用补偿标准取决于国际疾病分类(International Classification of Disease, ICD),即将疾病按照诊断、疗程、费用负担等因素分类,针对每类病种制定不同的费用补偿标准。随后,在按病种支付的基础上进一步按照病人的严重程度分组,根据医疗资源耗费对费用补偿标准进行调整。这种支付方式在管理式医疗组织中较常见,可以有效地控制医疗成本,提高效率。

(五) 按病例分型打包支付

同一种疾病可能有很多种不同治疗方法,不同的治疗方法对应的费用可能存在较人差距。针对一种疾病，统计所有的可能治疗方法费用情况并进行加权平均，制定按病例分型的补偿标准。通常这种方法适用于治疗费用高昂的疾病。

（六）其他支付方法

1. 费用管理表（The Charge Master）

费用管理表就是综合列出医院所有医疗服务收费价格的总表，目前最为经典的费用管理表有超过5 000种价格代码，并且随着医疗技术和手段不断扩充。

2. 特殊医疗（Carve Outs）

医院将个别费用高昂的医疗服务或处方药品，例如器官移植手术费用等单独列明，进而获得更多的费用补偿。

3. 异常医疗费用（Outliers）

当病人的费用超过一定的限额后，会作为异常医疗费用单独处理。

四、流动诊所的支付方式

流动诊所（Ambulatory Visits）的支付方式主要包括按巡诊人次支付（Ambulatory Patient Group，APG）和按分类价格支付（Ambulatory Payment Classification）。

1. 按巡诊人次支付

这是指制定每人每次巡诊价格，按照医生的治疗人数进行费用补偿。

2. 按分类价格支付

这是指将门诊服务进行分类来制定价格，即在数千种治疗流程的基础上构成几百种大的类别（APC Treatment Groups），但仍存在例外，比如特殊处方药、器官移植等。

以上这两种支付方式都可能会根据地理位置、实际病情的复杂程度等对补偿费用进行修正。尽管按巡诊人次支付和按分类价格支付都会进行价格调整，但是由于这两类方法对通货膨胀不敏锐，都只在门诊中使用，住院部分仍多使用按病种分类支付。医疗保障计划只使用按巡诊人次支付方法，医疗救助计划和商业保障混合使用两种支付方法。

五、医院和医生的混合支付

多年前，管理式医疗组织就开始同时与医院、医生签约，合同针对同一病种或者治疗流程使用统一的支付手段。常见的混合支付方法包括按总体人头费支付（Global Capitation）、捆绑支付（Bundled Payment）、共享储蓄（Shared Saving）等。

(一) 总体人头费支付法 (Global Capitation)

总体人头费支付就是指对于一个疗程,所有医疗服务一次性打包支付,几乎将所有风险转移给医疗服务提供者。这种支付方法并不常见,即使使用,通常也会区分出特殊项目,比如处方药品费等。为了管控风险,总体人头费支付法通常强制要求较高的再保比例。

(二) 捆绑支付 (Bundled Payment)、打包支付 (Package Pricing) 和总额支付 (Global Payment)

捆绑支付、打包支付和总额支付三种支付方法究其根本,就是将某一个疗程或时间段的所有医疗服务、设施等费用打包进行费用支付。

(三) 共享储蓄 (Shared Saving)

共享储蓄根据《平价医疗法案》(Affordable Care Act,ACA) 产生,是指管理式医疗组织和医疗服务提供者应共同创建或加入一个责任医疗机构 (Accountable Care Organizations,ACOs) 并建立共享储蓄计划,以促进双方的协调和合作,进而提高医疗质量并减少不必要的开支。在运营的前三年,新成立的责任医疗机构可以仅建立共享储蓄,随后必须同时共享储蓄和共享风险。

共享储蓄旨在通过提供更好服务的同时降低费用,进而吸引参保成员,增加医疗保险的价值。这种支付方法极具吸引力,因为它降低了新责任医疗机构服务人数基数的标准,满足了大量的资金支付需求,还可以灵活地适应多种医疗服务提供者。共享储蓄总额受四个因素影响,包括病人满意度、协调治疗及安全性、预防保健、危重病人照护。

六、绩效工资

绩效工资也被称为"基于实际价值的鼓励机制",即为医疗服务提供者提供财政激励,以促使其服务满足既定的期望指标。

(一) 测量方法和目标

进行绩效评价时,首先要基于组织侧重点选择评价指标,一个管理式医疗组织无法同时使用所有的评价指标。通常会选择较为常见、简单的指标,因为这样易于理解、应用和接受。指标具体参数标准会根据数据样本进行调整,用于建立绩效工资参数标准的数据来自医疗索赔记录、药品费用报销记录、检验结果记录、临床图表记录或者医疗记录审计记录、门急诊审计记录、非标准病人问卷调查等。

绩效工资要求评价指标参数标准最终应转化成一个可量化并实现的目标。目标可以是固定的，也可以根据过去某段时间的历史数据对现有标准及时调整更新。

（二）绩效工资支付形式

绩效工资的支付形式主要包括浮动费率表和额外津贴两种。其中调整后费用表是最常见的绩效工资支付方法，即在某一时点通过改变固定的相关价值系数或标准价格乘数调整并支付；额外津贴是指当医疗服务达到约定限制，直接奖励奖金补贴。

由于医院是一个大型的医疗服务提供方，通常有能力提供足够量级历史数据来制定绩效工资补贴标准，所以一般将整个医院作为整体单位进行绩效奖励。但是一个病人可能会对应多个医生，个人医生很难提供足够完整的历史数据用于标准制定，且超额费用、异常病例会给医生记录带来很大影响，所以通常不会对个人医生单独测量与补偿，而是对整个组织进行奖励。例如根据记录中每个医生的表现，直接奖励整个个体医生运营组织。

七、辅助服务支付方式

辅助服务（Ancillary Services）指在治疗过程中可以协助医生完成治疗的各种诊断性或者治疗性服务，比如各类检测、心电图、核磁共振成像、物理治疗、心理治疗、语言矫正等。辅助治疗的使用，很大程度上取决于医生的主观判断，想要控制此部分的医疗费用支出，必须通过签约价格有效制约医生的治疗行为并降低成本。常见的支付方法包括以下几方面：

（一）折扣价支付法

在完全竞争市场中，对辅助医疗服务需求越大的管理式医疗组织，对折扣有更大的协商力度。有力的折扣价格可以更好地控制医疗费用的支出。

（二）统一费用

统一费用类似于按床日费支付方式，即不考虑医疗服务提供者实际付出的精力和资源，均支付固定的金额。

（三）按人头付费

人头标准基于大量参保成员历史记录数据测算，根据历史数据预测其服务的需求量和相关费用，将得到的总费用平均分到每个人作为人头费用标准。

当然对于大型管理式医疗组织，本身就具有提供辅助服务能力，选择网络内的辅助服务转诊更便利且价格可控。但医生本身拥有提供辅助服务的能力时，通常会出现医生自我转诊，即医生为了利益会有意识地过度使用辅助服务。在这种情况下，管理式医疗支付者会拒绝支付该部分费用，或只支付使用率不高的辅助服务费用，又或者根据正常的使用率进行支付。

第二节　中国现有条件下的医疗费用支付方式

一、传统医疗费用支付方式

医疗服务支付方式是指货币从个人、政府、保险公司或其他资金持有者手中流入医疗服务提供者手中的方式。医疗服务支付方式的设计，是整个医疗制度中的关键环节。国内外的经验表明，医疗服务支付方式是控制医疗费用的有效手段，不同的支付方式，可以在不同程度一定范围内规范医疗服务提供行为，引导医疗体系良性运行，最大程度激励医疗服务提供方。

目前随着医学科技的不断高速发展、人口逐步老龄化以及人民群众对医疗需求的增加，医疗费用也同步快速增长，这已成为世界各国政府面临的严重问题和挑战。合理控制医疗费用已成为我国卫生医疗制度改革面临的重点和难点。因此，寻求一个既能保证医学高新技术的发展并持续改进医疗质量、提高医疗工作效率，又能控制医疗成本、降低医疗费用的途径，成为政府、医疗机构和医疗保险机构的共同目标。其中，选择合理的医疗费用支付方式是实现这个目标、保证医疗资源有效利用及控制医疗费用不合理增长的关键。

按照支付时间点来分类，支付方式主要有后付制和预付制。后付制是指在医疗服务发生之后，根据服务发生的数量和支付标准进行支付的方式。这是一种传统且应用广泛的支付形式。这种支付方式能调动医疗服务提供者的积极性，同时也增加了患者对医疗服务的选择性，但是供方容易产生诱导需求，造成医疗服务的过度使用，控费有一定难度。预付制是指在医疗服务发生之前，政府或保险机构按照预先确定的支付标准，向医疗服务提供机构支付医疗费用。按照支付标准的不同，预付制又可以分为总额预算支付、按服务单元支付、按人头支付及按病种支付等。这种支付方式能较好地控制医疗服务资源的过度利用，进而控制医疗费用的过快增长，但同时医疗服务机构可能为了自身利益降低医疗服务质量。

我国的医疗给付方式主要经历了以下几个演进阶段：第一个阶段，从1949年到1957年，国家逐步增加了对医疗机构的补助，而且实行了差额预算管理，使医疗机构达到收支平衡，不存在低于成本的问题。第二个阶段，从1958年到1980年，政府进一步提高了医疗卫生服务福利水平，并且在1958年、1960年、1972年三次大幅度降低服务收费标准，使计划价格远远低于实际成本，实质上是政府承担了部分降价所带来的医疗机构亏损的补贴。与此同时，调整政策，规定医疗机构可将药品批零差价作为医疗服务提供机构总收入的一部分。第三个阶段，从1980年开始，逐步开始了总量控制、结构调整的医疗卫生支付制度改革。自1983年开始，在医疗服务价格上推行双轨制，即对自费病人价格还是沿用原来的价格标准和体系，对公费医疗患者收费的项目按照不含人力成本来进行收费。新增诊疗项目和高新技术的服务，按照含工资成本来确定价格标准。1992年，自费病人的收费标准和公费劳保医疗病人的收费标准开始进一步并轨。2001年中央政府印发了《全国医疗服务价格项目规范》，首次在全国统一了医疗服务价格项目。第四个阶段，从2004年起逐步开展了收费制度的改革和探索。2004年卫生部下发了《关于开展按病种收费管理试点工作的通知》，提出了30个病种在7个省市开展收费试点，并以此为契机陆续开展新支付制度的探索。

本节着重介绍在我国应用较多的按总额预算支付、按人头支付、按服务项目支付三种医疗费用支付方式的情况。

（一）按总额预算支付

总额预算支付（Global Budget）是指政府部门或保险机构与医疗机构协商确定的年度医疗费用预算总额，不论医疗服务提供机构实际费用多少，都将以预算数作为最高限额来强制性控制支付额度规模。

预算的设定依据过去一年的数据统计情况，以及成本上涨、投保人数、人口结构、医疗服务新技术开展等有关因素加以调整。这种支付模式使得政府或保险机构能够有效控制医疗费用的支出，促使医疗服务提供机构采取措施追求成本最小化以寻求自己的最大利益，形成了医疗服务提供机构主动进行成本核算管控的基础。在设置全年预算的基础上，可以减少以量制价的诱因，使服务量提供趋于合理化。通过总额预算的协商过程，可以使政府或保险机构、医疗机构之间的权益达到相对的平衡。如果依据地区人口的医疗需求制定总额预算，可使得医疗资源得到合理的分配。但在预算定制过程中，需要有完整的数据资料才能较为准确地推算预算总额，预算过高会导致医疗服务供给不合理增长；预算过低，也可能会导致医疗机构减少医疗服务供给，抑制合理的医疗服务需求，影响医疗服务机构的积极性，降低医疗服务质量，最终影响医疗机构和患者的利益。另外，在这种支付形式中，医疗服务机构的收入不会随服务量的增加而增加，也会影响医疗服务机构提高医疗技术以及更新医疗设备的积极性和主动性，阻碍医疗技术的发展。如果在制定预算的同时没有有效的审核控制机制，会造成服务提供无序、服务资源浪费等情况，医疗费用快速增长。

我国于20世纪50年代建立的公费医疗制度就采用了总额预算的支付方式，这种总额预算覆盖下的公费医疗制度覆盖面小，审核落实不到位，浪费现象非常突出，甚至出现了"一人持公费医疗证，全家享公费医疗"的现象，最终导致费用增长过快，入不敷出。经过多年的调整与发展，公费医疗的范围逐渐缩小，城镇职工基本医疗保险制度基本取代了其作用，目前的公费医疗多采用"总额控制，超额分摊"的支付方式。

（二）按人头支付

按人头支付（Capitation）是指政府部门或保险机构在一定时期内，根据医疗机构预先规定的收费标准及服务对象人数，预先支付医疗服务费用，医疗机构的收入与服务人数成正比，服务的人数越多，则医疗机构的收入越多。

这种支付方式有效地促进了医疗机构实施费用控制措施，如开展疾病预防、健康教育、定期体检等活动。按人头支付有较强的定额约束力，使得医疗服务提供机构主动控费意识提高，会把工作重点引导到预防保健上，降低发病率，长远来看有减轻医疗服务提供者的工作量、降低疾病成本的效果。这种支付方式可以准确预测费用支出，对医疗费上涨有良好的控制作用。但是，如果不根据个人风险情况进行调整，医疗服务提供机构为保证利润会降低服务成本，这可能导致限制提供服务的数量和服务质量。由于定额有限，患者可能会被压缩医疗服务。

我国的按人头支付方式始于20世纪80年代开始的公费医疗制度改革，将公费医疗经费拨付到定点医疗服务提供机构，由医疗服务提供机构直接管理预算经费，结余部分按比例奖励给医疗服务提供机构，超额部分医疗服务提供机构按比例分摊。随着城镇职工基本医疗保险制度的实施，国内许多地方开展了另一种形式的按人头支付模式，即对住院服务按人头定额乘以治疗人数后，由政府或保险机构与医疗服务提供机构进行结算。对其中自费项目仍按服务项目支付，由患者与医疗服务提供机构进行结算。这种按人头定额支付方式管理相对简单，管理成本较低，但定额标准的制定难以做到更为科学、合理，医疗机构会倾向性选择病情较轻的患者或者治疗成本较低的病种，疑难重症患者有可能被推诿。

（三）按服务项目支付

按服务项目支付（Fee for Service）就是对医疗服务过程中所设计的每一服务项目制定价格，参保人员在享受医疗服务时逐一对服务项目计费或付费，然后由医疗保险经办机构向参保人或者定点医疗机构按照规定比例偿付发生的医疗费用。

这种支付方式在某些方面有较为明显的优势。首先，被保险人、保险人和医疗服务提供机构的关系清晰、结构简单，易于操作、易于管理。其次，这种支付方式最大限度地考虑了患者就医的个体差异，发生的费用针对具体项目，患者对医疗机构自主选择性大，医疗需求比较容易得到满足，也有利于医疗服务提供方之间的竞争。另外，医疗机构的收入直接与提供的服务量挂钩，可以更好地调动医疗机构提供服务的积极性，有利于促进医疗服务的发展、提高和技术进步，提高医疗质量。因此，按项目支付成为运用最早、最常见、最广泛的收费方式，也是各国各种支付方式的基础。

在按服务项目支付的方式中，服务项目是确定服务费用的最原始依据，虽然每个服务项目都有明确的收费标准，但是对每种疾病来说，整个诊疗过程中到底该使用哪些项目，目前为止缺乏统一的标准，难以约束医疗行为，容易诱导医疗服务提供机构提供过度的医疗服务、诱导患者医疗服务需求增加，导致重复检查、大处方以及高精尖医疗技术和仪器设备的过度使用，而忽视了多发常见疾病的防治工作。从政府或保险机构角度来说，则存在医疗服务项目繁多、审核工作量大、审核难度高的问题。因此在这种支付机制下，由于医疗服务提供机构和患者之间没有建立内在的费用制约机制，会导致医疗服务价格和医疗费用难以控制，迅速上涨。长远看，会使医疗机构缺乏成本控制的意识，使得患者有可能接受重复甚至是不必要的医疗项目服务，增加了不合理医疗费，加重了就医的负担，也不利于医疗机构成本管理。按服务项目支付优势较为鲜明，缺陷也尤为突出。

我国目前主要采取的还是按服务项目支付的方式，国内多数医疗服务提供机构自费项目结算或商业保险费用结算均按服务项目收费，即使公费医疗的自费部分也是按服务项目费用的一定比例进行付费。在非营利性医疗机构中，医疗服务项目及价格是由政府制定的，具有行政法规效力，不可以随便更改。在营利性医疗机构，服务项目及价格可自行制定。国外的研究资料表明，医疗卫生费用支出上涨的主要原因是由医疗服务按项目支付引起的，但由于这种收费方式在我国应用时间长、范围广，在可预见的相当长的一段时间内，医疗服务的付费方式仍会以按项目支付为主，但许多地方也在积极探索其他的支付方式。

二、新型医疗费用支付方式

中国地域广阔，人口众多，各地区经济发展水平有较大差异，医疗保障水平参差不齐，因而推行标准统一的医疗费用支付方式存在较大的难度。但在按项目支付等为主的传统医疗费用支付方式以外，各地也在尝试并推行一些新型的医疗费用支付方式。支付方式的改革，应该考虑当地社会经济条件、医疗制度的背景、医疗资源的丰富程度和水平以及信息化水平等诸多因素，既要合理控制医疗费用的支出水平，也要兼顾达到一定医疗保障水准的初衷,因而合理科学地建立新型支付体系,才能发挥其优势,规避其不足。

下面着重介绍北京市十余年以来,研究、推动并试点实施的按病种支付方式(DRGs)的主要情况。

(一) DRGs 的概念

按病种支付(Diagnosis – Related Groups, DRGs),即按诊断相关疾病组支付,就是根据国际疾病分类(International Classification of Disease, ICD),按照疾病诊断将住院的病例进行分组、分级,以医疗资源耗费程度确定不同组、级的治疗费率,管理式医疗组织按照制定出的费率作为医疗机构的补偿标准。DRGs 是当今世界公认的比较先进的支付方式之一,是专门用于医疗保险预付款制度的分类编码标准。它根据病人的年龄、性别、住院天数、临床诊断、病症、手术、疾病严重程度,合并症与并发症及转归等因素把病人分入数百个诊断相关组,在分级上进行科学测算,给予定额预付款。也就是说 DRGs 就是医疗保险机构就病种付费标准与医疗服务提供机构达成协议,医疗服务提供机构在收治参加医疗保险的病人时,医疗保险机构就该病种的预付费标准向医疗服务提供机构支付费用,超出部分由医疗服务提供机构承担的一种付费制度。其核心就是同类型疾病的服务强度和复杂程度相近,因而被认为成本相近,所以,付费的额度应该是一致的。平时,我们也经常看到 DRGs – PPS 的概念,即指基于诊断相关组的预付费制度(Diagnosis – related Groups Prospective Payment Systems)。

这种付费方式兼顾了病人、医疗服务提供机构、医疗保险等各方面的利益。它的效果主要体现在能有效控制费用、保证质量、提高管理水平。通过激励医疗服务提供机构加强医疗质量管理,迫使医疗服务提供机构为获得利润主动降低成本,缩短住院天数,减少诱导性医疗费用支付,有利于费用控制。这也给医疗服务提供机构管理带来一场变革,促进了医疗服务提供机构质量管理、经济管理、信息管理等学科发展,涌现出像临床路径、战略成本管理、数字化医疗服务提供机构等先进管理方法。

(二) 国际 DRGs 的应用推广

DRGs 相关指标在一些发达国家的医疗服务绩效考评中,占据较为重要的地位。最初第一代的 DRGs 诞生于美国,耶鲁大学的研究团队从新泽西州、康涅狄克州及宾夕法尼亚州采集了 70 万份出院病例,通过主要诊断条目和第一诊断、第二诊断、主要手术和年龄等分组要素,将疾病分成 492 个诊断组,经过近 10 年研究并于 1976 年完成。此后经历数次发展,自 2000 年起美国卫生系统开始使用由 3M 公司研制出的第六代 DRGs,费用支付依然采用预付款制度。从 20 世纪 70 年代美国将 DRGs 应用于医疗费用的支付算起,目前数十个国家开始引进此种方法并逐步推广实施。欧洲如瑞典、挪威、葡萄牙等国家直接引进与美国版本完全一致的 DRGs 方案应用于本国，而更多的国家则制订了符合本国情况的病例组合方案，如英国、澳大利亚等国。其中英国 DRGs 研究工作开始于 1986 年，逐渐形成适用于本国卫生特点的卫生保健资源分类法（HRGs）。该方法到 1997 年已发展到第三代版本，并且可以用于卫生资源管理和医疗评价。目前施行的 HRGs 不仅可以将住院病人进行分类，也适用于门急诊病人。实践证明，HRGs 制度的实施取得了良好效果，有效地控制了英国医疗费用不断上升的趋势。

（三）北京市 DRGs 的开展历程

北京市是我国国内较早开展 DRGs 相关研究，并组织落地实施的地区。在 1988 年 8 月，北京市成立了医疗服务提供机构管理研究所（卫生事业研究所），首任所长黄慧英在建所之初就明确提出要跟踪国外研究动向，将 DRGs 作为研究目标，探索建立"科学地评价医疗服务提供机构投入产出、合理控制医疗费用、推动医疗服务质量不断提高的有效方法"。经过一系列研究，黄慧英在 1994 年发表了一系列研究文章，但由于缺乏相关可用于 DRGs 研究分析的电子数据，1994 年后的 10 年里，中国未再出现有关 DRGs 的大规模系统研究。2001 年，北京市开始实施《北京市基本医疗保险规定》，逐步建立了覆盖全民的社会医疗保险保障制度，在探索如何保证社保基金有效可持续使用的背景下，北京市再次启动了有关医疗保险 DRGs 付费机制的课题研究。2004 年，在北京市财政出资 130 万元的支持下，以北京市医疗服务提供机构管理研究所张修梅为专家顾问，北京大学附属第三医院胡牧为主要负责人的北京市 DRGs - PPS 项目研究小组在研究美国和澳大利亚相关 DRGs 分组原理和方法的基础上，初步采用了 12 家大型医疗服务提供机构的 70 万份病历首页信息，并开发了 DRG 分组器软件与 DRGs - PPS 管理模型；2005 年 6 月，完成 ICD - 9、ICD - 10 临床版的修订。2006 年，北京市卫生局牵头建立了包括市人力资源和社会保障局、市发展和改革委员会、市财政局在内的政府联席会议制度，负责推进 DRGs - PPS 实施工作。在北京市卫生局设立 DRGs - PPS 项目推进工作办公室。卫生局负责规范病历首页诊断、填写、编码并采集病历首页信息，对 DRG 相关技术标准进行制订和维护；人力资源和社会保障局医疗保险事务管理中心和发展与改革委员会价格处负责制定 PPS 支付政策；财政局根据医疗服务提供机构收入变化，研究财政投入调整政策。

2006 年底，项目组研发的北京地区病历首页定义、首页附页及 ICD - 9、ICD - 10 临床版，经过了世界卫生组织国际疾病分类中心北京协和医院分中心的专家论证。通过规范北京市病案信息标准，为 DRGs 开发工作奠定基础。从 2007 年开始，按照北京市卫生局要求，全市二级、三级医疗服务提供机构全部开始采用新病案首页或首页附页。2007—2009 年三年期间，市卫生局医政处以及公共卫生信息中心组织专家

第五章
医疗费用支付方式的比较

对二、三级医疗服务提供机构出院病历首页填报工作连续开展监督检查。从检查结果看出，90%以上的医疗服务提供机构的医师能够按照要求填写首页信息；绝大部分医疗服务提供机构已使用《国际疾病分类（ICD-10）临床版》和《国际手术操作分类（ICD-9-CM-3）临床版》进行日常编码工作，并已经完成了计算机系统的改造，编码准确率较高，能够满足卫生统计的上报要求。

2008年8月，北京市DRGs课题组根据规范后的全市出院病历首页信息，完成北京版DRGs的制定，利用DRGs方法提炼出医疗服务提供机构工作质量与效率指标。北京市卫生局逐渐尝试利用这些指标对全市二、三级医疗服务提供机构的服务范围、技术难度、服务效率及医疗质量进行评价和行业发布。

2009年，BJ-DRGs被北京市卫生局陆续应用于北京地区医院的绩效评价、临床重点专科评价以及城乡对口医院支援效果的评价等，并被卫生部向全国进行推广和培训。

2010年，DRG-PPS试点工作纳入北京市劳动社会保障局医改重点工作内容。

2011年7月，北京市人社局下发了《关于开展按病种分组（DRGs）付费试点工作的通知》，在通知中提出将在部分定点医疗服务提供机构开展按病种分组（DRGs）付费试点工作。由此标志着北京市医改探索全面向纵深阶段推进，开始真正触及医改比较核心、也比较敏感的话题，这就是医疗保险费用支付方式改革。按病种分组（DRGs）付费试点医疗服务提供机构按照"自愿参加、定点医疗服务提供机构申请、医疗保险管理部门审核批准"的原则确定。第一批试点医疗服务提供机构为北京大学人民医院、北京大学附属第三医院、首都医科大学附属北京友谊医院、首都医科大学附属北京朝阳医院、首都医科大学宣武医院、首都医科大学附属北京天坛医院，一共6家医院。按照病种分组的有关原则，以近年来北京市定点医疗机构实际发生医疗保险费用数据为基础，选择组内差异较小、病例数量相对集中的108个病种组为试点病种范围。在上述试点医疗服务提供机构住院治疗、纳入108个病种组的北京市医疗保障覆盖人员纳入试点人员范围。各病种分组的医疗费用支付实行定额管理。定额标准采用社会平均成本法确定。即按照北京市2010年基本医疗保险定点三级医疗机构诊治同一病种分组医疗保险患者、实际发生的符合北京市基本医疗保险报销范围的次均费用测算，确定该病种分组的定额支付标准。参加北京市城镇职工基本医疗保险和城镇居民基本医疗保险人员，病种分组费用的定额支付标准，由参保人员支付和医疗保险基金支付两部分组成。参保人员支付部分包括住院起付线以下费用、封顶线以上费用、医疗保险制度内规定个人按比例负担的费用。病种分组定额标准与参保人员所支付医疗保险相关费用的差额部分由医疗保险基金予以支付。医疗保险基金实行预付，对试点医疗服务提供机构在试点病种范围内发生的符合医疗保险报销范围的医疗费用，医疗保险基金实行基金预付。即根据试点医疗服务提供机构2010年同期纳入试点病种范围的病例数，测算试点期间医疗保险基金给付金额。将第一个月给付金额的 90% 预付给定点医疗机构。此后根据医疗服务量审核结算。年终，根据试点医疗服务提供机构当年实际医疗服务量予以清算。为控制医疗费用及个人自付金额，试点医疗服务提供机构在 108 个病种组诊疗过程中，要严格控制使用自费药品和自费诊疗项目（医用耗材），自费比例不应高于试点医疗服务提供机构上年同期水平。综合计算试点病种费用，如当年自费比例高于上年同期水平，其超出部分，在年底结算时，医疗保险基金将同比扣减。

随着人类对疾病认识的研究深入以及疾病谱的变化，建立在住院病历首页信息与手术操作名称基础上的 DRGs 系统，必须进行不断更新和调整。2014 年，北京市卫计委批准成立了北京 DRGs 论证专家委员会，建立了对 DRGs 分组系统进行调整升级的机制。

（四）DRGs 在北京医疗保险支付中的作用

从 2011 年 7 月北京开始将 DRGs 应用于医疗保险支付试点以来，北京市 DRGs 课题组又利用 2012—2013 年的病例数据进行了结果评估。

108 组病例占医疗保险全部病例的 39%，医疗费用占总医疗费用的 49%。选取了 8 家医疗保险定点的三级医院与 6 家试点医疗服务提供机构进行对比。结果显示，在 108 组病例范围内，试点医疗服务提供机构收治患者疑难程度有所提高，但试点医疗服务提供机构资源消耗情况相对较少。患者个人负担金额较对照医院低 15%—17%。医疗保险支付费用较对照组高 8%—12%。药品耗材的占比较自身及对照医院有下降。从平均住院日看，比对照医疗服务提供机构短，服务效率高，试点医疗服务提供机构收益增高。因此综合看，试点过程中服务流程及业务流程通畅，试点医疗服务提供机构救治患者难度增加，绩效管理水平有提高，但保险支付费用有增长，但属于可控。但同时数据也显示，试点医疗服务提供机构存在选择病例的行为，以获取更多收入，使实施 DRGs 面临一定挑战。在试点基础上，相关专家也认为，可以选择条件成熟的医疗服务提供机构进行住院患者的全员与全病试点，住院医疗费用的约束机制的建立，有赖于 DRGs 住院付费的全覆盖，此举可以更好地建立医疗服务提供机构内部的费用约束机制。

同时，DRGs 在北京市基本医疗保险总额预付中，作为住院指标测算体系的技术支持，也发挥了重要作用。北京市在 2011 年起在首都医科大学附属北京友谊医院、首都医科大学附属北京朝阳医院、首都医科大学附属北京同仁医院和北京积水潭医院共四家医疗服务提供机构进行总额预付试点，2012 年扩大到 33 家医疗服务提供机构，2013 年在全市 196 家二级以上医疗服务提供机构推广，2014 年扩大到 263 家，增加了申报费用数额一年超过 1 000 万元的一级医疗服务提供机构。总额预付是以年度医疗保险基金支出总预算为基础,根据GRGs方法测算各类医疗机构服务质量和数量指标,确定各定点医疗机构的预付额度指标,按月拨付,年终清算的付费方式。

北京市基本医疗保险总额预付的管理有如下特点:一是建立与定点医疗服务提供机构的沟通协商机制,程序公开透明。二是测算时,医疗保险缴费水平根据社会平均职工工资,同时依据国民经济预期增长率来推算工资预期增长率,从而确定医疗保险基金增长率,推算预算总额,再根据上一年各医疗服务提供机构实际基金支付额推算医疗服务提供机构基金支付总额。同时门诊向二级医疗服务提供机构倾斜,住院向三级医疗服务提供机构倾斜,以促进分级诊疗制度。三是针对一些特殊患病群体,对一些专科医疗服务提供机构的预付额度进行调整增加。四是对于预付结余,由定点医疗机构留用;对于超出部分,定点医疗机构负担比例分为10%和20%两档,使得医疗服务提供机构不会出现低于成本经营的情况。北京市基本医疗保险总额预付机制通过建立结余留用、超支分担的激励约束机制,促使定点医疗机构加强管理、控制成本、着重提高服务质量。

以2013年为例,北京市共有196家定点医疗机构实施了总额预付管理,具体效果得到体现。首先,在服务量稳步增长的情况下,医疗保险基金支出增速放缓,在全市城镇职工基本医疗保险普通门诊和住院人数两位数以上增长的情况下,全市城镇职工基本医疗保险基金申报费用增速和人均基金支出增速较2012年有所下降。其次,总额指标执行情况良好,2013年总额预付医疗机构指标使用率为101%,总额测算指标较为合理。另外基金的管理质量有所提高,2013年全市城镇职工基本医疗保险普通门诊和住院次均费用增速不到1%,总额预付医疗机构普通门诊次均费用甚至出现零增长。就诊人数与诊疗人次比例关系稳定,没有出现医疗机构为降低次均费用而分解患者就医次数的现象。药占比同比下降1.1%,减少了不合理用药。

可见,DRGs支付方式的推进和实施,无论在病种的定额支付,还是在总额预算管理上,都取得了一定的效果,使医疗机构、保险管理部门和患者三方利益要求落实到每一个病例,三方都可以接受,运行较为平稳。

按诊断相关组定额预付(DRGs-PPS),可以有效控制医疗资源的滥用,降低医疗成本,但同时技术标准要求较高,需要投入大量的基础工作,在医疗标准、信息化水平较低的地区实施则尚需时日。只有各地区大力加强医疗信息化建设,转变管理思路,加强监控,提高标准化水平,才能更有效地全面推动医疗保险支付方式改革和探索,取得较为全面而实际的效果。

纵观我国医疗费用给付制度改革的历程,医疗费用支付方式呈现出由后付制向预付制、从被动控费向主动控费、从单一方式向混合方式发展的趋势。

后付费制作为传统的支付方式,缺乏前瞻性。实行预付制则在一定程度上改变了政府或保险机构的被动局面,通过指定预付的标准和总量,来制约医疗服务提供方的行为，形成经济风险共担模式，规范医疗行为。同时，预付制也为医疗服务机构提供了相对稳定可预见的周转资金，在一定程度上用经济利益机制调动了合理使用医疗资源的积极性。

费用控制的最佳效果是当事人主动进行费用管控，不断改革探索也是旨在采取各种措施，增强和提高服务提供方和患者的控费意识。从被动控费向主动控费过渡，以经济利益为原动力，推动整体医疗服务效率的提高，减轻政府医疗卫生支出负担，也能保证患者有效就医。

本章小结

前面提到的多种支付方式是在不同的医疗保险体制中为了不同目的应运而生的，其是否能够成功地实施，还取决于特定支付方式所赖以生存的社会、经济环境等其他因素。结合国际上各国支付制度发展情况，分析我国目前的支付制度现状不难看出，每种支付制度都有激励作用，也存在着一些问题，在实施运作中也是互有长短、各有千秋。每一种制度都适应了不同时期、不同地区的管理水平，发挥了优势，同时也显示出了一些问题。各国也都不约而同地在发展各个阶段采用了混合支付方式。这种制度优于单一支付方式，可以消除某一单一方式的负面效果，保留其综合优势。我国医疗体制改革试点的实践也证明，单一的费用支付方式难以达到预期的效果，建立多层次的、混合的支付体系，可能更便于实践管理，并能降低补偿费用，且能消除某单一支付体系的负面效应而保留综合优势，多种支付方式并存可能是我国一定时期内的必然形式。

随着经济的飞速发展，加之人口老龄化、疾病谱多变、医疗服务垄断等因素影响，医疗费用持续、快速上涨，影响社会和谐、稳定和发展。作为社会公平的调节器和维护社会稳定的安全网，社会医疗保险面临的形势愈来愈严峻。其中，医疗保险支付体系是保证医疗保险稳健运行、可持续发展的关键环节，是关系医疗保险各方经济利益的最直接、最敏感环节，是医疗保险体制改革的重点与难点环节。只有充分了解各类支付方式的优点、缺点，并结合我国基本国情，才能综合运用各种医疗保险支付方式，建立适合我国的支付方式组合。

思考题

1. 美国管理式医疗框架下支付方法现状如何？
2. 美国管理式医疗框架下医生费用支付和医疗机构支付具体包括哪些方式？
3. 中国传统与新型医疗费用支付方式分别有哪几种？

第六章

管控方式分析

第一节 美国管理式医疗的运行模式

从早期开始，管理式医疗与其说是一种保险形式，不如说更像一种运营模式，而且，随着时间的推移，在医疗服务、费用支付、风险管控、成本控制、质量监管等多种因素作用下，不断地从一个平衡状态演变至另一个平衡状态，主体概念由最早的以医疗服务为中心，到以费用控制为中心，直到现在的以医疗质量为中心。相对应的新型管理式医疗的运营模式也不断涌现，按功能，也可以说是按时间阶段，大体分类见图 6.1。

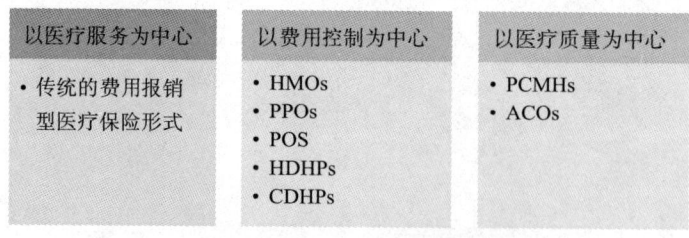

图 6.1 美国管理式医疗发展中主要的运营模式

严格来讲，以医疗服务为中心的阶段并非是标准意义上的管理式医疗方式，即传统的费用报销型医疗保险，只是对被保险人在接受医疗服务的过程中，所产生的所有医疗费用在一定条件下的赔付保障，具体条件包括起付额度、自付比例、报销额度

第六章
管控方式分析

等。对于医疗过程中，对因过度医疗与过度检查所造成的医疗费用大幅上涨及浪费不具有任何控制作用，对患者的医疗参与度与医疗行为的影响能力也十分有限。

其中，HMOs（Health Maintenance Organizations）是健康维护组织的简称，PPOs（Preferred Provider Organizations）是推荐医疗组织的简称，这两种组织均是基于医疗网络的医疗保险运营模式，主要区别在于选择 HMOs 的被保险人必须通过家庭医师的首诊，才能转诊到专科医师，而 PPOs 则无此限制。但 HMOs 与 PPOs 在运行过程中也反映出不足，故在医疗网络的基础上进而发展出以下三种衍生形式：（1）POS（Point‑of‑Service Plan，即额外点服务健康维护组织）是 HMOs 与费用报销型相结合的医疗保险运营模式，拓展了 HMOs 的服务范畴；（2）HDHPs（High‑Deductible Health Plans，即高免赔额医疗保险）是以身体较为健康的人群为目标客户，在医疗计划中提供较高的免赔额及较低的保费；（3）CDHPs（Consumer‑Directed Health Plans，即客户导向型医疗保险）是消费者导向的医疗保险形式，整体保障计划增加了税前列支的个人医疗账户。

2014 年奥巴马进行医疗改革后，医疗与保险间的平衡再次经历变动，新的以医疗质量为核心的改革方向直接导致两种新型医疗机构的出现：一是 PCMHs（Primary Care Medical Homes），即初诊保健医疗中心；二是 ACOs（Accountable Care Organizations），即责任医疗机构。二者均增加了医疗质量方面的监管，并以提供以病患为中心的整合型医疗就诊服务为主要特征。

医疗保险费用构成见图 6.2。

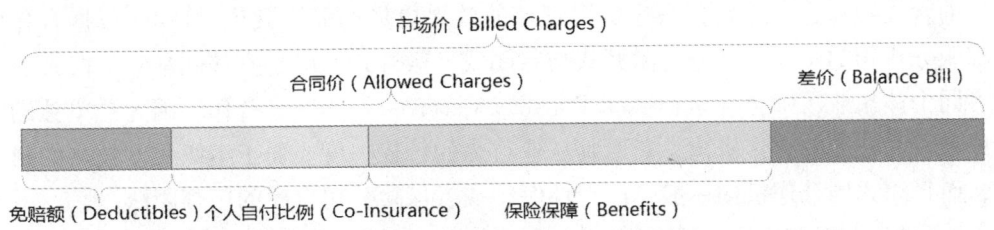

市场价：指医疗机构可以收取的医疗服务的价格；
合同价：指医疗机构在同医疗保险机构签订的合同中规定的可收取的医疗服务价格；
差　价：指市场价与合同价的差值，一般医疗机构会向患者收取；
免赔额：医疗保险中约定的免赔数额，具体可以计入免赔额的医疗服务项目在保险合同中明确；
个人自付比例：指超出免赔额的需支付的合同价中，个人需要支付的部分，一般以一定比例在保险合同中确定；
保险保障：指医疗保险合同中对医疗服务费用中所承担部分的明确规定。

图 6.2　医疗保险费用构成

一、管理式医疗形态图谱

在正式介绍不同管理式医疗形态之前,需要在整体上了解各种形态在管控功能及管控费用方面的相对水平高低,下列图谱(见图6.3)是按各种形态的管控功能水平进行排列。

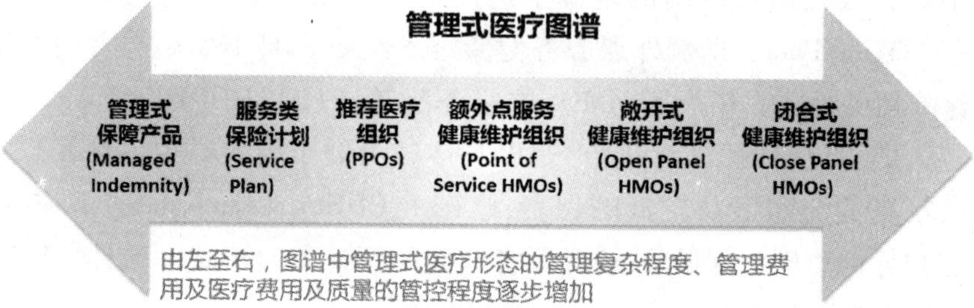

管理式医疗图谱

管理式保障产品(Managed Indemnity) → 服务类保险计划(Service Plan) → 推荐医疗组织(PPOs) → 额外点服务健康维护组织(Point of Service HMOs) → 敞开式健康维护组织(Open Panel HMOs) → 闭合式健康维护组织(Close Panel HMOs)

由左至右,图谱中管理式医疗形态的管理复杂程度、管理费用及医疗费用及质量的管控程度逐步增加

图6.3 美国管理式医疗形态功能图谱

图谱中,越接近左端,就越靠近传统报销型的保障类健康保险模式。管理式保障产品(Managed Indemnity)在传统型保险之上附加了一定管控功能,包括简单的预授权、大额医疗案例管理等,也包括同医疗服务提供商的合同,对超额支出、差额账单及医疗资源使用的管控。

图谱的右端,管理式医疗的形态为PPO、POS与HMO,对医疗服务及客户就医行为的管控程度逐渐提高,医疗费用管控的效果更加明显。其中,HMO根据合作的医疗服务机构的不同,又分为敞开式与封闭式。敞开式一般是直接同独立的医师合作或者同个体执业医师会(Individual Practice Association,IPA)合作,因为是单独的医师或者较为松散的合作机构,对医师从业行为的管控力度要弱于组织程度较高的封闭式,而封闭式的合作机构一般是综合性医院或者保险公司自属的医师团队。

前面提到的HDHPs和CDHPs以及近期出现的新型管控模式,包括PCMH及ACOs,虽然都是在医疗网络的基础上发展而来,整体运行模式接近PPO或者HMO,这些新的形式,或者增加个人医疗账户,或者改变了关注核心,并不完美契合上述图谱,但会在后续内容中展开介绍。

在美国,随着政策性的引导,以及多种管理式医疗形态的逐渐成熟,民众对管理式医疗的认可程度也越来越高,但是对不同形态的选择出现相应的变化。整体来讲,就诊自由程度较大且个人自付比例较低的PPO形式逐渐成为市场主体,而原本在市场占主体的传统医疗保险,逐渐由1998年73%的市场份额降至不足1%,其余两种管控程度较高的形态——HMO及POS,市场份额较为平稳,但略有下降。具体发展变化趋势见图6.4。

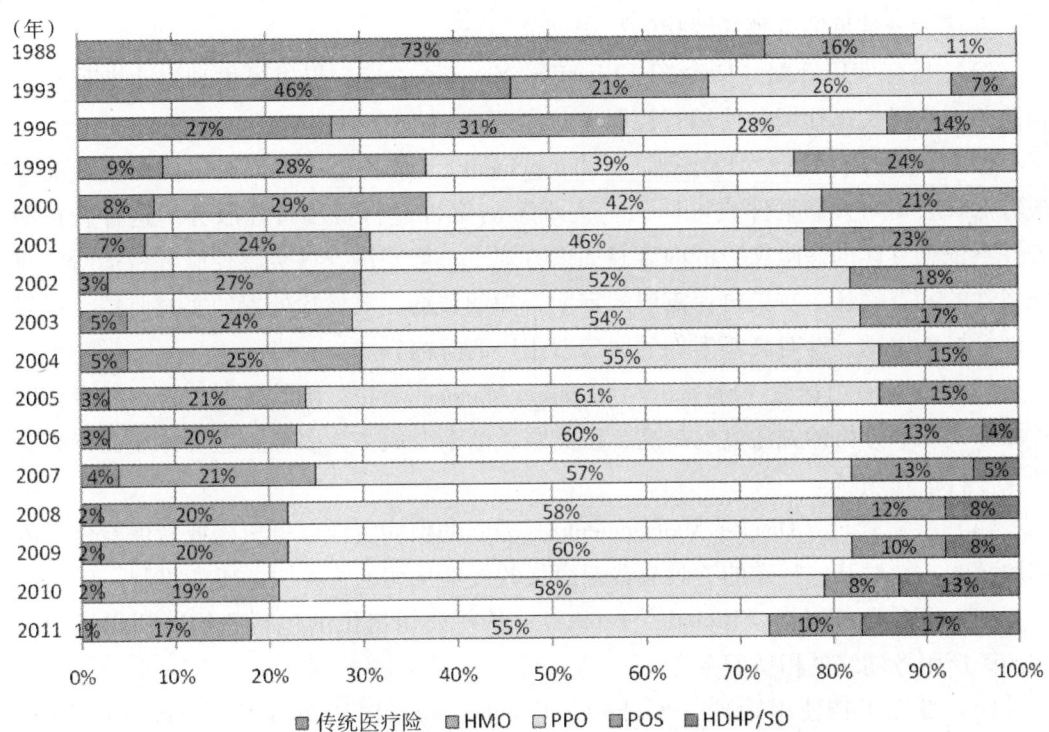

图 6.4　美国管理式医疗不同形态的市场占比发展

二、管理式医疗形态介绍

（一）基本类型

1. 管理式保障产品（Managed Indemnity）

随着健康维护组织（HMO）在美国的成功，尤其是其在医疗服务资源的费用及使用上体现出的高效管控能力，一些传统的医疗保险公司纷纷推出了管理式医疗的类似服务或管理，或可以称之为管理式医疗的"类似品"，其可以直接或者间接地嫁接在原有的传统费用报销型医疗保险、服务计划或者委托管理保险上，以部分实现对医疗服务的管控功能，但同时，仍保持着原有传统型保险产品中客户能够自由选择医师及无目录限制的保障范围等特点。

目前市场上仍存在部分管理式医疗的"类似品"，但均已逐渐演变为其他类型的保险产品。尽管因为高成本，原有的传统型医疗保险公司在市场中已十分罕见，但因部分市场需求仍然存在，仍能看到少数特别的传统型产品，如职工工伤补充保险，仍被部分采用委托管理方式的雇主公司采用。

下述为最常见的管理式医疗的"类似品":

(1) 综合使用管理(General Utilization Management)。提供可供独立企业雇主或保险公司选择的医疗资源使用管控服务。

(2) 大额案件管理(Large Case Management)。某些公司可以提供协助企业雇主或者保险公司对大额案件或可称为"灾难"的案件进行费用管控服务。这种管控服务并不依赖具体的保险保障的内容及提供方式。一般来讲,该类管控服务包括对灾难性案件的筛查确认,收集再保需要的定期告知的数据,对诊疗处置的实时监控,提供案件管控的协助,针对高额案件的医疗费用协商等内容。

(3) 专科使用管理(Specialty Utilization Management)。随着各保险公司对专科医疗服务使用率分析的关注度的提高,该类服务渐渐变成主流服务,主要体现在行为医学及牙科诊疗领域。

(4) 疾病管理(Disease Management)。独立的疾病管控服务机构或者保险公司内部增设的,针对某些特殊的、具有普遍意义的慢性疾病的管控服务或者机制。

(5) 租赁医疗网络(Rental Networks)。某些公司提供的包括签约医师与签约医院的医疗服务网络的租赁服务。

(6) 职工工伤使用管理(Workers' Compensation Utilization Management)。针对职工工伤保险费用高企的趋势,一些公司推出了针对职工工伤独特性的医疗资源使用管控的标准方案或定制化方案。

带有部分上述管理式医疗"类似品"的传统型健康保险公司,如果仍留存于医疗保险市场内,基本都已沿着图6.3中的图谱向PPOs方向进行转型,或者兼并健康维护组织(HMOs)及其他管理式医疗机构。事实上,所有在20世纪90年代出现过的以费用报销型为主的健康保险公司或者出售了其传统型健康保险业务,或者兼并了其他管理式医疗机构。

2. 服务类保险计划(Service Plans)

服务类保险计划,主要指蓝盾蓝十字健康险公司(Blue Cross and Blue Shield,简称BCBS或双蓝公司)提供的健康险服务计划。

传统的服务类计划,如果从保障的角度,同费用报销型医疗保险非常相似,而最大的不同在于该类服务计划具有合同制的医疗服务网络。合同制在所有管理式医疗模式中都体现出非常突出的共有特征,而且,这些共有特征沿着图6.3中的图谱方向,向右端逐渐增强。

具体特征如下:

(1) 同医疗服务机构直接签订合同。

(2) 该类合同要求保险公司直接向医疗服务机构支付医疗费用,同时,医疗服务机构只能向患者(该医疗保险的被保险人)收取个人免赔额,个人共保额及个人

第六章
管控方式分析

自付固定医疗费用。

（3）能够提供以下费用计算方法：对所有提供诊疗或者问诊服务的专科医师的服务费；合理且必需的住院费用。

（4）所有接受合同医师诊疗的被保险人，将不会被收取如下费用：医疗保险的除外部分；市场价与合同价之间的差价。

不含有管理式医疗特征的保险服务计划将会面临同传统型医疗保险相同的费用上涨压力，当然，也面临同样的命运。不同之处在于，传统型的医疗保险几乎已经绝迹，但服务类保险计划却仍然存在。当然，服务类保险计划可以很容易地演变为PPOs，但是它仍以一种并行于PPOs医疗服务网络的方式留存于世。在这种方式中，如果合同制医师并未选择加入服务类保险计划的医疗网络，他仍可以接收到选择服务类保险计划的会员（即服务类保险计划的被保险人）。另一个其曾经展现过的，现在仍然难以超越的重要特征，就是超级庞大的社区医疗服务网络，时至今日，仍具有极大的竞争优势。

3. 推荐医疗组织（PPOs）

推荐医疗组织是现在比较有名的管理式医疗保险形式，其发售机构的主要特点是直接签约医疗服务机构，以构建相应的医疗服务网络，当然，这些签约医疗机构自然也就进入了"推荐名录"。

签约医疗机构同意PPOs的医疗费用支付机制与水平，同样地，PPOs也承诺同所有签约医疗机构进行直接结算。在这样的两种承诺下，PPOs同上述的服务类保险计划非常相似。但是，PPOs合同下的医疗服务机构也同意服从更加严格的医疗资源使用管控的要求以及PPOs执行的其他管控制度，并且，愿意承担不服从相关要求的所有后果。而且，同等水平的医疗服务，PPOs的支付成本要远小于服务类保险计划。

反过来，选择在PPOs医疗服务网络内进行医学治疗的保险计划的客户（即被保险人）可以享受更高的保障水平。例如，网络内的门诊挂号费用大约是20美元，但是，如果选择网络外的医疗服务，首先，门诊挂号费用将被计入免赔额，即自费；其次，当免赔额的额度达到时，还要面对约40%的个人自付比例（不同医疗保险对此的约定会有不同，40%为常见值）；最后，网络外的医疗机构可以向该客户收取市价和合同价的差价，而网络内的医疗机构常常被禁止向客户收取该部分费用。

PPOs的医疗网络一般保持中等规模，以确保可以向签约的医疗服务机构输送一定量的就医患者，但是，很多州通过了"自愿供应者"法案（Any - Willing - Provider Law），要求PPOs接受任何满足网络准入资格评定条件并愿意签约的医疗服务机构或个人，但PPOs有权选择构建的服务网络的特征，即全科医疗网络或专科医疗网络。

PPOs在如何进行医疗资源使用管控方面是不同的。通常情况，PPOs自身对医疗资源使用进行管控，少数委托第三方服务机构或者成立独立子公司行使该部分功能。

健康险公司或者双蓝计划外的 PPOs 则会选择同企业或者医疗服务支付方下的具有类似功能的部门相结合。但是，专科类的 PPOs 通常会自运行医疗资源使用的管控机制。而医疗服务质量的管控，直至现在，对于 PPOs 来说，仍是事后管理部分，但这种情况，自奥巴马医改后，已悄然出现了变化。

PPOs 可以从属于多种不同的机构，包括企业雇主或雇主联盟、健康维护组织（HMOs）、医院或医院联盟、独立投资人、保险公司、第三方管理者、医师/医疗团队、多种所有制机构等。进一步来讲，PPOs 可以作为其所有者的独特优势而独立运行。例如，双蓝计划创建的 PPO 可以仅针对双蓝的客户提供服务，或者，它可以成为所谓的"租赁 PPOs"，向所有签订租赁合同的健康险公司的客户提供服务。

当 PPOs 的服务被保险覆盖时，其保险计划的发售与运营通常需要取得所在州政府的从业许可，但对健康保险采取委托经办方式的企业，一般不受此限制。而州政府会对健康保险中网络内外的保障差异有所控制，通常情况下，网络内外报销比例的差异不能超过 20%，个别州政府对于 PPOs 的管理更加严格，比如，要求 PPOs 必须作为一个独立实体进行运营等。

同健康险市场的其他形态相同，PPOs 也经历了汹涌澎湃的行业整合，2000—2009 年，PPOs 的会员量从 1 亿名上升到 1.5 亿名，但同期 PPOs 公司数目却降了 50%。大部分 PPOs 会员向保险公司所有的 PPOs 机构集中，占比从 2004 年的 47.9% 增长到 2009 年的 62%。主要原因是保险公司大量购入 PPOs 公司以扩大自己的医疗服务网络，降低租赁 PPOs 的成本。

4. 额外点服务健康维护组织（POS）

POS 最大的特征就是在 HMOs 的基础上，针对 HMOs 外的医疗服务费用，提供传统的费用报销型的保险保障。POS 保险计划下的会员可以自由决定使用 HMOs 保险保障，或对 HMOs 范围外的医疗服务使用费用报销型保障。换句话说，在具体的医疗机构内，会员在接受必要的医疗服务时，有权选择医疗费用的保障方式。

POS 出现在 1985 年左右，主要的触发点是为满足大型企业雇主，尤其是选择委托管理式医疗保险计划的企业雇主，其既想具有 HMOs 对医疗费用的强有力的管控，又不想失去对 HMOs 医疗网络外服务的自由选择权利。这种合二为一的方式，极大地缓解了客户对失去名医就诊权的恐慌情绪，因为 HMOs 对于罕见病的专科名医的预授权申请，因其极其高昂的费用，通常的结果是拒绝支付费用。

POS 可以作为 HMOs 提高吸引力与增加会员的一个有效途径，除此外，POS 对于大型的拥有 HMOs 经营执照的保险公司也同样具有吸引力，尤其是那些对于 HMOs 的经营理念并不能完全接受的保险企业。因此，当 POS 出现在保险市场时，大部分具有 HMOs 的保险企业很快陆续推出了各自的 POS 计划。但是，独立的 HMOs 机构对于是否扩展 POS 功能态度犹豫，主要原因是独立 HMOs 的执照申请程序与一般的健康险公司不同。有趣的是,当管理式医疗的反对声浪渐强时,少数州强制性通过了相关法案,要求所有 HMOs 机构提供网络外的医疗保障,使得 HMOs 整体转型为 POS。

通常,POS 中的网络外保障同高免赔额及高个人自付比例相结合,引导客户尽量使用网络内服务,在满足自由就医的同时,仍然最大限度地发挥对医疗费用的管控作用,因为相较于网络外的医疗服务,网络内医生的诊疗行为及费用受到更严格的管理。除此之外,选择网络外医疗服务的会员需要接受医疗资源使用管控,包括住院预授权认证和持续的留院观察。

POS 同 PPO 均对网络内外的保障水平设置不同的保障比例,具体区别见表 6.1。

表 6.1　　　　　　　管理式医疗模式 POS 与 PPO 的主体区别

特征	PPO	POS
HMO 执照	无	有
保险执照	有	有
网络内医疗服务的保障水平	较好	较综合
分级诊疗的家庭医生设置	无	有
网络内医疗机构服务的免赔额设置	有	一般无
网络内医疗服务的个人自付比例或个人固定费用设置	多变	个人固定费用
网络内外保障水平的 20% 变动区间设置	有	较多变,一般差别更大
是否局限于 HMO 服务区域	否	是

5. 健康维护组织(HMOs)

HMOs 的分类早期与提供医疗服务的医师相关,并据此进行划分。这种分类方式已经计入 1973 年颁布的 HMOs 法。HMOs 的早期模式,例如团体预付制(Prepaid Group Practices)等存在于 1973 年前的模式当中,在这些早期形态中,大部分的保障仍是传统费用报销型保险或者服务类保险计划,其对医疗服务的保障水平并无限制。但是 HMOs 在保障水平方面有限制,因此 HMOs 法令要求 HMOs 具有可以满足客户绝大部分诊疗需求的服务实施体系(Health Care Delivery System)。特别地,该法令定义 HMO 为"一个公共或个人机构,在各州相关的法令框架下,为其会员提供基本及补充医疗服务"。并且,在 HMO 法令中,对于医疗服务的提供方式也有较为明确的定义与要求,如要求至少 90% 的医疗服务需要由其以合规的医师个人或团体或 HMO 机构提供。换句话讲,HMO 不仅仅具有原有传统型保险产品在保险保障的经济方面的责任,同时,也负责医疗服务的提供。

几乎所有的 HMOs 都直接同医院或者医疗服务体系签约,而因该类合同很少存在排外性,所以 HMO 与医疗机构之间的关系并不能体现其相应的 HMO 类型。简言之,医疗服务体系的迅速膨胀,同时不断涌现的新的医疗服务提供方式与机构,如 PCM-

Hs 与 ACOs，不会对保险计划的类型与表现有较大的影响。当然，未来是否仍然保持现在的状态不可预测，尤其是对于较为深入参与美国高龄及低收入人群的社会保险——Medicare 与 Medicaid。

（1）HMOs 的普遍特征。所有的 HMOs，不考虑其具体类型，存在一些共性，也存在些共有的、区别于健康保险的特征。

大部分 HMOs 所具有的共性：通常同医疗服务提供者分担一定的财务风险；大部分要求所有基础诊疗由全科医生提供（Primary Care Physician，初级保健医生，即国内常见的全科医生或家庭医生概念），且由全科医生进行专科医师转诊；大部分由以下三个机构进行认证：国家质量保证委员会（The National Committee on Quality Assurance，NCQA），使用审查认证委员会（Utilization Review Accreditation Commission，URAC），医疗卫生认证协会（The Accreditation Association for Ambulatory Health Care，AAAHC）。

HMOs 区别于健康保险的特征：各州的执照办法受不同于健康保险的法律管辖，且更加严格；各州均要求其在服务地区，提供充足的就医服务；在同医疗机构的合同中，必须包括"不要求会员支付差额账单"的条款；必须允许向全科医生或妇产科医生直接问诊；必须包括医师认证、医疗资源使用管控、医疗服务质量管控机制与管控流程；必须持有规定的最低水平的理赔准备金。

（2）HMOs 的类型。如前文所述，HMOs 分为敞开式与封闭式。敞开式 HMOs 同私人医生签约，而私人医生同意合同中对医疗行为及管控的要求并为 HMOs 的客户服务。换言之，HMOs 本身并不向其客户提供医疗服务，提供服务的是签约的私人医生。封闭式 HMOs 的合作医生包括两类：一是同 HMOs 机构合作的医师群体；二是受雇于 HMOs 机构的医师群体。从这种意义上讲，封闭式 HMOs 本身可以提供医疗服务，通常情况下并不向独立行医的私人医生敞开，但少数时候也会签约少量的专科私人医生。因此，是否全面合作私人医生是敞开与闭合的主要区别。

敞开式与封闭式 HMOs 分别含有如下两类不同 HMOs。

敞开式 HMOs 是独立执业医师会模式（Individual Practice Association Model）。该模式在现行 HMOs 中占比接近 50%，是市场中的主流模式，也同美国的医疗体系与一脉相承的行医模式相适应，即存在大量的独立行医的医师群体。主要特征是 HMOs 并不直接同单独的个体执业医师签约，而是借助一个中间媒介——独立执业医师会。独立执业医师会是一类法律实体机构，其会员是独立执业的私人医生，但仍然拥有自己的诊所、医疗记录、护工协助团队等，即执业医师会是个体医师的一个较为松散的联盟，同会员医师间不存在雇佣关系。

直接签约模式（Direct Contract Model）。简单地从字面上就能理解，该类模型主要同个体医师直接签约，而不通过任何中间媒介。该种类型在市场中的占比仅次于独立执业医师会模式,接近40%,处于第二位。

封闭式 HMOs 包括以下两种模式:

一是团体模式(Group Model)。在团体模式中,HMOs 同医疗团体签订合作协议,该医疗团体包含多种专科医师,但这种雇佣关系只存在于医疗团体内。医疗团体内的医师并不是 HMOs 的雇员,他们可以共享行医场所、医疗器械、医疗记录及护工协助团队。该类模式的市场占比较小,只有8%左右,在四种 HMOs 类型中位居第三位。

二是雇员模式(Staff Model)。在雇员模式中,顾名思义,向 HMOs 会员提供医疗服务的医师是 HMOs 的雇员。一般市场中的 HMOs 较少采用该种模式,所以市场占比最低,只有3%左右。

尽管市场的占比不同,医师与 HMOs 的关系不同,但四种类型的 HMOs 均已在市场中存在多年,各有其优劣势,具体比较如表6.2所示。

表6.2　　　　　　　　　　不同类型 HMOs 优劣势比较

HMOs 类型	优势	劣势
敞开式	因拥有大量的多种类的医师资源而极有利于市场营销推广; 大量的多点执业的医师分布,客户可以较为便利地预约到地理位置较近的医师; 执业医师协会可以协助执行惯常的医疗管理; 建立和维护的成本较低,管理较为容易	HMOs 因并不直接提供医疗服务,因此不具备医疗服务管理能力,而只能依靠相应的保障责任的明确定义及医疗需要性的严格标准; 相较于采用闭合式 HMOs 的保险计划,保费高
封闭式	对医疗服务的管控能力更高; 惯常的医疗管理可以转交于签约的医师团队,进而降低 HMOs 的管理费支出; 可代为客户提供便捷的"一站式"服务,因为多数闭合式 HMOs 的就医服务机构为综合式建筑,包含医师办公室及多个诊处置室,也常常能够提供基本的检查,如 X 光检查及药品服务	不利于市场推广,因为新客户并不倾向于更换已有的熟悉的家庭医师; HMOs 综合诊所的位置不可能对于所有客户都很便利; 闭合式 HMOs 仅对中到大型城市具有可行性; 管理更加复杂,成本更加高昂

(二)衍生类型

客户导向型医疗保险(CDHPs)一般是 HDHPs 与个人税前医疗账户相结合的健康保险计划,个人税前医疗账户通常指个人税前收入的一部分按规定额度划入的指定账户。普遍来说,CDHPs 计划下的医疗费用先由个人税前医疗账户支付;账户无力支付后,在达到免赔限额前的部分费用由个人自付,之后的费用由相应的健康保险支付。但是，预防性的诊疗费用是不能计入免赔额计算的。

CDHPs 一般有两种类型：一是以雇员为基础的健康支付账户（Health Payment Account，HRAs）；二是以个人为基础的健康储蓄账户（Health Saving Account，HSAs）。其中，HRAs 只能由雇主以税前资金的方式划入账户，且该部分收入并不需要交纳个人所得税，但雇主有权利决定具体划入账户的税前工资额度以及未使用金额滚存入下一年度的比例。而针对个人的 HSAs 账户是在《医疗现代化法》（Medicare Modernization Act）的规定下设立的，自 2011 年起，只有购买 HDHPs 计划，且计划中的年度免赔额至少为 1 200 美元的个人，才可向 HSAs 账户存款，该部分存款可以用于减免个人所得税的计算。

部分专业人士并不认同 CDHPs 是管理式医疗保险的一种形态，因为其本质是传统的高免赔额报销型健康险，只是增加了新的税前医疗账户，且只负担部分医疗费用。因此，CDHPs 只是因诊疗费用的负担方式不同，成为患者在选择诊疗服务时的一个考量因素，其对医疗成本的管控成效不如其他管理式医疗保险，患者只是在 CDHPs 提供相关费用报销渠道的基础上，权衡诊疗成本与诊疗质量。事实也的确如此，CDHPs 并不能呈现所有管理式医疗保险的特征，更多的只是借助 PPO 医疗服务网络向客户提供协议折扣，因此，被认为是具有消费者导向功能的管理式医疗的衍生类别。

（三）新型类型

1. 初诊保健医疗中心（PCMHs）

从严格意义上讲，PCMHs 并非是推行平价医疗法案（Affordable Care Act，ACA）的直接结果，某些专业评论员坚持认为，PCMHs 事实上更多反映的是原有模式在标识上的变化，而非真正的本质改变。事实上，PCMHs 的概念早在 1967 年就已经出现，是当时美国儿科学会（The American Academy of Pediatrics）为解决患有特殊疾病的儿童在特殊诊疗护理方面的需求，提出的最理想的方式——"医疗之家"，该方式在理念及组织构成等方面都类似于现有的 PCMHs。

之后，相关研究人员与医疗专业团体做了大量工作，美国儿科学会联合美国家庭医师协会（The American Academy of Family Physicians）、美国内科医师协会（The American College of Physicians）及美国骨病协会（The American Osteopathic Association），在 2007 年的 2 月推出了"PCMHs 的联合原则"。该原则从支持者及具体实施落地的推进者的角度，清晰地说明了 PCMHs 的重要特征：

（1）病患可以同其私人医生，尤其是提供首诊、持续性诊疗及综合医疗服务的医师，保持长期医患关系；

（2）病患接受医疗团队的具体诊疗服务，团队的带头人是病患的私人医生，同时，该私人医生也对提供的所有医疗服务负责；

（3）私人医生负责向病患提供并代为安排所有医疗服务，包括全生命周期不同阶段的服务；

（4）提供给病患的医疗服务是经过协调及整合的，服务既可跨医疗领域整合提供，也可跨社区协作提供；

（5）医疗质量与安全性是 PCMHs 的重要特征，这一特征也通过循证医学、大数据技术的使用以及病患参与诊疗决定等方式得到进一步加强；

（6）病患的就医服务也通过开放预约、延长门诊时间与更好的就医交流等方式得到提升；

（7）对 PCMHs 的支付也适当地考虑结合其提供给病患的附加值的多寡，附加值包括面对面问诊服务外的医疗服务、医疗服务的协调与整合、病例组合差异化的识别等。

当然，PCMHs 同常见的 HMO 模式中的家庭医生之间具有一定的相似性，但仍存在不同，主要体现在三个方面：一是 PCMHs 的模式更加接近封闭式 HMOs，采用以私人医生或者家庭医师为首的医疗团队提供服务。医疗团体在提供服务的过程中，发挥杠杆作用，调整需要专业医师服务与非专业医生服务的病患数量。某些高效的 PCMHs 就雇佣专门的医师助理团队，包括专业护士与药剂师。二是对医疗服务质量的追求，这点也同 HMOs 相同，因为 PCMHs 需要面对资格评定而得到进一步强化。在 2008 年，国家质量保证委员会（NCQA）专门设定了针对 PCMHs 的认定程序，包括评估标准等相关内容。三是病患对诊疗决定的深度参与。在 HMOs 模式中，病患的角色并不清晰，而在 PCMHs 中，病患对于医疗方式的最终选择及何时实施都实现了更深层次的参与。

在早期推行 PCMHs 的过程中，因实践经验不充分，在解决现有医疗体系中的费用、质量、过度使用等问题方面，并不能够证明该种模式是否适宜、高效。未来，仍需要对该种新出现的模式持续关注，分析其成功与失败的案例，会对其他医疗体系改革以及应对医疗技术变革提供有益支持。

2. 责任医疗机构（ACOs）

责任医疗机构（Accountable Care Organization，以下简称 ACOs）是医疗保障计划咨询委员会（the Medicare Payment Advisory Commission，以下简称 MedPAC）创造的新的专业机构名词，后被医保与医助服务中心（CMS）采纳，并纳入美国平价医疗法案（ACA）。

责任医疗机构（ACOs）是主要针对传统医疗保障计划（Medicare）中的被保险人或者说是享受该福利的患者，对于其需要的医疗服务进行整合，形成的由多个医疗服务团体组成的医疗服务机构。责任医疗机构（ACOs）的利润计算采用奥巴马医改后出现的新的医疗控费再分配机制（Shared Saving Program）。美国的平价医疗法案（ACA）提供多种可推行的责任医疗机构（ACOs）模式，并提供各自独特的管理要求规范。商业保险机构也可同责任医疗机构进行合作，但从目前看，医疗费用支付者，即保险公司或美国医保与医助服务中心 CMS，各自对这个新出现的责任医疗机构（ACOs）的定义并不一致。

第二节 现行美国管理式医疗的管控手段

美国管理式医疗的主要目的，或者说是功能，主要集中在两点：一是对医疗费用成本的管控，即对单次就医成本的管理；二是对医疗服务的使用管理，即对就医频次的管理。随着管理式医疗概念的不断延伸与扩展，主要采用的管控方式也随着医疗服务模式或者健康保险模式的不断革新，而渐渐由传统方式向新型方式或者模式转变。

美国医疗管理的传统方式主要包括：预授权（Pre – Authorization）；实时监控（Concurrent Review）；案例管理（Case Management）；需求管理（Demand Management）；疾病管理（Disease Management）；特殊案例管理（Specialty Case Management）；人群健康管理（Population Health Management）。

美国医疗管理的新型方式主要包括：一是新模式的出现。新模式主要是美国医疗改革衍生出来的新模式，包括 PCMHs 和 ACOs，二是非传统型方式。非传统型手段是将医疗管理的执行主体进行扩展，在广度上扩展到覆盖美国全国的药品服务网络，在深度上延伸到美国医疗服务体系的末端——医师诊所。三是新技术的推动。在远程技术与大数据分析等新技术革新的推动下，远程医疗、远程监控及个体实时监测等技术给医疗管理手段带来新突破。

一、美国医疗管理的传统型医疗管控方式

（一）预授权（Pre – Authorization）

预授权指提供医疗服务的机构或者医师在向健康险客户提供医疗服务之前，需要得到管理式医疗机构（如 HMOs、PPOs 等）的授权，该项服务的费用可以使用健康保险直接进行支付。在早期，该项管理只针对住院治疗，后期逐渐扩展到特殊门诊及费用高昂的药品。

判断是否使用预授权，主体原因包括经济原因，也包含患者安全或者医疗质量方

面的考虑。经济判断主要基于该项医疗服务的费用、总数量或者整体费用，有时也会考虑医疗服务的地区差异。医疗安全的判断则主要考虑在缺乏门诊确诊能力的地区采用。

（二）实时监控（Concurrent Review）

实时监控是对因突发情况住院患者的全程医疗服务进行监控的管控方式。多数情形下，主要由监控医疗服务使用情况的护士收集患者的就医信息，并就需要的医疗服务的内容与频次同患者的主治医师进行相关讨论。如果病情复杂化并引发多科室介入，则需要转交至驻院医师处，由其负责针对该位患者所有住院医疗服务的衔接与监控，主要目的是实现更低的医疗费用及更好的医疗服务质量，消除多医疗科室介入后可能导致的医疗服务重叠与缺失。

早期，实时监控受到医师群体的反对，主要原因是与监控护士就医疗服务进行讨论，略显尴尬的同时，也对医生的医疗权威进行了挑战。但是，随着高等医疗机构及管理式医疗机构不断推出各种诊断指导，门诊医师的诊断水平也相应提高，该种形式的医疗管控已经成为管理式医疗的例行内容，并成为降低住院时长的重要原因之一。

（三）案例管理（Case Management）

案例管理是针对病情复杂的患者，由案例管理医师提供整合式医疗服务，该类服务因为病情的复杂常常包含多专科医师、多医疗机构、范围广泛的诊断与治疗方式以及社会或者社区基础上的多资源整合。医疗服务不仅仅在内容上覆盖面更广，在整个诊疗周期中，案例管理覆盖的就诊阶段也延伸至住院服务外，包括出院服务及出院后的居家管理。

案例管理具有两个突出特点：首要特征是上文描述过的，整合的医疗资源包括患者接受治疗的医疗机构外的医疗资源；另一特征是案例管理医师根据医疗的必需性及其长远角度的费用控制，有权批准健康保险责任外的医疗服务。

同时，案例管理又有其独特的复杂性，很多案例管理医师的服务很难规范化。主要原因在于：一是整合的医疗服务覆盖范围广，包含多医学专科与机构，使得服务管控难以遵循定式；二是患者本人的身体情况及病情不同，面对多项诊疗服务的医学结果变动过大，从痊愈到身故均有可能，使得个案最终诊疗服务的使用需要独立判断；三是在多数社区，患者需要的多项医疗服务，存在服务数量与质量的限制，在平衡医疗费用与预后结果的过程中，需要专业判断；四是很多严重疾病均存在新推出的、预后判断不明晰的新技术，更加增加了案例管理的难度。所有上述原因均使得管理式医疗机构在案例管理过程中，需要专业且成熟的管理医师团队。

(四) 需求管理 (Demand Management)

需求管理是一种较为简单的被动干预，一般由低级医疗服务人员通过电话向患者提供多种医疗信息，以协助诊疗。该种管理存在两种方式：一种是护士热线，针对病情提供适宜的科室信息，主要目的是实行分级诊疗管理；另一种是诊疗决策共享，由护士对较为复杂的病情及可用的诊疗方式进行讲解，协助患者对诊疗方式做出最终选择，如保守治疗的选择。

(五) 疾病管理 (Disease Management)

在20世纪晚期至21世纪早期，因美国的医药公司发现慢性病患者用药时间长，却很难养成准时用药的习惯，致使很多可以缓解的病情不断恶化，所以，先期针对这一点推出慢病患者的用药管理，之后，扩展到慢病诊疗管理的多个方面并迅速发展，最终形成现行的疾病管理模式。

慢性病成为医疗管理的重要目标的原因有以下五点：(1) 慢性病一旦确诊，伴随患者余生；(2) 多数慢性病可以通过药物使用及调整生活习惯得到缓解和改善；(3) 慢性病患者在一定程度上能够对自己的病情负责；(4) 某些慢性病患者的平均年度医疗费用过高，值得健康险或者雇主对其开展医疗管理；(5) 缺失管理的慢性病患者的预期医疗费用将会持续增高。

疾病管理的准确定义是针对患有可自我管理疾病人群的整合式医疗干预体系，其增强了专业医师、患者与医疗保险间的关系，并在循证医学的基础上，结合患者的深度参与，预防疾病的恶化及复杂化。在整体提升健康水平的大目标下，使得诊疗服务、患者预后及费用支出三方面达到最优的管理体系。

通常，疾病管理是由有经验的专业护士通过电话，对慢性病患者在用药、定时就医、规律生活等方面进行规范及引导，患者则是疾病管理中的主体责任人及主动实施人。随着互联网技术的提升与普及，很多保险公司认为互联网可以在疾病管理方面发挥巨大的功效，能够以其低成本广覆盖的特性成为新的管理平台，但在实施过程中却发现，互联网不能够改变疾病管理的主动实施人（患者）的主动性，因此互联网在疾病管理，尤其是慢性病管理方面的效果差强人意，而能够对患者行为习惯产生影响的方式，是人与人之间的直接交流。因此，电话、视频或者面对面的定期交流成为目前的主流形式。

(六) 专科案例管理 (Specialty Case Management)

专科案例管理同前述的案例管理不同，其对医学背景的要求更高，需要更加专业的管理医师同多方向的医学专科医生或机构进行沟通，患者的病情也更加复杂与危险，可预见的医疗费用也更加高昂。因此，管理式医疗机构往往要求专科案例管理医师与其签订服务合同，管理医师对患者的医疗服务全过程负责。

因为专科案例管理的复杂性，一般管理式医疗机构将其外包给建有专科医师服务网络及专科精英管理中心的第三方机构。当然，随着服务责任的转移，相对应的经济责任也会随之转移至专科案例管理机构。

（七）人群健康管理（Population Health Management）

疾病管理早期只是针对单一疾病进行管理，而人群健康管理是近期针对健康人群的早期医学干预方式，采用统计工具对整体人群进行健康风险预测，对具有较高健康风险的人群采取相应"软"干预方式，包括针对性健康教育及相关保健信息的推送，协助目标人群进行自我健康管理，以降低潜在医学风险，维持长时间的身体健康水平。旨在开展人群健康管理的机构，主要依赖信息技术以确认目标人群及对高风险人群进行追踪与检测，以及时掌握相对应的医疗服务使用情况。

二、美国医疗管理的新型医疗管控方式

（一）新模式的出现

美国医疗改革后，医疗卫生服务秉承"三A"原则——更好的健康、更好的生活及更可接受的医疗卫生服务，从之前的以服务为中心，向以客户为中心发展，医疗卫生服务更加强调成效，相关联的各项健康管理服务内容及医疗服务管控方式，也已由病人群向健康人群延伸，衍生出来的多项服务责任，也由第三方服务公司向专业医疗服务机构转移。在这个大背景下，某些原有的概念得以发展，催生出更加成熟的新模式，如PCMHs和ACOs。

1. 患者医疗服务中心（PCMHs）

所有的健康干预的共性是第三方提供服务，目前的新形势是逐渐将健康管理的责任归还至专业人士——职业医师。目前存在两种机制：一是支付挂钩成效（Pay for Performance，简称为P4P），目前在慢性病治疗方面运行良好，主要原因是有较为成熟的诊疗记录可以对诊疗效果进行回溯评估，因此运行简单且成本低廉；二是医疗之家（PCMHs）的新模式，该概念早在1967年就已出现，健康管理的主要负责人是患者的私人医生团队，针对患者的身体情况具体组织实施健康检查、健康教育及整合全流程的医疗服务。

2. 健康责任组织（ACOs）

美国疾病管理已成功运行超过十年，其模式也日益成熟，实现了复杂数据分析、

诊疗缺失确认、服务拓展及客户参与激励等，也能够使用适当的建模技术分析财务运营情况，但是，疾病管理仍存在最大的缺憾，即无法建立客户同专业医师间的紧密联系。因此，在美国医疗改革的推动下，出现两种新的医疗服务模式，对原有疾病管理的缺点进行改进。这两种机构，一个是前文描述的患者医疗服务中心（PCMHs），另一个是健康责任组织（ACOs）。但相对于已经积累较长时间经验的疾病管理，ACOs作为新的机构，需要从疾病管理的运营中吸取成功经验，重点如下：（1）高质量的实时数据分析；（2）可自动识别的电子医疗信息；（3）可检测可量化的医疗管理结果及财务效益；（4）对能够产生财务效益的可控机会的理解与识别。

ACOs是一种类似开放式HMO的医疗服务运营模式，主要目标是提升医疗服务整合能力，减少医疗服务的重复与不足，并共享运营过程中的医疗服务风险，即在传统的医疗服务营收之外，如诊疗效果及费用管控达标可以产生额外收入，如超标则会产生额外亏损。

（二）非传统型方式

1. 药物服务网络

在美国，随着新药品的不断推出，特效药或靶向药等特殊药剂的使用在诊疗中的比重越来越大，也导致药品费用日益高企，因此医疗管理也逐渐将药物纳入其中，控制药剂使用及药品间的毒副作用。除此以外，大部分药剂师都接受过医疗专业培训，并分散分布在各社区的药店，他们能够更频繁地接触患有急性或慢性疾病的患者，可以提供更加有针对性的医疗服务或健康服务。

目前，美国主要存在以下三种药物干预方式：

（1）药物使用回溯（Drug Utilization Review，DUR）。DUR在药品费用、药物使用及预授权三个方面实施管理。药品费用方面主要通过采用具有同等效用的低成本药物替代高成本药物或者高成本介入治疗。药品使用方面一般要求签约医师在开具药品处方时，限时限量，同时，保证药品对症且安全。最后，预授权的使用也是能够对药品费用及使用同时进行管控的流程管理，即在药方开具的24—72小时内，保险机构对医疗保险是否接受该类药品的理赔给出明确判定。一般社区的药剂师也会帮助客户了解预授权的流程，但无权做出药品的最终判定，只有患者的主治医师对所有采用的药品及治疗方式承担责任。

（2）药物疗法管理（Medication Therapy Management，MTM）。药物疗法管理（MTM）是一种相对较新型的药品干预方式，所有的医疗保障计划（Medicare）及商业医疗保险中涉及药物费用保障的部分，均被美国医疗照顾与援助中心（Centers for Medicare and Medicaid Services，简称为CMS）要求提供该类药剂干预。而美国医疗照顾与援助中心（CMS）也明确了药物疗法管理的内容，即向患有多种疾病或使用多种药物的患者提供药物管理,以降低药物间的毒副作用。

药物疗法管理的目标客户群体需满足下列三种情形之一:一是患者罹患多种疾病的复杂情形;二是患者需同时服用多种药物治疗高危疾病的情形;三是患者的年度药品费用超过 4 000 美元的情形。

药物疗法管理共包含下列 9 项内容:患者健康状况的必要评估;制定药物治疗方案;选择、启动、修正、管理药物治疗方式;监控并评估患者对治疗的反应,包括药物安全及治疗成效;使用综合药物回溯分析,以确认、解决并防止多药物间的相互作用问题,包括药物的毒副作用;记录药物疗法的使用情况,并与患者的其他医师就关键信息进行沟通;向患者提供相关的教育与培训,以增强患者对药物使用的正确理解与执行;向患者提供医学信息、支持服务与资源,帮助患者长期坚持相应的药物治疗方案;整合所有需要提供给患者的药物治疗服务与管理。

(3) 药剂师提供的医疗管理服务。结合非职业医师与职业医师的服务,可以对全科医生(Primary Care Physicians)的诊疗做有益补充,而药剂师在慢性病管理中,发挥了其独特的功能,主要原因如下:

药剂师的数量庞大:截至 2010 年,全美的执业药剂师数量已经达到 27.5 万人,且分布在 95% 以上的社区,比同时期的首诊医师(20.9 万人)多三成。

服务时间长:美国的连锁药店,如沃尔格林(Walgreens)、CVS 等,均为每周 7 天,每天 24 小时提供服务,因此,可以在患者需要的任何地区与时间,提供相关服务。

服务的便捷性:获取药剂师提供的服务不需要事先预约,患者可实现同服务提供者的频繁沟通,获得所需要的医疗知识、药疗方案解释、及时补充药品及急性药物过敏处理等服务。

相较于传统的护士热线,药剂师的优势在于能够通过处方药剂网络,及时确认需要药物管理服务的患者,并向其提供服务。在美国,患者通常无法直接从医师处取得药品,但可以从自己方便的角度,选择取药的药店。一旦药店被选定,处方药的药方将直接通过处方药剂网络发送至相应的药剂师处。因此,通过药剂师向目标群体提供药剂管理服务,具有更低成本、更高时效及更高便利性的优势。

除了覆盖全美的处方药剂网络,药剂师还可以通过额外配备的药剂管理系统,发现处方药物间的重复与缺失,并协同首诊医师确认最佳药物、管理复杂药方(同时包含多种药物的药方)、确保药品安全等。除此以外,药剂师还可以提供多种早期预防服务,包括血脂管控、骨质酥松症管理、疫苗接种管理、戒烟等。

2. 诊所服务网络

(1) 快捷诊所(Convenient Care Clinics,CCCs)。快捷诊所可以在非工作时间向患者提供便捷的即时医疗服务,主体服务人员为专业护士或医师助理,主要向病症紧急程度不高的患者提供服务。目前,部分美国的药剂公司、医院及连锁杂货店均开办了快捷诊所。

快捷诊所虽然便捷,但也存在多种不足,在推广及发展过程中,需要关注与权衡。如快捷诊所是否破坏患者同首诊医师的关系维护?快捷诊所的医学水平不高,能否帮助患者做出适宜的医疗抉择?患者是否因为快捷诊所的服务费用低廉而降低信任,进而引发纠纷?是否因快捷诊所的介入而丧失早期健康干预的机会?尽管存在诸多问题,但快捷诊所在提供基础性医疗服务方面,仍不失为一种上佳选择,对于主体医疗卫生服务体系,也不失为一种有益的补充。因此,美国的政策制定者开始考虑大范围推广快捷诊所服务。

(2)企业医务室(Employer Worksite Clinics)。早期,在《职业安全与卫生法》(Occupational Safety and Health Act,1970)下,各大企业纷纷提供了职业健康服务,之后,慢慢演变成针对职工及其家属提供相关医疗及药品服务的企业医务室。企业医务室的设立成本,来源于健康干预所降低的那部分职工医疗费用支出,而且,企业医务室的成本常低于医疗费用降低的部分。

通常情况下,企业医务室所能提供的服务同企业的规模相关,一般包括职业病管理、疾病预防服务、急症护理服务、基础医疗服务、药品服务、疾病管理、健康维护、健身训练、旅行小药箱、理疗服务、齿科服务、眼科服务、健康状态评估、医学影像服务等。

(3)急症处置诊所(Urgent Care Clinics)。急症处置诊所同快捷诊所有相似的服务功能,如可以随时寻求医疗服务,但两者最大的不同在于职业者的专业水平不同。在快捷诊所,提供医疗服务的往往是护士,而在急症处置诊所,提供服务的是专业医师指导下的门诊全科医生,因此,快捷诊所一般只能提供基础类的医疗服务,包括体检、疫苗接种服务等,而急症处置诊所因其所具有的专业性,能够提供全面的急诊服务,如骨折护理、静脉输液等服务。

在服务单位的机构设立方面,快捷诊所一般是连锁零售店或者连锁药店的一个功能单元,通常在门店内划出单独区域作为诊所服务区,而急症处置诊所都是作为独立的服务单位存在。

整体来讲,急症处置诊所向病情危重且需求超出快捷诊所的服务水平与范围的患者提供服务,而且,该类患者往往病情并未达到需要住院治疗的程度,即急症处置诊所是介于快捷诊所与医院之间的医疗服务机构。

(4)具有联邦级资质的健保中心(Federally Qualified Health Centers,FQHCs)。具有联邦级资质的健保中心(FQHCs)是由联邦政府设立的,向因不满足相关规定而未参保或医疗保险未覆盖的人群提供医疗卫生服务。设立FQHCs的首要目的,是向因生活在城乡地区或其他条件下导致医疗保险未覆盖的人群提供基本医疗服务,且不考虑该部分人群的支付能力。

FQHCs 除提供基础医疗服务外,还提供了多项医疗辅助服务,包括疾病预防、实验室检测、牙科、精神科等服务。FQHCs 向所有种族、所有年龄、所有收入阶层提供同等的医疗服务,服务价格可根据地区或其他影响因素的不同进行适当浮动。但只要其家庭规模及收入满足联邦贫困指标,就可以在此基础上计算折扣率,并在本地服务价格的基础上决定最终的服务价格。

FQHCs 被认为是弥补美国现有医疗保障体系的"安全网",由社区健康中心、廉租房中心及多项服务计划组成,服务计划包括门诊健康服务及向移民与无家可归者提供医疗服务等。并且,为鼓励发展 FQHCs,联邦政府向该类健保中心提供多种政策倾斜,包括优厚的医疗费用支付、承担其他政府类项目的优先权等,同现有的社会保险及商业保险共同构成美国完善的医疗保障福利体系。

(三) 新技术的推动

随着各种新技术的不断推陈出新,通过新型电子设备实施的自动监控及自我管理服务得以飞速发展,出现了众多旨在解决病患或亚健康人群各种健康问题的设备与管理系统。作为 e 健康技术(eHealth Technology)的主要案例,远程医疗(Telemedicine)、远程健康(Telehealth)及自动监控系统(Automated Monitoring System)体现了 e 健康技术的特征与未来发展趋势。

但目前该行业仍处于早期阶段,很多概念并不明晰,出现很多名词混用的情况。基于此,从实际应用的角度,e 健康技术实质上是一种能够提供医疗服务及公共卫生服务支持的基础信息设施,而远程医疗及远程健康是在 e 健康技术支持下的医疗管理自动化服务,二者均包含主动的患者管理。具体结构见表6.3。

表 6.3　　　　　　　　　　远程保健和远程医疗

远程健康	
■ 患者教育	远程医疗
■ 患者监控	
■ 患者干预	■ 患者干预
■ 门诊医疗服务	■ 门诊医疗服务
■ 远程诊断及开具处方	■ 远程诊断及开具处方
■ 电话案例沟通及需求管理	
e 健康技术	
基础信息设施支持:电子诊疗记录;远程沟通技术;数据仓库技术等	

1. 远程医疗(Telemedicine)

远程医疗是为了解决当地疾病诊断方面的难题，通过向异地具有高端医疗技术的专科医生传输医学必要信息，以获得准确医学支持的新型就医服务方式，是新技术推动下的旧有医疗模式的突破。

远程医疗并不意味着创建独特就医方式或费用支付方式，只是突破了医疗服务的地域限制，以快速、巨量的信息传递技术为基础，解决医疗资源分布不均衡的难题，向偏远地区输送高水平的医疗服务。目前的实施方式主要有以下两种：远程专家会诊和远程实时就医服务。

自 2012 年 10 月 1 日起，美国多州开始要求医疗保险支付远程医疗导致的费用支出，支付条件是该远程服务能够为患者带来诊疗效果，并且同类医疗服务在面对面的就医模式中能够被保险计划覆盖。而 2010 年起推行的《患者保护与平价医疗法案》（The Patient Protection and Affordable Care Act，PPACA），也从多方面向远程医疗提供优惠政策，包括医疗保障计划（Medicare）及低收入人群医疗计划（Medicaid），以推动远程医疗的实施推广。

2. 远程健康（Telehealth）

远程健康所提供的服务范畴远超远程医疗，即远程医疗隶属于远程健康，在信息技术能力范畴下，能够提供信息技术可支持的所有可能服务，包括远程诊断、远程医学处置、远程评估、远程监控、远程沟通及远程教育。

远程健康的目的是协助医疗服务的远程提供及健康水平的提升与维持，包括健康教育、疾病预防与管理、门诊处置与监控、信息收集与分析等。

3. 自动监控系统（Automated Monitoring System）

目前，自动监控系统能够实现多个目的：可以向医师提供数据以帮助诊断；可触发实时监控预警，协助患者及其主治医师及时做出诊疗决定并提升诊疗效果；在长期监控数据的基础上，协助医疗管理医师制订个性化的健康管理方案。

自动监控系统的具体实施存在两种方式：就地监控及远程监控。就地监控专门服务于患者住院过程，床边设备能够实时监控病患的病情，并在危急情形下及时呼叫医师与护士，实现有效的诊疗管理；远程监控则常与现行的多种新技术相关联，患者需要使用移动医疗设备，进行例行监测并实时上传数据至管理医师处，协助管理医师监控病情并对管理方案做出调整。最被人熟知的案例是多种糖尿病管理软件的推出与流行。

但自动监控系统作为新兴产业，其商业模式目前并不明朗。患者除了购买移动监控设备，还需要在台式电脑或者智能手机端下载并安装相应的软件，并保持必要的网络连接。而且，移动医疗设备是否被患者按要求定时使用，以及患者持续使用同一软件或同一管理服务的时长是否能够带来医学效果等问题，都需要不断地思考与改进，并不断提升相应的服务与系统支持，以形成明晰的商业模式与可观测的医学级干预成效。但在未来，自控监控系统必将成为趋势，并随着医学技术、生物技术及信息技术的不断升级而演变，终将对多个行业带来颠覆性影响。

第三节　中国现有的运行模式及管控手段

1982 年，人保经办了"上海市合作社职工医疗保险"，开启了健康保险业务的新时代。经过 35 年的发展，我国健康保险依然处于初级发展阶段，健康保险业务尤其是医疗保险业务的难点之一，仍然在于如何合理控制医疗费用赔付支出。虽然随着美国管理式医疗发展的逐渐成熟，国内也慢慢兴起管理式医疗概念，但是，医疗保险仍然以传统的费用报销型医疗保险为主，医疗费用控制和医疗质量控制均没有形成完善的体系和机制，管理式医疗在中国的运行模式并不成熟。

即便如此，国内还是有很多机构和平台，包括政府、保险公司和健康管理公司等，都在积极探索医疗管控手段，为促进医疗管控在国内的发展做出了诸多尝试和努力。正如前文所述，美国管理式医疗的目的集中在对医疗费用成本管控和医疗服务的使用管理上，保险公司与医院形成利益共同体，对医疗费用和患者就医均有有效管控手段，进而实现保险公司、医院和患者三者共赢。然而，在中国，医院与保险公司双方利益不一致，并且医保双方的地位相差悬殊，整体看来，医院作为医疗服务的提供方，在医疗费用和医疗服务的管理上占据绝对主导地位，医保双方的跨行业合作推进困难。这也就导致保险公司在管理式医疗的探索上只能先从另一个关系人——患者方面着手，为患者提供一些基础的健康咨询及健康教育，降低就医率，甚至进一步降低患病率，进而控制医疗保险的赔付支出，从而形成如今较为有效的管控手段——健康管理。

一、健康管理在中国的发展历史

健康管理的概念起源于美国，并且在美国管理式医疗中起到不可或缺的费用管控作用。中国的健康管理起步时间较晚，2001 年才有第一家健康管理公司成立。2005 年 10 月，劳动和社会保障部正式将健康管理师纳入第四批新职业，随后，卫生部同劳动和社会保障部制定了《健康管理师国家职业标准》，将健康管理师定义为"从事健康的监测、分析、评估以及健康咨询、指导和健康干预等工作的专业人员"。从健康管理师的职业定义中可以看出，健康管理包括健康监测、健康评估和健康干预的全过程。

2012年9月,中国保监会下发《关于健康保险产品提供健康管理服务有关事项的通知》(保监发〔2012〕73号),将健康管理服务定义为针对健康风险因素,通过检测、评估、干预等手段,实现控制风险、改善健康状况的服务,包括健康体检、就医服务、生活方式管理、疾病管理、健康教育等,明确列出了具体的健康管理服务项目。

2016年10月,国务院印发了《"健康中国2030"规划纲要》,明确提出要把健康融入所有政策,加快转变健康领域发展方式,全方位、全周期维护和保障人民健康,将全生命周期健康管理上升到国家战略高度。

整体看来,健康管理在中国的发展时间还很短,健康管理市场还在初级发展阶段,健康管理理念的普及度和健康管理服务质量均有待提高。

二、健康管理服务项目

2009年,国家卫生计生委出台第一版《国家基本公共卫生服务规范》(以下简称《规范》),并于2011年与2017年分别进行了修订,对国家基本公共卫生服务项目管理进行规范。最新一版的《规范》一共明确了13项服务规范,其中9项都是和健康管理相关的,包括居民健康档案管理服务规范、健康教育服务规范、0—6岁儿童健康管理服务规范、孕产妇健康管理服务规范、老年人健康管理服务规范、高血压患者健康管理服务规范、Ⅱ型糖尿病患者健康管理服务规范、肺结核患者健康管理服务规范和中医药健康管理服务规范。《规范》对健康管理市场最基本和最普遍的健康管理服务的服务内容、服务标准等都提供了明确的规范和标准,有利于促进健康管理市场有序发展。

《规范》是政府为居民提供免费、自愿的基本公共卫生服务的参考依据,除此之外,市场上还有更多健康管理服务的提供者,如健康管理公司、保险公司等。以《规范》为基础,市场上主要的健康管理服务项目具体介绍如下:

(一) 健康档案

服务内容:记录个体生命体征的变化,以及与健康相关的一切行为与信息,包括个人健康问卷、健康体检报告、电子病历、医学影像、基因检测报告和移动检测数据等健康资料。

服务方式:主要由医务人员或者健康管家收集,或者客户自主上传,通常以电子健康档案形式储存。

(二) 健康教育

服务内容:宣传普及基本健康知识,对青少年、妇女、老年人、残疾人、0—6

岁儿童家长等人群进行健康教育，包括合理膳食、体重控制、心理平衡、合理用药和慢性病等相关健康教育。

服务方式：通过提供健康教育资料、设置健康教育宣传栏、开展健康咨询活动和举办健康知识讲座等形式实现。

（三）0—6岁儿童健康管理

服务内容：专门针对儿童的健康管理，包括新生儿家庭访视、新生儿满月健康管理、婴幼儿健康管理、学龄前儿童健康管理和健康问题处理等内容，对儿童的生长发育和心理行为发育等进行评估和指导。

服务方式：主要由医务人员进行家庭访视来实现，同时各年龄阶段均有必要的健康检查。

（四）孕产妇健康管理

服务内容：专门针对孕产妇的健康管理，包括孕早期、孕中期、孕后期和产后全过程的健康管理，包括不同时期的健康教育和指导、饮食指导和运动管理等，及时发现怀孕及分娩后的各种健康问题并给出指导建议。

服务方式：主要通过孕产妇怀孕后在医院的建档实现，由医务人员对其各时期的健康状况和心理保健进行指导。

（五）老年人健康管理

服务内容：专门针对老年人的健康管理，包括生活方式和健康状况评估、体格检查、辅助检查和健康指导。

服务方式：主要由医务人员上门为老年人提供健康管理服务，通过问诊及老年人健康状态了解其生活方式和健康状况，辅助必要的检查，全面评估健康状况并根据评估结果进行相应的健康指导。

（六）高血压患者健康管理

服务内容：专门针对高血压患者的健康管理，包括血压测量和筛查、随访评估和分类干预、健康体检等。

服务方式：由医务人员主导进行血压测量和高血压高危人群筛查，并给予针对性的健康教育和生活方式指导，对于原发性高血压患者进行定期随访和健康体检。

（七）Ⅱ型糖尿病患者健康管理

服务内容：专门针对Ⅱ型糖尿病患者的健康管理，包括糖尿病筛查、随访评估和分类干预、健康体检等。

Ⅱ型糖尿病和高血压作为最普遍的慢性疾病，健康管理的服务内容和服务方式大体一致。除政府为辖区内居民提供的相应健康管理服务外，大多数健康管理公司都有专门针对慢性疾病的慢病管理服务，为患者提供更全面、更便捷、更个性化的健康管理。

（八）肺结核患者健康管理

服务内容：专门针对肺结核患者的健康管理，包括肺结核的筛查与推介转诊、入户随访、督导用药和随访管理、结案评估等。

服务方式：由医务人员对就诊的患者进行筛查，并根据鉴别诊断结果推荐至结核病定点医疗机构检查，通过入户随访督导用药和评估治疗效果。

肺结核作为一种慢性传染性疾病，其疾病防治已纳入国家规划体系，主要由各地政府落实各项疾病防治措施，健康管理公司和保险公司等其他主体未参与该项疾病健康管理。

（九）中医药健康管理

服务内容：是针对老年人、0—36个月儿童的中医药健康管理，为老人提供中医体质辨识和中医药保健指导，包括饮食调养、起居调整和穴位保健等，为不同月龄的儿童家长进行儿童中医药健康指导，包括儿童中医饮食调养和起居活动指导、不同月龄的穴位按摩等。

服务方式：通过问卷采集老年人体质信息，其他健康指导主要由医务人员结合体检或预防接种的时间进行。

中医文化博大精深，其"治未病"的思想和健康管理不谋而合，所以很多健康管理公司等其他主体也纷纷提供该项健康管理服务，运用中医的"望闻问切"、体质辨识等手段，了解客户的健康状态，指出健康隐患，提出针对性的养生防病方案并针对性地进行调理干预，包括调理性推拿、治疗性推拿、中医拔罐、中医刮痧等中医调理服务。

根据《规范》，上述9项健康管理服务均有明确的服务流程和服务要求，除此之外，市场上还有更多个性化的健康管理服务项目。例如，体重管理，主要针对肥胖人群开展饮食运动指导；就医服务，主要包括就诊医院和专家推荐、专家门诊预约、全程陪诊、缴费、取药、预约检查等一站式服务；康复护理，针对患者出院后的健康管理，包括用药指导、饮食建议、运动指导、病情监测与复查等。

《规范》中提到的健康管理服务大多由政府医疗机构（包括乡镇卫生院、村卫生室和社区卫生服务中心等基层医疗卫生机构）的医务人员提供，而市场其他主体提供健康管理服务的形式更多元化，包括线下讲座、线上打卡、电话咨询、短信提醒等，注重服务提供者与接受者之间的互动，有利于加强客户对健康管理的依从性。

三、健康管理服务的有效性验证

上述健康管理服务基本覆盖个体从出生到死亡的全生命周期，从服务人群来分，还可以分为针对健康人群、亚健康人群和患病人群的三大类健康管理服务。健康档案和健康教育是针对各类人群的基本服务，儿童、孕产妇和老年人健康管理主要是针对健康人群不同时期的健康管理服务，高血压、Ⅱ型糖尿病和肺结核健康管理主要是针对患病人群，中医药健康管理、康复护理和肥胖管理等主要是针对亚健康人群。其中，由于患病人群可以用较为明确具体的医学指标来衡量其疾病的严重程度，针对患病人群的健康管理服务较其他两类健康管理服务在医学上有更多的有效性验证。

（一）针对患病人群的健康管理

针对患病人群的健康管理服务主要面向两类人群：一是高血压、糖尿病等慢性疾病患者，二是出院后处于康复阶段的人群。该类健康管理服务的效果评价主要通过对比研究法来实现，通过有无健康管理服务区分实验组和对照组，选取和疾病相关的明确的可统计的指标，经过1—2年的观察，对比实验组和对照组在各指标的差异，进而对健康管理服务的效果进行评价。

陈晓芸、林兵、沈玉根和朱建东（2013）通过对100例2型糖尿病患者为期18个月的对比研究，发现网络远程教育等健康管理服务能提高糖尿病患者的自我管理能力，改善病情发展。吴春英（2012）通过对356例儿童哮喘患者为期2年的对比研究，发现接受健康管理教育和定期电话沟通和督促等服务的观察组在2年内的哮喘发作次数明显降低，健康管理对儿童哮喘间歇期的延长及治愈均有积极的促进作用。张洪英（2014）对60例出院后的COPD患者进行了为期12个月的对比研究，为观察组提供健康教育指导和康复行为指导等健康管理服务，采用圣乔治呼吸问卷（SGRQ）对患者病情进行对比评定，发现出院后的健康管理对稳定病情、改善健康状况有积极作用。

（二）针对健康及亚健康人群的健康管理

亚健康是一种处于健康与患病之间的低质量的健康状态，是各种疾病的起源和基础，也是健康管理的重要作用环节。针对亚健康人群的健康管理主要是健康体检以及体检后的亚健康干预方案的制订。亚健康人群的健康管理是一个长期而连续的过程，需要不断地进行健康评估—风险分析—健康干预的循环。马琳文（2016）通过对体检者的体检结果及亚健康状态评定量表进行分析，对观察组执行 1 年的健康管理策略，发现观察组的亚健康总分明显低于对照组。

中医药健康管理作为针对健康及亚健康人群健康管理的重要手段之一，主要运用中医学"治未病""整体观念""辨证论治"的核心思想，结合现代健康管理学的理论方法，进行中医的全面信息采集、监测、分析、评估，以维护个体和群体健康为目的，提供中医方面的健康咨询指导、中医健康教育以及对健康危险因素进行中医相关的各种干预。

1. 中医"治未病"思想概述

在我国悠久的中医发展历史上，早已出现健康管理的思想火花。两千多年前的《黄帝内经素问. 四气调神大论》中的"圣人不治已病治未病，不治已乱治未乱，此之谓也……"已经孕育着"预防为主"的健康管理思想。中医"治未病"是中医学预防为主、注重养生思想的集中体现。"未病"不仅指疾病的萌芽状态，而且包括疾病在动态变化中可能出现的趋向和未来时段可能表现出的状态。这种"未病"状态在常规现代西医体检中应该是看不到任何异常指标或者其他进展征象的，而通过传统的中医四诊"望闻问切"，"上工"（高明医生）可以明了身体的当前状况和预判出可能会出现的疾病趋势，从而针对这一趋势来给出相应的预防措施。总而言之，中医的"治未病"就是通过中医的诊断结果综合运用相应中医行之有效的预防措施，通过食疗、药疗、针灸、推拿、药浴、茶饮、导引等传统中医疗法，达到增强体质、防患于未然或促进疾病康复、防止疾病转变的目的。它的含义非常广泛，可以分为"未病先防""既病防变""病后康复"三个层次。

2. 中医"治未病"思想与健康管理的关系

现代医学健康管理主要通过控制人们生活方式中的健康危险因素和行为，来有效降低危险因素，达到维护人们健康的目的。而中医"治未病"以"防"作为其核心，充分体现了"预防为主"的先进理念。强调应重视疾病的早期诊断治疗，及早发现，及时治疗，从而达到"治未病"的目的。中医"治未病"的医学思想充分体现了健康管理理念，为健康管理提供了应用支撑。因此，中医"治未病"思想与健康管理是统一的。

在贯彻健康管理的实践中，发挥治未病思想的引领作用，发挥中医药"简、便、廉、验"的特点，通过辨体施膳、辨体养神、起居调摄、运动养生、经络养生等健康手段，从源头上防止或延缓疾病的发生与恶化，有效节约卫生资源，彻底解决"看病贵、看病难"等突出的社会问题，而且还可以有效提升生命质量，增强国民身体整体素质，实现社会的和谐和可持续发展。

3. 中医理论基础下的中医健康管理体系构建

以中医"治未病"理论为基础，实现中医健康管理体系构建，其主要核心是促

第六章
管控方式分析

进人们健康行为及生活方式的完善性改变,健康管理体系构建内容主要包含对个人健康信息、健康状况评估及健康管理内容制定等等。目前我国中医药在长期理论研究及实践中已逐渐实现对相关理论体系的完善性构建,其中包含众多疾病预防及养生保健实践经验,具有一定的优越性,故而在现阶段中医健康管理体系构建中,应结合时代发展特征,在现代社会中结合中医"治未病"理论,将其融入健康管理理念及健康知识中,使人们心理更易接受,从而更好地服务于社会大众。

(1) 健康档案的建立。健康档案是实现对个体基础健康状况、动态机体基本形态等的有效记录,为后期中医健康管理体系构建提供了完善的基础资料,内容主要包含个体基本信息、定期体检情况、机体危险因素及对慢性病发展情况的记录及数据更新,因此在健康管理体系中相关信息管理者便可对个体体检报告及就医信息予以永久性记录保存,借助现代信息平台实现对数据的随时查阅,同时还可将血脂、血糖等核心数据予以合并分析构建拆线图,用户可基于此实现对自身机体健康状况变化情况的了解,及时采取合理有效的措施避免机体危险因素发生。

(2) 健康风险评估。健康风险评估是一种方法或工具,用于描述和估计某一个体未来发生某种特定疾病或因为某种特定疾病导致死亡的可能性,即对个人的健康状况及未来患病和/或死亡危险性的量化评估。"智能库"或"专家中心"对健康档案中的各种信息分析评估后,制定出一套个性化的健康管理方案(计划),再综合对健康数据、信息的准确解读,最终形成一份个人健康评估报告,并反馈给健康管理顾问,由他们对健康管理对象实施健康管理。

(3) 健康信息共享平台的建立。可扩展标示语言(Extensive Markup Language,XML)是互联网环境中跨平台的、依赖于内容的技术,是当前处理结构化文档信息的有力工具。健康管理系统应用 XML 对通过专业人员获得的个人健康信息与来自"智能库"或"专家中心"制订的健康管理方案(计划)进行有效整合,建立健康资源信息数据库,从而保证各部门在健康管理信息系统中能够快速、准确、全面地获得资源共享。此外,通过电话咨询的方式弥补因网络资源覆盖问题而不能进行健康信息资源共享的一部分人群的健康管理(见图6.5)。

(4) 中医健康管理具体干预措施。与西医只针对病因相比,在健康干预的手段和方法上,中医"治未病"更具优势。中医通过辨证论治,制订个性化的防治方案和针对性的健康调养。在具体干预方法上,中医治疗对机体整体功能状态的调理更为擅长,同时在对器质性病变、功能性病变、心因性病变等方面的治疗干预上也独具特色。

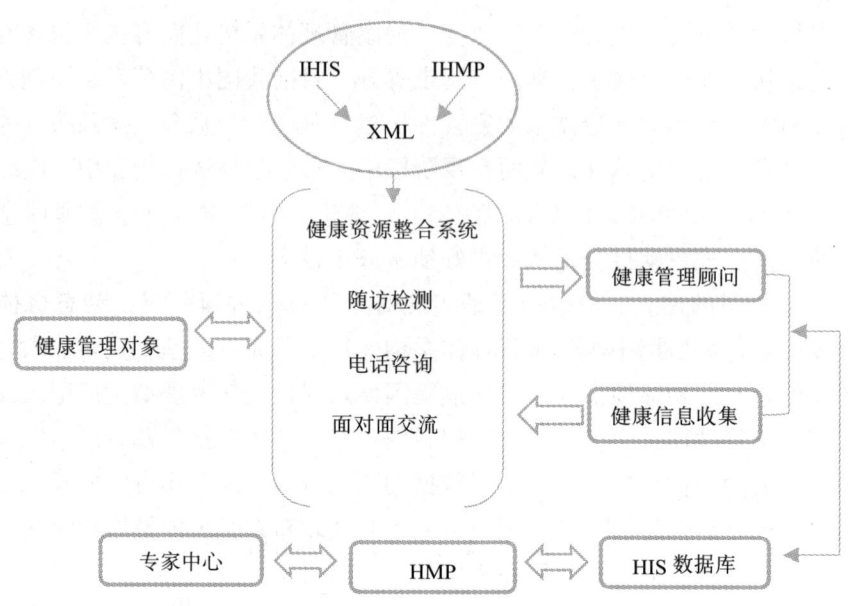

图 6.5 中医健康管理模式运行流程图

注：HMP：健康管理方案（计划）；IHMP：健康管理方案（计划）整合数据库；HIS：健康信息系统；IHIS：健康信息系统整合数据库。

饮食干预：中医文献中早就有关于膳食的记载，认为药膳有助于调理人体脏腑，其完全膳食的观点与现代营养学所提倡的平衡膳食在科学性上是一致的。

运动干预：中医认为强健的身体有助于预防疾病，通过五禽戏、太极拳等运动，辅之以调息和调神，可实现动静互涵、形神共养的强身健体目的。

心理干预：中医理论重视情志因素的影响，认为情志不和是引发疾病的重要原因之一，强调道德修养的提高和性情的陶冶，提倡恬愉乐俗，正确对待外界因素的刺激，以保持身心健康。

药物干预：数千年的中医药种植和使用经验，奠定了中医在治病、防病等方面的优势和特色，特别是在对一些慢性不传染疾病的治疗和调理上，具有良好的效果。

中医保健：中医成熟完善的理疗手段与手法，如按摩、针灸、保健推拿等，以其简单、便利、快捷、廉价等诸多优势，广泛应用于养生防病当中，发挥着极为重要的作用。

四、健康管理服务实现方式

目前，健康管理服务的提供方主要有政府、保险公司、健康管理公司三类不同主体，具体实现方式如下。

(一) 政府

政府目前推广的健康管理服务主要有电子健康档案和家庭医生制度。2015 年 11 月，国家卫生计生委发布《关于进一步规范社区卫生服务管理和提升服务质量的指导意见》，表明要"加强签约医生团队建设"，到 2020 年，力争实现让每个家庭拥有一名合格的签约医生，每个居民拥有一份电子化的健康档案。

家庭医生制是指通过签约方式，具备家庭医生条件的全科医生与签约家庭建立起一种长期、稳定的服务关系，以便对签约家庭的健康进行全过程维护的服务制度。2005 年，上海市松江区率先开展家庭医生制度试点。2011 年，上海家庭医生制试点已扩展到上海市 10 个区县，推出家庭医生制 1.0 版，引导居民认识并接受家庭医生这项服务，签约居民已超过 1 000 万人，家庭医生为其提供防治结合的基本医疗服务。从 2015 年起，上海进一步推行以家庭医生为基础的"1+1+1"医疗机构组合签约，即"家庭医生签约 2.0 版"，做实便捷用药、预约转诊、健康管理等签约服务。截至 2017 年 11 月，已有 300 万名居民正式签约"1+1+1"医疗机构组合，即居民在自愿与家庭医生签约的基础上，再选择 1 家区级和 1 家市级医院签约，逐步建立家庭医生首诊制度，并对通过家庭医生转诊的就医给予一定的费用优惠。家庭医生制度在一定程度上缓解了居民"看病难"的问题，合理的医疗资源分配可以提高就医效率，同时降低不必要的医疗费用支出。

(二) 保险公司

对于保险公司，尤其是健康保险公司，能否有效控制医疗费用赔付是决定其医疗保险业务能否盈利的关键性因素，为提高被保险人的健康素质、降低患病率，越来越多的保险公司推出保险保障和健康管理相结合的保险产品，通过为被保险人提供相应的健康管理服务来实现健康风险管理。

保险公司为被保险人提供的健康管理服务的效果主要依赖于被保险人对服务计划的依从程度，为真正达到健康管理的目的，保险公司大多将被保险人的依从性和保险保障程度挂钩，以提高被保险人遵从健康管理服务计划的积极性。另外，加强和被保险人的互动、定期电话回访和监督等，都是提高被保险人依从性的有效手段。

(三) 健康管理公司

健康管理公司作为第三方机构以及健康管理服务的主要提供者，是健康管理产业链中不可缺少的一环。健康管理公司直接面对个人和机构客户，可以直接为个人和团体客户提供健康管理服务、创造价值而获取利润，也可以和其他主体（如政府、保险公司）等合作，接受其他主体的委托对特定群体进行健康管理，从而收取一定的费用。

虽然健康管理在国内已有十多年的发展历史,但目前的健康管理公司仍然以体检型为主要运营模式。比如,依托医院医疗资源而生的体检机构,是一种资源整合型健康管理机构,作为医院体检中心的重要合作伙伴,为体检中心输送庞大的客户源,并从中赚取一定差价作为利润;另外,还有自建体检中心的健康管理机构,这类机构通常针对中高端客户。优良的检查设备、良好的就医环境、可靠的服务质量以及优秀的市场营销能力等,均是这类机构的核心竞争力。

本章小结

目前,管理式医疗在中国并未成熟运行,为早日解决群众"看病难、看病贵"的问题,关键在于消除医保之间的行业壁垒,真正实现医院和保险公司的利益共同体,从而达到控制医疗费用、提高医疗服务质量的管理式医疗的目的。

近些年来,政府在医药卫生体制改革中多次明确支持社会资本发展医疗卫生事业,鼓励保险公司投资建立实体养老和医疗机构,引导保险公司加强与医院的合作。系列利好政策是推进医保合作的基础。但是由于我国医疗卫生体制的特殊性,医疗机构与保险公司的合作可谓困难重重,政府应进一步明确推进医保合作,加快医药卫生体制改革,协调不同主体之间的利益分配;同时,加强对医疗机构的监管,从政策层面规范医疗服务提供方的服务质量和服务价格。

目前我国实行的仍然是医院分级制度,这就导致一些各省市或地区的大型综合医院容易形成地区性垄断,造成各地区医院之间地位不平等和医疗资源分配不均,同时也是对医疗资源的一种浪费。为提高医疗资源的利用效率,下一步应加强建立医院之间的公平竞争,医院应着力提升业务水平,从源头防止过度医疗,控制医疗费用支出。同时,建立强大的医疗信息管理网络,实现患者信息共享,提高就医效率,减少重复检查等不必要的费用支出。医疗信息的透明化也能加强医疗机构之间的监督,进而促进医疗机构加强对自身医疗质量的管理。

作为保险公司,应积极响应政府号召,加强加深与医疗机构的合作,积极探索国外先进管理式医疗的模式经验与多元化医疗保险的付费方式,降低医疗保险的道德风险。同时,继续加强健康管理,做好患病人群的病后管理,同时做好健康人群的病前预防,提高全民健康水平,从源头上控制医疗费用的支出。

思考题

1. 美国管理式医疗形态有哪几种类型及各自特点是什么?
2. 美国管理式医疗传统和新型的管控手段各自有怎样的方式?新型管控手段的进步之处是什么?
3. 目前中国的健康管理服务项目有哪些?

第七章

医疗费用管控效果的评估

医疗费用管控效果评估指选取合适的方式评价管理式医疗在医疗服务质量、费用管控等方面的影响,直观地反映出其作用。本章将介绍多种评估方式及具体选择标准,考虑到医疗费用管控的长远性、复杂性,深刻理解这些方法的内在原理十分重要。

第一节 医疗费用管控评估方法设计

一、简介

疾病管控(Disease Management)自从出现就面对业内对其控费效果无休止的质疑。多年以来,很多学者致力于寻找到更加合理、可信并能被广泛认可的方法对疾病管控的效果进行评估,并发表了多篇研讨评估方法正确有效性(Validity)及普适性的论文。美国工业贸易协会——持续保健联盟(Care Continuum Alliance)集合方法论研究的专家组对疾病管控效果的评估方式进行了研究,并最终推出5套《成效评估指引》(Outcomes Measurement Guidelines)。这些指引中,除了讨论方法的原理以外,还涉及了不同的研究方式和设计类型。

21世纪初的10年时间内,疾病管控模型一直占主导优势地位,但随着技术的发展,逐步让位于多种不同的诊疗项目及医疗干预手段。因此导致的负面结果有两种:一是原有的评估疾病管控方案全面效果的综合模型逐渐被仅针对某一因素的"小"

模型替代，致使医疗干预项目的评估变得更为困难。特别在项目彼此之间存在一定交集时，这种情况就更加严重。二是在原有项目终止或修正之前开始实施的新管控项目，使得同一个病人同一时期内对应多个管控项目。这就意味着，当同一个病人参与的项目越多时，为评估带来的不可控因素就越多，往往会得到不准确的评估结果。

除此之外，评估方式还面临其他重大的挑战，例如，整体人群问题（Integrated Population Perspective）、连续年度问题（Multi-year Perspective）、单人监控问题（Individual-trajectory Perspective）等。

二、医疗费用管控评估（Savings Calculation）

管理式医疗组织出现和发展的重要原因就是为了控制日益高涨的医疗费用支出，因此通过对管理式医疗中采用多种医疗干预项目的控费效果评估可以准确直观地反映出该医疗费用管控方式的成效。

精算师一般没有机会参与评估方法的设计论证，更多的则是按项目要求直接评估结果，因而最关键的问题就是评估方法的正确有效性。正确有效性在学术研究和商业实施方面都是极为重要的，因其可真切反映出某一研究中展现相关变量本质和意义的方法的适宜性，以及该项研究结果的可信度。内部正确有效性（Internal Validity），即其他条件不变时，评估出的结果是否可以归咎于所采取的行为。当内部正确有效性增强，说明所采用的疾病管控手段有效，且能够有效降低医疗费用支出；当内部正确有效性降低，说明医疗费用支出的降低实际上是由其他原因造成的。外部正确有效性（External Validity），是衡量研究结果是否具有普遍性和可复制性，可推广至其他的环境或者对象。

评估费用管控效果时，需要考虑三个问题：（1）该评估方法是否通过正确有效性评估；（2）该方法在实际测试当中的具体应用，换句话说，具体使用时该方法所需的相关假设、参数及计算过程的设置合理性；（3）计算结果是否正确，是否存在数据处理或者计算上的错误。

三、费用管控方法评估的设计原则

评估方法的设计原则，就是要考虑对评估方法的正确有效性有所贡献的所有相关因素。首要前提是要理解对费用管控方法的评估不同于对费用管控结果的评估。评价评估方法本身是关注该方法是否正确有效且可以推广，而对费用管控结果的评估需要建立模型，并为以后解决问题提供统一模板。

无论是重新设计，还是直接使用成熟的费用管控方法，判定评估方法可适用性的原则都是一致的。而且，除对学术研究中所必需的对正确有效性和严谨性的要求以

外,疾病管理的商业性购买者还有一些额外的要求:

方法必须是商业性购买者所熟悉的或者可以快速掌握的,并且可以被市场快速普遍地接受和领会。

方法必须可以通过足够详细的文本语言记录和转述,从而保证其他的从业者可以快速学习和复制使用。一旦商业性购买者有需求,方法可以允许其复制相关结果及计算的主要步骤。

方法的应用结果必须符合商业性购买者的预期结果,例如体现出费用管控效果达到了节约目的或者总体结果是合理的。

当方法被广泛使用时,应该趋于一个较为稳定的结果,不受时间、委托人等因素的影响。当结果产生偏差时,这种偏差必须是可以被解释的。

方法必须是具有实际意义的,也就是说,使用该方法应建立在一定性价比成本效益的基础上,而不应出现相对于巨大的潜在利润却没有可与之相配的资源的情况。

四、费用管控方法的研究设计

在费用管控方法的评估过程中有一个原理必须牢记:证据等级(Hierarchy of Evidence),即根据评估方法设计的正确有效性、严谨性、可靠性、应用性等要素整理方法的优劣排名。其实人们已经对于方法的排名有了潜在的普遍认识,而这种潜在意识中的排名就是依据正确有效性进行的。例如,随机试验(Randomized)的等级通常高于观察研究(Observational Studies)。但现实应用中,随机试验在项目评估中少有机会使用,精算师更多会遇到观察研究的项目。表7.1为不同研究方法在证据等级原理下的排名。

表7.1　　　　　　　　　评估方法的证据等级排序

排名	方法
1	随机对照试验(Randomized Control Trail)
2	群组研究(Cohort Studies)
3	病例对照研究(Case Control Studies)
4	横截面研究(Cross Sectional Designs)
5	调查研究(Survey Studies)
6	案例研究(Case Studies)

(一)随机对照试验

使用随机分配的方法,将合格的研究对象以同等的机会分配到实验组和对照组,以保证在起始时实验组和对照组之间已知和未知的混杂因素尽可能相同,具有可比性。随后保证两组同时在一定的条件下接受相应的实验措施,研究和观测试验的效应,以确认实验措施是否对结果有显著影响。

(二) 群组研究

群组是指拥有相同特征的群体,比如出生群组,就是指出生时期相同的群体。群组研究法就是选定两个类似的群组,一组暴露于某风险因素,另一组不暴露。追踪记录两组结局并分析相对危险度差异,从而确定风险因素的显著性。

(三) 病例对照研究

以已经患某种特定疾病的病人为实验组,以未患病但其余关键属性与实验组群体类似的群体为对照组。通过询问、体检、查阅病史,测量和比较两组的危险因素暴露史,通过假设检验等方法确认某个风险因素的显著性。

(四) 横截面研究

一次性从某特定整体中收集信息,通过分析信息确认某个风险的显著性。

(五) 调查研究

采用自填问卷或者访谈调查等方法,通过对被调查者的观点、态度等行为方面系统地收集信息并进行分析。

(六) 案例研究

对某一研究对象长时间研究调查。观测并记录其整个发展过程,进行系统性的研究。

除了上述几种常见的方法外,元分析(Meta Analyses)也是一种重要且可信度较高的方法,元分析具体是指对具有共同研究目的的相互独立的多个研究实验进行定量分析,剖析方法差异,综合分析结果。尽管元分析在一定领域内显示出一致性的好结果,但其可信度仍需取决于研究的力度和样本的大小。

第二节 美国现行的主流评估方式介绍

不同评价方法测算结果不同的原因很有可能是对于对应群体(Population Equivalence)的定义不一致。展开研究设计时,有一种很好的方法就是分组对比,也就是将一些具有相同属性的案例汇总分组。例如,对照组法(Control Group Category)中常见的做法就是选取某个群体,该群体成员的属性在实验初期是类似的,随后将该群体分为对照组（Control Group）和干预组（Reference Group），在实验的过程中仅对干预组进行影响以期待可能会改变其某一个（些）属性，观察实验结束时两组之间的区别。当然，群体分组这一过程是有一定区别的，主要体现在是否将对照组及干预组在同样的时间和地点等进行实验，或者使用不同的统计方法。我们相信确认影响因子是相似的还是不同的是有意义的，因为这样才可以对实验进行更为精准的控制并得到更好的结果。除了本文中已经介绍的方法，当然还有很多不错的评估方法，但目前还没有任何方法是得到行业广泛认可并获准强制性使用。

对照组法（Control Group Method）、无对照群体法（Population Method without Control Group）、统计学方法（Statistical Methods）是美国现行的主流评估方法，经常在学术文献或者实际商业分析中出现，下面将分别介绍。

一、对照组法（Control Group Method）

对照组方法就是指将实验初期具有相同属性的实验群体分为对照组和干预组，干预组接受实验影响，例如要求实验者参保某管理式医疗项目，对照组人群保持原有生活轨迹不变。在可能的条件下，尽可能控制已知或未知的差异因子，保证对照组和干预组的非处理因素有可比性。相较其他方法，对照组方法更为正确有效、科学严谨且可复制性高，有较高的市场认可度。随着该方法使用的普及，控制组方法也演变出了不同的形式。

（一）随机对照组法（Randomized）

"随机"是指研究总体中每一个研究对象都有均等的机会可以进入对照组和干预组，研究人员无法主观干预样本抽取的过程，可以避免主观取样带来的偏向性，便于控制误差。常见的随机分组方法包括简单随机法、分层随机法、区组随机法等。在现实使用中，进行随机对照组方法的前提是随机性，也就是说实验人群应来自具有相同属性的群体且随机分组，如果无法保证随机性前提，在分组前应该先证明标的群体的同质性（Equivalence）与随机性的存在。通常这种方法在学术中出现的频率高于在商业中的应用，但在美国，新医疗保障计划中的慢病护理改进项目（Medicare Chronic Care Improvement Program）要求美国的商业保险公司大规模实施随机对照组法进行评估，所以也许未来这种方法将会突破原有的领域，更加普遍地在商业应用领域体现其价值。

（二）地域对照组法（Geographic）

地域对照组法主要用于比较两个不同地域的相似样本。不同于随机对照组法，干预组和对照组同时受到同样的实验因素干预影响。往往不同地区的风险暴露和市场推力造成的巨大差异会掩盖干预组和对照组的本身差异，但在很多案例中，这些差异是可以预测和调整的。例如，疾病管控术语词典中涉及的精算调整（Actuarial Adjustment）就可以调整差异，且在没有时间变量的情况下更为简便易懂（见表7.2）。

表7.2　　　　　　　　　　　　　对照组的精算调整应用

时期	每个人每个月的索赔	
	对照组	干预组
非干预期	$90	$100
干预期	$105	$102

在这个例子中，干预组在非干预期和干预期的费用在粗看之下并未显示出任何的管控效果，在非干预期和干预期每人每月成本仅相差$2。出现这样结果的原因主要在于医疗费用趋势的影响掩盖了费用管控的效果。

研究对照组的情况，对照组在非干预期和干预期均未采用相应的医疗费用管控，会发现实际医疗费用的增长率为：

$(105-90) \div 90 \times 100\% = 16.7\%$

借助对照组的结果，如果不实行费用管控，干预组实际可能的医疗费用应该为：
$100 \times 116.7\% = 116.7$（元）

结合费用趋势预测及真实医疗费用情况，上述例子中的费用管控方法的实际效果是节省了14.7元（$=116.7-102$）的医疗费用。

当然不能完全排除在整个实验过程中，两个群体间还存在其他差异，所以在承认最终结果之前还需要对其他可能存在的影响因素作进一步研究。

（三）历史对照组法（Historical Control Design）

历史对照组法是指针对完整的同一研究样本组，对比其在费用管控干预期前后的差异，对费用管控结果进行评估的方法。疾病管理中常常运用此方法，并且使用医疗趋势调整系数（Trend Adjuster）去投射同一时期的历史经验作为干预组数据。

（四）产品对照组法（Product Control Methodology）

产品对照组法的样本来自同一时间点的同一研究群体，关键在于根据群体中购买的不同保险产品进行分类，比如参与健康维护组织的客户与参与推荐医疗组织的客户之间进行比较。但是，对于产品宣传差异将会对评估结果造成潜在干扰，例如宣传造成的保险产品有意识的选择倾向，而非不同产品下不同医疗管理所导致的费用管控结果，而不同的医疗管理往往针对不同的保险客户群及商业保险公司，同时理赔报销的不同在流程管控中有所体现。因此，采用产品对照方法应该采取谨慎的态度。

（五）病患群体自对照组法（Patient As Their Own Control）

病患群体自对照组法，也称为前/后群组分析法（Pre–post Cohort Methodology）。

不同于历史对照组法，历史对照组法的样本组前后不发生变化，即使样本组中的人员因为多种原因退出，也不会进行替换。而病患群体自对照法则不同，该方法中的样本组是动态的，即每间隔固定时间，都会再次取样，动态的"样本组"在任何时间点的属性都同样本组初始确认时期是一致的，也因此特征称为"群体自对照"。

在费用管控开始前的"样本组"定义为对照组，测量当时所有相关数据作为对照数据，而在费用管控结束时的"样本组"定义为干预组，测量当时的相关数据作为干预数据，对比前后数据差别，对费用管控方法的效果进行评估。

病患群体自对照组法的优点是观测样本的多种属性不受其他因素影响，样本数据稳定可靠，能够充分暴露影响因子。但是由于挑选出来的样本群体可能会出现"均值回归"的现象，即随着费用管控时效的延长，一些异常值最终也会回归到平均值，对短期结果的评估产生不利影响。

（六）参与对照组法（Participant vs. Non-participant Studies）

参与对照组法就是将自愿选择加入费用管控项目的群体同选择不加入项目的群体（对照组）的费用情况进行比对分析的研究方法。因为选择不加入管控项目的客户群体极有可能是不愿意通过参与项目对自身的健康水平进行管控的群体，这种心态上的不同在本质上也体现了参与与不参与群体之间的潜在风险差异。因此，即便有观点认为可以通过适当的调整使得两组人群的大部分属性相同，但实质上是不现实的，因为人们基于风险因素做出的选择对分析结果的影响十分显著。

除了上述介绍的方法外，行业内也存在其他方法，并在相关评估领域发挥着巨大作用，例如交错转出法（Staggered Roll-out），常用于糖尿病检测结果分析。

尽管随机对照组法在正确有效性方面更具优势，但其他对照法（包括调整后的历史对照组法）因其更加直观的特性也得到市场上的广泛认可。对比其他方法，地理对照组法及产品对照组法的实操性要低些，需要构建更加复杂的风险分类及风险调节系统，以保证对照组和干预组之间属性的一致性。病患群体自对照组法尽管存在"均值回归"的缺陷，却因为容易理解而被市场广泛采纳并熟知，但使用该方法得到的结果在正确有效性上受到行业质疑，同样问题也存在于参与对照组法中。

二、非对照组法（Non-Control Group Methods）

（一）服务频度分析法（Services Avoided Methods）

服务频度分析法是一种被广泛使用的非控制组方法，目前主要应用于病历管理（Case Management）及服务利用回顾分析（Utilization Review）。在费用管控干预前的服务使用情况可以通过预审核（Pre-Authorize）机制进行评估，进而估测可节省的医疗费用，并将估测的费用节余同实施费用管控后的实际费用进行比较。在具体的病历管理案例中，服务频度分析法同样会先估测客户可能的医疗服务使用频次，并同真实发生的医疗服务使用情况进行对比，管控前后的服务频次的差异情况即被认为是费用管控手段实现的费用节余。

部分使用该方法的机构会要求客户定期更新服务使用的情况，通常规定的时间期间为 6—12 个月，以降低人为就医行为的突然变化对评估结果的负面影响。

服务频度分析法虽然在行业内被广泛使用，但仍存在缺陷，主要表现在以下两方面：一方面，缺少参考组，致使无论是抽选样本群组还是预测可能费用时都有很强的主观性，影响评估结果的可信度；另一方面，病例管理人员（Case Manager）常会申请多于真实需求的资源和服务，以应对预料之外的突发情况，但这种方式会导致对于费用管控能力的高估。因而，整体看来，服务频度分析法的评估结果难以让人信服。

（二）临床文献关联法（Clinical Improvement Methods）

近年来，临床文献关联法获得了较高的市场关注度，并被广泛接受。临床文献关联法首先是记录某种临床方法所产生的客观变化，例如，某类病症人群使用某特殊药品的用药量，或者糖尿病患者的 HbA1 指标等；其次，查阅经同行评定的采用前述临床方法的相关研究文献，即对患病人群在遵循该临床方法后，分析其相关健康指标改善情况或者相关医疗资源的使用率降低情况的研究文献；最后，对发生使用率降低的医疗资源按单位进行赋值，即将费用管控效果进行量化，并将量化结果同前述临床使用中的实际效果相关联，直观推算前述临床方法的实际费用管控成效。

临床文献关联法受到部分评估人员的赞赏，原因在于该方法具备客观的因果关系属性，而且不像其他方法那样仅关注医疗理赔金额的变化，临床文献关联法直接关注的是能够降低医疗费用的临床关键指标的改善。尽管受到极大关注，但是临床文献关联法的使用评分相对较低，其缺点主要集中在判断过程中显著存在的主观性，以及缺少对照组的对比分析印证。

三、统计方法（Statistical Methods）

统计方法就意味着纯粹使用统计学技术，比如回归（Regression）、基础指标（Benchmarks）等，而不是像前述方法建立一个明确的参照对比组。另外，无须过于被假设检验困扰，其适用于一切需要验证结果是否显著的实验。

（一）时间序列（Time Series）

时间序列方法是依靠数据本身随着时间变化的规律，在平稳性的基础上利用外推机制描述其变化的统计方法。通常的做法是拟合一条或者一系列基于时间排列的经验数据，并挑选最优拟合，在医疗费用管控方法实施后再次计算实际值与最优拟合之间的偏差。常见的时间序列模型包括：自回归模型（Auto regression Model）、移动平均模型（Moving Average Model）、自回归平均移动模型（Auto-Regressive and Moving Average Model）等。

下面简单介绍自回归模型，它是描述数据序列内部递推关系的线性回归模型，p阶自回归模型的一般式为：

$$X_t = \varphi_1 X_{t-1} + \varphi_2 X_{t-2} + \cdots + \varphi_p X_{t-p} + \varepsilon_t$$

其中X_i代表第i阶时间序列，φ_i为自回归系数，ε_t为一个白噪声序列。

进而，如果ε_t不是一个白噪声，通常认为模型是一个q阶移动平均模型，A自回归平均移动模型则是自回归模型与移动平均模型组合体。

时间序列方法是对历史对照组法的概括体现，一般只关注于某个特定时间段。由于准确分析确定模型中多个内部及外部影响因子难度较高，所以想要为医疗费用管控数据寻找最优拟合曲线、保证高度相关、准确展示变量之间的因果关系也是非常困难的。

（二）断点回归（Regression Discontinuity）

断点回归方法可以看作时间序列的特例，中心思想是寻找同一个整体两个样本之间的显著差异。一条回归曲线首先基于干预前后的相关数据进行拟合，干预前后以一个断点进行分割，并利用虚拟变量展现实际值与预测值之间的区别（见图7.1）。

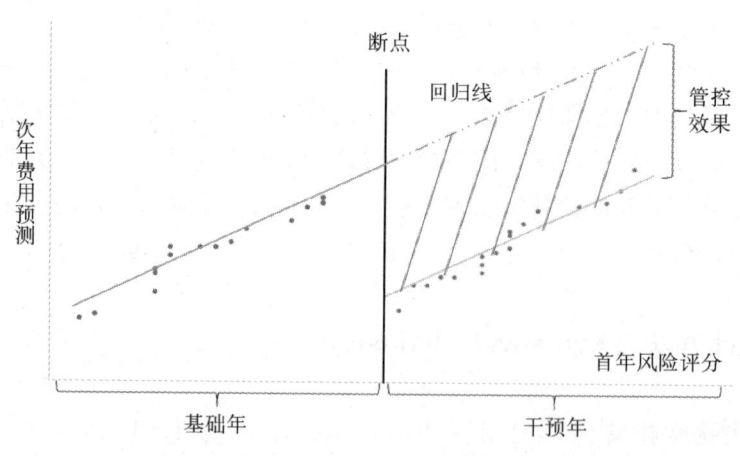

图7.1 断点回归

图7.1中的每一对散点对应样本人群中的单个个体。

断点回归的第一步：选取合适的样本。评估者需要一个客观的方法去分离符合条件的和不符合条件的人群，并对仅符合条件的人群进行干预。所谓的符合条件就是风险评分超过已预先确认的最小值,也就是说要去除部分异常成员,例如本身已患有某种特殊疾病的成员。

断点回归的第二步:收集基础年(首年)数据并预测。收集样本人群在基础年(首年)的个人风险评分,并根据首年的风险评分(蓝实线),利用回归方程预测样本人群在干预年(次年)可能的医疗费用水平(蓝虚线)。

断点回归的第三步:收集干预年(次年)数据并对比分析。收集样本人群在干预实施的次年期间的个人风险评分,根据次年的风险评分拟合实际费用水平(橙实线),对比干预年期间的两条拟合线并分析费用管控的实际功效情况。

首年指标之所以选取风险评分而未直接使用医疗费用,因为评分数值的区间更容易设置,而医疗费用可能会出现极高的异常值。假设蓝色回归线是单调递增,就预示着在基础年(首年)风险评分较高的个体,在干预年也会产生较高的费用。坐标轴中的散点越接近图中的回归线,代表实际数据越符合拟合得到的关系。最后,当直线的倾斜角度小于45度时,暗示回归接近均值,费用和风险负相关,即首年高费用的个体,在次年倾向于产生低费用,反之亦然。

以下为断点回归的回归方程:
$Y_i = \beta_0 + \beta_1 X_i + \beta_2 Z_i + \varepsilon_i$

其中,Y_i 代表因变量,也就是 i 个体次年的医疗费用;

β_0 是截距;

X_i 代表因变量,也就是 i 个体首年的风险评分;

Z_i 是虚拟变量,$Z_i = \begin{cases} 0, & \text{如果观测值是对照组} \\ 1, & \text{如果观测值是干预组} \end{cases}$;

ε_i 为随机误差。

自变量在一些实际应用中会变换,这样断点可以在零点与X轴相交,处理后更加易于使用或理解。虚拟变量 Z_i 前的回归系数 β_2 暗示着临界点对照组和干预组截距的统计变化,代表在该点费用管控方式带来的影响。

断点回归最大价值就体现在"断点"处,基础年的拟合回归线(蓝线)同干预年的回归线(橙线)在"断点"线上相交点的截距差异往往用于估算干预方法在医疗费用管控上的效果。但是断点回归也存在缺点:一方面在整个实验中并不存在合理的拟合优度(Goodness – Of – Fit),特别是在分布的末端;另一方面,断点回归虽然可以用来展示医疗费用管控方式的成效,但客户更希望得到具体的可量化的分析结果,虽然可以使用预测费用值同实际费用值之间的差值作为具体结果,但事实上这个结果并不准确。

(三)基准化分析法(Benchmark Methods)

基准化分析法就是将费用管控方法实施组的群体成员的关键统计指标数据与基准

化群体的相同指标数据进行对比。基准化研究的独立标准化统计数据有多种选择，可以是国家级的、地区级的、其他外部数据或者已经公布的文献数据等。想要充分证明基准群体和干预群体之间的属性一致是较为困难的，原因在于群体一致性要求在不同的具有多种风险特征的群体具备持续性。这种属性的一致性往往仅存在于理论中，而在实际中，如发表论文或者实际案例，基准群体通常均无法提供足够多的详细数据，用以支持对群体属性进行适当的调整，以保证群体的一致性属性。

总的来说，目前在商业领域最普遍采用的仍然是对照组法和非对照组法中的方法，这两类方法更加容易理解且计算简单。统计方法在学术中都得到了较好的论证和较高的评价，但未能在商业的实际应用中得到认可和发展。因为统计方法通常不被商业领域的使用者所熟悉，其要求使用者具备一定的数学背景，并常使使用者遭到质疑。

综合来看，断点回归方法通常在学术领域中有较高的评价，但并未发现使用该方法的具有代表性的商业分析案例。时间序列方法的优势在于其关注群体长期的资源利用率和费用趋势，可以为使用者提供干预手段实施前发生的有效信息。但是人们也会质疑时间序列在医疗健康保险环境中是否实用，因为随着时间的延续，医疗环境将千变万化，整体医疗费用的未来并不可控。基准化分析法得到了部分学者和精算师的认可，但当精算师实际在对比两个不同群组时，该方法对于变量和风险因素的要求过高，现实情况中很难获得足够的相关信息支持，故基准化分析法在现实中的使用也不是非常普遍。

四、方法的对比评估

在对各种方法评估对比时，首先要确保方法都已经满足了以下标准：

一是内在正确有效性：是指自变量与因变量因果联系的真实程度。即因变量的变化，确实由自变量引起，是操作自变量的直接成果，而非其他未加控制的因素所致。

二是科学的严谨度。

三是大众的认知度：在行业中的普遍使用程度。

四是市场接受度。

五是可复制和调整的简易程度。

六是可应用度：在实际中如何应用，应用是否简单便捷。

根据上述标准分析比较前文方法见表7.3。

第七章 医疗费用管控效果的评估

表 7.3 方法的对比评估

序号	类别	方法名称	应用	内在效度科学严谨度	认知度	可复制/改变	评价	其他
1		随机对照组法	保证分组随机和对照组不应受干扰影响，通过干扰组结果矩阵和对照组结果对比，其差异就是管控结果的体现	高	高	不可复制/改变	黄金标准，尽管需要证明随机性。理赔发生时间点可能导致评估滞后	具有实际性且无须过度调整，但需要足够的数据量，且在商业应用中被认为是难以实现并存有道德风险的；如果结果作用在任意群体，随机处理也必须发生在该群体
2		历史对照组法	选取不同时间段的同一样本组，将对照组结果矩阵和干预后的结果矩阵进行对比	高	高	可复制/改变	是业界使用最广泛方法。理赔发生时间点可能导致评估滞后	回归到均值作为内含条件均匀地分布在初始和干预后的时间段，并且可以大略预测趋势。与前后队列研究方法的区别在于，研究对象群体并非一直动态变化
3	对照组法	地域对照组法	从完全不同的两个整体中进行样本抽样，随后对比干扰组与对照组结果矩阵，需要调整除实验因子外的其他影响因子	高/中	高/中	可复制/改变	没有得到广泛使用	很难保证所有影响因子都达到调整
4		病患群体自对照组法	根据病人记录成员干预前后的结果矩阵并进行对比	低	高	可复制/改变	广泛使用，但是回归到均值会导致购买者想要进行二次评估	原理上可以进行改进，但具体方法的区别在于有发现。和历史对照方法不会有新的成员加入，自始至终一直使用同一个队列
5		参与对照组法	对病人发出邀请加入项目，参与的人作为干预组，未参加的作为对照组	低	高	可复制/改变	广泛使用，但具有偏向性非客观选择，导致这种方法经常置到质疑	理论上可以进行改进，但是成员个人意愿很难控制

续表

序号	类别	方法名称	应用	内在效度/科学严谨度	认知度	可复制/改变	评价	其他
6	非对照组法	服务频度分析法	对病人进行跟踪记录，对比预测的花费和实际花费，计算节省的项目的费用	中	高	不可复制，但可调整	常用于小的、特殊性较高的项目，例如病历管理等	参与成员的选择往往是有偏向及非客观的，结果记录和评估也常是主观的
7		临床文献关联法	记录诊所的改变，并预测节省的费用	中	中	较难复制，因为不同诊所的数据不具有对比性	小型的研究项目，要求较快得到结果	要求记录诊所的重要改变和相关财务等方面变化，但目前所知很少有诊所保留相关文件记录
8	统计方法	断点回归	将基础年的个人风险评分和干预年的每月每人费用变量（断点）区分干预前、后的结果并进行对比	不确定	低	可复制/改变	在学术上评价很高，但是在商业中很少使用	未知
9		时间序列	是历史对照组法的扩展，将时间范围扩充更广	低	低	可复制/改变	较少使用于商业评估	影响因子随着时间的变长会愈加复杂，难以控制预测及评估工作
10		基准化分析法	对比不同群体的干预结果	低	低	可复制，很难用具体数据体现	偶尔在商业评估中得到使用	对বৈ群体很难得到足够充分描述

第七章
医疗费用管控效果的评估

本章小结

本章介绍了对照组法、非对照组法、统计方法等费用管控评估方法，每种方法在不同领域的接受程度、使用频率均不相同，合适的评估方法可以较为准确地测算管控带来的变化。随着管理式医疗组织架构、支付方式等方面的变化发展，结合大数据带来的无限可能，评估方法面对新的挑战也将不断进化成熟。

思考题

1. 医疗费用管控方法的设计原则是什么？
2. 美国现行主流评估方式有哪几种？各自特点是什么？

第八章

管理式医疗与中国医改

在目前我国"看病难、看病贵"问题愈发突出的背景下,新医改确立了"建立健全覆盖城乡居民的基本医疗卫生制度,为群众提供安全、有效、方便、价廉的医疗卫生服务"的最终目标,并从各个方面为之努力,而且医改的很多改革措施都契合了管理式医疗的理念和方法。本章首先对中国医改进行了深入分析,在此基础上,对不同发展环境下中国管理式医疗的探索与现状进行了分析总结。

第一节 中国医改面临的核心问题

在群众"看病难、看病贵"的矛盾愈发突出的背景下,2009年3月《关于深化医药卫生体制改革的意见》(以下简称《意见》)印发,新一轮深化医药卫生体制改革(以下简称"新医改")启动。作为新医改的纲领性文件,《意见》全面规定了新医改要实现的最终目标、坚持的主要原则和需要完成的主要任务。

新医改的最终目标是"建立健全覆盖城乡居民的基本医疗卫生制度,为群众提供安全、有效、方便、价廉的医疗卫生服务"。"安全、有效"是指健康医疗质量,即治愈疾病或提升健康水平;"方便"是指医疗服务的可及性和便利性,即让看病不难;而"价廉"是指控制医疗费用,即让看病不贵或让医疗费用有保障。在主要原则上,文件首次明确"把基本医疗卫生制度作为公共产品向全民提供",这为医改明确了坚持公益性的方向。

在主要任务上,可以概括为建设"四梁八柱"。"四梁"是指建设覆盖城乡居民的公共卫生服务体系、医疗服务体系、医疗保障体系、药品供应保障体系,这四大体系组成了我国基本医疗卫生制度,其中公共卫生服务体系为城乡居民提供疾病预防、卫生保健等服务,主要着眼于防"未病",主要内容是向城乡居民免费提供基本公共卫生服务,并由财政补贴提供若干专项重大公共卫生服务;医疗服务体系主要着眼于治"已病",优化医疗资源的分布和使用,改革公立医院以建立符合我国医疗体制的现代医院管理制度,建设基层医疗卫生机构以提高基层医疗服务能力;医疗保障体系保障群众看病就医费用,建设以基本医保为基础,补充医疗、商保为补充的多层次医疗保障体系;药品供应保障体系主要是建立国家基本药物制度以保障基本用药,并规范药品的生产流通。"八柱"则是为保障上述四大体系的建立和运转,需要着力完善的医药卫生的管理、运行、投入、价格、监管五个方面的体制机制,包括建立协调统一的医药卫生管理体制、高效规范的医药卫生机构运行机制、政府主导的多元卫生投入机制、科学合理的医药价格形成机制和严格有效的医药卫生监管体制,加强科技与人才、信息、法制三个方面的建设,包括建设可持续发展的医药卫生科技创新机制和人才保障机制,建设实用共享的医药卫生信息系统和建立健全医药卫生法律制度。

因此,新医改就是要在坚持以公益性为主导的前提下,进行"四梁八柱"方面的建设,以解决群众长期存在的"看病难、看病贵"的核心问题,同时提升国民健康水平。下文将主要围绕医改面临的问题及为解决问题采取的改革措施进行分析总结。

一、医改需要医治的"病灶"

我国医药卫生体制存在一系列问题,这导致了"看病难、看病贵"的"症状",而医改就是要破除这些问题,医治好这些"病灶",从而让"症状"消失,本部分将重点对2009年新一轮医药卫生体制改革面对的、需要改革的一系列问题进行分析。需要强调的是,这些问题并非孤立存在,而是相互影响。

(一)"看病难"问题

"看病难"突出表现在群众无论大病小病都集中到三甲医院就医,"全国人民上协和"现象普遍,三甲医院挂号难、取药交费排队等待时间长、医生诊疗时间短等问题突出。而作为基层医疗卫生机构的乡镇卫生院、社区卫生服务中心等,虽然就医更便利,但是却门可罗雀。这一方面导致群众就医体验差,另一方面优质、稀缺的公立医院医疗资源也没有被更好地用在治疗疑难杂症上,造成优质医疗资源的浪费和基层医疗资源的空置。

长期以来,我国村卫生室、乡镇卫生院、社区卫生服务中心等基层医疗卫生机构水平不高。一方面，基本医疗卫生机构医疗人才严重不足，医技较差；另一方面，在以药养医的趋利动机下，扭曲了其医疗行为，一味想着多卖药，发烧感冒就开几百元药品的情况屡见不鲜，输液、抗生素滥用的情况也比较普遍。这两方面问题的长期存在，导致其丧失了城乡居民的信任，导致群众即使是感冒发烧、跌打损伤等小病也不愿到距离更近、挂号更容易的基层医疗卫生机构就诊。同时，很多地区也存在着基层医疗卫生机构覆盖不全的现象，例如有的乡镇没有乡镇卫生院，有的行政村没有村卫生室，大量靠乡村医生开药治病。

我国长期以来公立医院无限制扩张，扩张基建、扩张床位、扩张设备等，其产生了巨大的虹吸效应，使得医护人才、病患都集聚到大型公立医院。这也是基层医疗机构发展缓慢的主要原因，使其面临无医生可用、无病患可看的局面。

导致上述问题的、更深层次的体制机制原因，一是政府缺乏有力的区域卫生规划，对各级医疗机构的布局、公立医院的建设规模等没有进行有效引导和控制，使得医疗资源分布不均，各级医疗机构分布不合理；二是公立医院和基层医疗卫生机构的运行背离公益性目标，公立医院逐利，导致其大规模扩张，对病患来者不拒，基层医疗卫生机构逐利，导致其一味卖药、服务模式被动，破坏了其自身形象，丧失了广大群众的基本信任；三是政府办医责任没有有效承担，长期以来对基层医疗卫生机构投入不足，使其基础建设条件较差，未实现对城乡居民的全部覆盖，对基层医疗卫生人才培养、留用等支持不够，在评职称、薪酬待遇等方面，基层医疗卫生与公立医院差距较大，使其缺乏技术水平较好的医护人才。

（二）"看病贵"问题

"看病贵"问题产生的原因与以下四组数据息息相关：一是1978—2007年我国卫生总费用年均增长17.3%，医疗费用增速较快；二是2007年公共卫生支出占卫生总费用的比重为54.84%（政府预算卫生支出20.35%、社会卫生支出34.49%），个人卫生支出占卫生总费用的比重为45.16%，与发达国家相比，我国的卫生公共支出比重偏低，而居民个人支付比重偏高，这意味着政府医疗卫生投入和社会医疗保障不足；三是从卫生总费用的分配结构看，城市医院、县医院、城市社区卫生服务中心、乡镇卫生院分别占47.46%、8.03%、2.07%和6.42%，这反映出我国看病就医主要集中在城市公立医院，而城市公立医院就医费用大幅高于县医院、基层医疗卫生机构；四是2008年在城市医院每门急诊人次平均收费中，药品费占比为52.98%，住院药品费用占比为42.85%，县级医院药品费用占每门急诊人次平均收费的比重为49.01%，药品费用占住院平均医药费用比重为45.30%，药品费用占比较高。

从这四组数据就可以看出城乡居民看病贵的原因：

一是医疗费用增速较高，高于国民经济总收入、政府财政收入、个人收入增速，群众感受到就医花费逐渐增多。医疗费用过快上涨，除了与群众医疗需求释放有关之外，还与以药养医、集中到大医院就诊、对医院的诊疗行为缺乏有效的监管等因素有关。

二是社会医疗保障不足，没有给群众看病就医的费用提供合理的基本保障，因病致贫、因病返贫的情况大量存在。在新医改启动之前，社会基本医疗保险覆盖比例和保障水平偏低，2007年参加新农合人口为7.26亿人，参加城镇基本医疗保险人口为2.23亿人，参保参合人口占总人口的比例为71.84%，仍有近1/3人口没有基本医疗保险；对贫困人口提供保障、起到社会兜底作用的医疗救助制度不够完善；满足多层次医疗保障需求、起到补充作用的大病保险、城镇职工补充和商业健康保险等多层次医疗保障体系没有完全建立。

三是小病在基层、大病到医院、康复回社区的有序就医习惯和就医秩序没有形成，无论大病小病都到三甲医院，不可避免地导致医疗花费偏高。导致该问题的原因，除上文讲到的优质医疗资源集中在大医院，基层医疗卫生机构较弱的原因外，还有公立医院部分医疗服务定价较低，几元钱就可挂号享受到公立医院的优质医疗资源，另外医保未制定有效的能引导分级诊疗、合理就医的支付政策，不同等级医疗机构的报销比例没有明显的区别。

四是以药养医问题严重，无论公立医院还是基层卫生医疗机构都在逐利动机驱使下，开大处方、进行大检查等。在计划经济体制下，我国公立医院建设、员工工资和福利待遇由政府财政支付，药企的生产由国家计划安排，价格实行微利原则。在这种情况下，医院的运行费用有个弹性缺口，为了弥补这一缺口，国家出台了"药价加成"的政策，即医院在药品进价基础上可以加价出售（一般加价比例为15%），借以弥补医院的运行费用。改革开放后，政府财政逐渐减少对公立医院的补助，在医疗服务价格仍然沿用计划经济下的低价标准的条件下，医院利用保留下来的药品加成政策，大量利用药品创收创利，将医生的收入和使用药品收入挂钩，不断刺激医务人员多用药、用贵药，依靠药品收入支撑医院运行的机制逐步形成。

（三）群众健康水平较差

我国医疗卫生体系长期以来以治病为中心，在疾病预防、慢性病管理、公共卫生、食品安全等方面不够重视，发展较为滞后，群众在死亡率、疾病发生率等方面与发达国家存在一些差距，在儿童预防接种、妇女筛查保健、高血压糖尿病等慢性病管理、农村卫生、院前急救体系、营养健身等方面，仍需要加大投入，培养健康习惯，建立长效机制。

二、医改医治"病灶"的"药方"

2009年以来的新医改是一项长期性工作，围绕解决导致"看病难、看病贵"的各种问题，一方面突出重点、分步实施，前期重点解决通过加大政府投入可以解决的问题，进行增量改革，中后期逐渐对利益调整关系复杂，管理、技术精细度要求较高的问题进行存量改革；另一方面先行先试、逐步推开，对于有改革原则但改革方法和路径尚不确定的问题，先在部分地区试点摸索经验，并逐渐扩大试点范围，然后总结经验后在全国范围内推广。

下面重点对2009年至今的医疗卫生体制改革措施进行分析总结。

（一）健全基层医疗卫生服务体系，提升基层服务能力

在新医改之前，基层医疗卫生机构存在以下问题：一是建设水平落后、覆盖不全面；二是补偿机制依赖药品收入，以药养医问题严重；三是人事管理固化，管人而非管岗，缺乏能进能出的机制；四是人才队伍严重不足，技术水平差，尤其缺乏全科医生。针对这些问题，本着维护公益性、调动积极性、保障可持续的原则，进行了如下改革：

1. 加强基层医疗卫生机构建设

中央财政和各级地方财政出资，按照基层医疗卫生机构建设标准，加大社区卫生服务中心、乡镇卫生院、村卫生室的建设，使每个乡镇都有一个乡镇卫生院，每一个行政村都有一个村卫生室等。

2. 施行基本药物制度，取消药品加成

为了保证群众基本的用药需要，按照防治必需、安全有效、价格合理、临床首选等原则选取药品，制定基本药物目录，政府举办的基层医疗卫生机构全部配备和使用基本药物，其他各类医疗机构也都必须按规定使用基本药物。医疗机构使用的基本药物，将需求汇集到政府办的省级采购平台，由其统一进行带量招标、采购，并统一配送。基层医疗卫生机构全部使用基本药物，并取消药品加成，按采购价销售。

取消药品加成后，建立新的基层医疗机构补偿机制，落实政府投入责任。对于基层医疗机构的基本建设、设备采购、人员经费等进行专项补助，其所提供的医疗服务通过纳入医保支付范围、个人自付的方式进行补偿，政府专项补助、医保支付、个人自付后仍存在经常性收支差额的，由政府进行全额补助。这意味着基层医疗卫生机构由政府财政全面供养起来。

3. 采取定编定岗不定人的人事制度，完善绩效激励

政府核定基层医疗卫生机构的人员编制，按需设岗，全员竞聘上岗，定编定岗不

定人。同时，政府对基层医疗卫生机构进行考核，按考核结果决定绩效工资总量，基层医疗机构内部对人员进行考核，按考核结果进行内部分配，多劳多得、优绩优酬，调动人员积极性。

4. 加大基层医疗卫生人才培养

政府采取多种途径，充实基层医疗卫生人才队伍。例如，为农村基层医疗卫生机构免费定向培养医学生，加大全科方向住院医师规范化培养，为基层医疗卫生机构进行社会招聘，由公立医院对基层医疗卫生机构人员进行在岗培训等。

健全基层医疗卫生服务体系，就是要破除其逐利动机，提升基层服务能力，扭转大病小病到三甲医院的局面，解决大医院看病难的问题，同时为施行家庭医生制度、开展分级诊疗奠定基础。

（二）进行公立医院改革，建立现代医院管理制度

在2009年新医改之前，公立医院主要存在以下问题：一是没有很好地进行管办分离，因为政府办医的主体不明确，卫计委作为行政主管部门，既履行行业监管责任，又在一定程度上履行政府办医主体责任，存在利益冲突，公立医院独立法人地位也没有很好地建立起来；二是以药养医的运行机制弊端突出，医院、医生一味通过药品、各种检查、耗材逐利，大处方、大检查等问题突出，医疗服务价格扭曲，价格过低；三是对公立医院医疗质量和医疗费用的监控或监管机制不够完善，缺乏有效的外部推力以促使其改进医疗质量、控制医疗费用增长。

目前公立医院改革至中途，很多改革措施仍处在先行先试阶段，各试点地区也摸索出不同的改革措施，但是改革方向是明确的，就是管办分开、强化公立医院独立法人地位，医药分开、破除以药养医，合理提高医疗服务价格。目前施行的典型的公立医院改革措施如下：

1. 明确履行政府出资人责任的主体，落实公立医院自主权

对于政府办医主体不明确的问题，政府鼓励各地组建由政府有关部门、部分人大代表和政协委员以及其他利益相关方组成的管理委员会，履行政府办医职能，负责公立医院的资产管理、财务监管、绩效考核和医院主要负责人的任用，同时卫计委回归行业监管责任，不再履行办医责任。

同时逐步取消公立医院的行政级别，各级卫生计生行政部门负责人一律不得兼任公立医院领导职务，施行院长负责制，副手提名、人员管理、绩效考核分配等由医院内部自主决定。

2. 取消药品加成，提高体现技术劳务价值的医疗服务价格

目前，采用收入总量控制、收入结构调整的方式，在所有开展试点的县级公立医院、城市公立医院取消药品加成，减少的药品收入通过政府补助和提高医疗服务价格

补偿。

目前对于如何厘定医疗服务价格尚没有明确的标准，部分地区根据往年医疗费用收入结构，根据取消药品加成后减少的收入量，相应测算医疗服务价格的提高幅度以补偿这部分减少的收入。

3. 施行临床路径管理，加强医疗费用监控和信息公开

医疗市场具有特殊性，存在严重的信息不对称，如何检查、治疗、用药等由医生说了算，而医疗费用由患者或医保买单，可以形容为医生医院"点菜"、患者医保"买单"。在这种情况下，市场机制失灵，需要通过外力强化质量控制、费用控制和信息公开，破解供需双方的信息不对称。在医改之前，虽然卫计委有监管公立医院医疗质量和医疗行为的责任，医保经办机构也可以根据定点医疗机构服务协议对公立医院进行监督，但因管办不分存在利益冲突、人员技术不足、信息系统建设滞后、主动监管的力度不够等因素，对公立医院的外部约束不强。

目前，在全国管理基础比较好的医院已开展了临床路径管理的试点。所谓临床路径，就是以循证医学为基础，针对某一病种，由多学科专家共同制定的、科学规范的临床诊治流程。一是临床路径可以规范诊疗手段，包括治疗某种疾病需要打什么针、吃什么药、做什么检查等，都要遵循临床路径，减少医生诊疗、用药、检查的随意性；二是临床路径还可以提升医疗质量，也就是降低医疗差错率；三是为下一步进行医保支付方式改革，例如施行按病种付费、按疾病诊断相关组付费（以下简称"DRGs"）等，提供了基础条件。

除施行临床路径管理外，各级卫生计生行政部门设置了一系列反映医疗质量效率和医疗费用控制情况的指标和目标，例如医疗费用增幅、药占比、平均住院日、常见疾病例均费用等，根据这些指标的完成情况对公立医院进行考核，并将考核结果跟医院绩效工资总量挂钩，同时将这些考核指标在公立医院间进行排序对比后进行信息公开，强化外部监督约束。

另外，医保经办机构也利用信息化手段，加大了对公立医院医疗服务行为的监督。目前，部分地区已在医保信息系统的基础上加装了智能审核的子系统，设置审核规则，通过规则比对发现不合理的医疗费用，变之前的事后人工审核为现在的自动化事前提醒引导、事中监控预警和事后责任追溯等。

（三）实现基本医保全覆盖，构建多层次医疗保障体系

解决人民看病贵的问题，除了采取多种措施控制、降低医疗费用外，还需要建立医疗保障体系，对全民医疗费用支出提供保障。作为新医改要建立的四大体系之一，政府加强对医保的政府投入，不断健全制度、提高覆盖率，对医疗保障的支出从2009年的2 002亿元提高至2016年的5 822亿元。1998年建立城镇职工医疗保险制

度、2003年建立新型农村合作医疗保险制度、2007年建立城镇居民医疗保险制度，实现了基本医疗保险在制度上对全体国民的全覆盖。新医改启动后，通过提高政府补助、强化企业为员工缴纳社保管理等方式，基本医疗保险的参保参合率不断提升，目前达到98%以上，已经基本实现基本医疗保险对全体国民的覆盖，并且医保的保障水平也相比医改之前有了全面提升。

对于基本医疗保险管理部门分散，以致管理效率低、机构设置重复的问题，以及对于基本医疗保险统筹层次低，以致基金风险承受能力低的问题，通过进行改革都得到了一定程度的解决。首先，对筹资机制、筹资水平和保障水平比较接近的新农合和城镇居民基本医疗保险进行整合；其次，从原来的县级统筹，目前基本提升至市级统筹，部分地区实现了省级统筹。

除提升覆盖率、提高保障水平、整合制度、提高统筹层次外，基本医疗保险的服务水平也得到了很大改观。目前基本医保已基本实现了统筹地区内医疗费用直接结算、省内跨统筹地区医疗费用直接结算，而全国范围内跨省就医的医疗费用直接结算问题也将很快解决。

在建设基本医疗保障制度之外，政府主导建立了保障贫困人口医疗费用的医疗救助制度和保障大额医疗费用的大病保险制度，目前这两项制度也已经实现了对贫困人口和城乡居民的全覆盖。另外，政府出台了一系列鼓励商业健康险发展的政策文件，商业健康险进入高速发展通道。

因此可以说，"政府+商业""基本+补充"的多层次医疗保障体系已经基本建立，政府主导的"基本+补充"已经实现完全覆盖，商业保险的"补充"也在快速发展。

（四）进行医保支付方式改革，发挥支付方的激励约束作用

从上文分析可以看出，新医改在解决"看病贵"的问题时，所用的行政手段比较多，比如药品省级集中招标采购、取消药品加成、调高医疗服务价格、对医疗费用增长设定目标等，这些政策的施行对控制医疗费用增长确实起到了立竿见影的效果，在改革之初快速破除了部分利益藩篱，为下一步改革提供了良好的环境。除此之外，医保支付方式改革也同步进行，相比之下，通过医保支付方式改革控费更具市场化的特征，更符合国际上的通行惯例。

在医改之前，医保对公立医院的支付大多采用按项目支付的方式，即按用药、检查、床位、膳食等项目加总后对账单进行支付。医疗机构在这种支付方式下获得最大的自由度，基本上不受任何来自支付方的约束。

新医改开展后，根据医疗机构往年的医疗费用情况，并结合合理的年度增长，对每个医疗机构设置一个年度医保支付预算总额，并采取超支分担、结余留用的约束激励机制。同时，在部分地区开展了按病种付费、DRGs付费、按人头付费等试点。这类新型支付方式不同于按项目付费，改变了医疗机构的成本收入计算方式，进而改变了其行为方式。具体来看，在按项目支付方式下，所有的医疗花费都是医疗机构的收入，医疗花费越高其收入越高，内在地激励医疗机构提高医疗费用。但是在上述新型支付方式下，医疗花费变成了医疗机构的成本，医疗花费越高，其成本越高，即利润越低，内在地激励医疗机构合理控制医疗费用。

上述新型支付方式的施行，有效地控制了医疗费用，发挥了支付方对医疗机构的激励约束作用，但是也带来了医疗机构选择病人、推诿病人、降低医疗质量等情况，需要建立配套机制，监督医疗机构行为。

（五）建立分级诊疗体系，引导合理就医

新医改提出建立"基层首诊、双向转诊、急慢分治、上下联动"的分级诊疗模式，这是解决"看病难、看病贵"问题的重要措施。但是分级诊疗的建立并非一日之功，需要具备一系列的基础条件，我们先将这些基础条件进行分析，再总结新医改为了具备这些基础条件施行了哪些改革措施。

1. 分级诊疗需要具备的基础条件

（1）基层医疗机构具备良好的服务水平。这样可以让群众在患常见病、多发病时可以放心地在基层医疗就诊。

（2）基层医疗机构提供主动的医疗服务。在身边有一个家庭医生是很多居民的心愿，可以作为"健康守门人"为其提供综合连续的健康管理、诊疗治疗、康复护理服务，这是基层医疗机构区别于公立医院的重要的价值所在。这就需要基层医疗机构改变服务模式，为附近居民提供家庭医生式的主动服务，提高服务黏性。

（3）群众有动力主动合理就医。需要通过支付政策等，调动群众自身的主动性，让其主动选择在基层首诊、大病转诊。

（4）公立医院有动力进行下转。患者进入稳定期或恢复期后，从医院转至基层医疗机构进行后续康复、护理，是分级诊疗的题中要义，但是医院可能出于增加自身收入的考虑，不愿意下转患者。需要完善利益分配机制，使上级医院转诊诊断明确、病情稳定的患者，主动承担疑难复杂患者诊疗服务。

2. 新医改采取的改革措施

（1）提升基层医疗卫生机构服务水平。政府通过加大投入加强基层医疗卫生机构建设，合理提高其硬件水平并扩大覆盖面，通过多种途径加大基层医疗机构自身人才的培养。另外，政府积极促成公立医院优质诊疗资源下沉，例如通过组建区域医疗联合体，加强联合体内上级医院对下级医疗机构的业务指导和人员培训，或者派遣人员定期赴下级医疗机构出诊、巡诊；通过放开医师多点执业，鼓励城市二级以上医院

医师到基层医疗卫生机构多点执业；利用信息化技术开展远程会诊，为在基层就诊患者提供远程诊断服务；通过整合二级以上医院现有的检查检验、消毒供应中心等资源，向基层医疗卫生机构开放，鼓励开办独立的区域医学检验机构、病理诊断机构、医学影像检查机构、消毒供应机构和血液净化机构，解决基层医疗机构设备配置不足的问题。

（2）组建家庭医生队伍，主动提供健康医疗服务。目前政府已开始进行转变基层医疗卫生服务模式，实行家庭医生签约服务的试点，计划在2017年家庭医生签约服务覆盖率达到30%以上，重点人群签约服务覆盖率达到60%以上，到2020年力争将签约服务扩大到全人群，基本实现家庭医生签约服务制度的全覆盖。在服务方式上，政策鼓励基层医疗机构组建包含家庭医生、社区护士、公共卫生医师的服务团队，通过签约服务的方式，在协议中明确服务项目，为居民提供基本医疗、公共卫生和约定的健康管理服务。在服务费用承担上，政策明确服务费用可由医保基金、政府的基本公共卫生服务经费和签约居民付费等分担。在对家庭医生团队的激励上，政策明确基层医疗卫生机构内部的绩效工资分配可采取设立全科医生津贴等方式，向承担签约服务等临床一线任务的人员倾斜，在编制、人员聘用、职称晋升、在职培训、评奖推优等方面重点向全科医生倾斜。

（3）差异化医保支付，提供转诊绿色通道。为了提高群众主动遵循分级诊疗流程的动力，医保对不同医疗机构的支付政策进行了差异化的规定，基层医疗机构就医的报销比例高于医院就医报销比例，部分地区例如青海省，医保规定居民必须首诊在基层，通过基层转诊赴上级医院治疗的才给予社保报销，否则社保不予报销。除此之外，为了增加基层就医的吸引力，部分地区的公立医院通过为基层医疗机构转诊预留专家号源、预留手术床位等方式，方便基层转诊的患者优先就诊和住院。

（4）试点区域医疗联合体，共享医保预算额度。为了密切不同等级医疗机构之间的协作，提升基层医疗机构服务水平，各地建立了各种形式的区域医疗联合体，促进各级医疗资源的整合协同。部分地区采用医联体内医保"打包付费"的方式，也就是把原来医保基金对各医疗机构的分别总额预算，改变为对医联体内各医疗机构统一总额预算的方式，超支分担、结余留用，结余医保支付资金在医联体内进行分配，形成资源共享、双向转诊、有效利用资源的内部运行机制。

（六）推动公共卫生服务均等化，提高全民健康水平

在注重建设医疗服务体系的同时，新医改重视疾病预防控制和卫生保健等，对城乡居民健康问题实施干预措施，减少主要健康危险因素，有效预防和控制主要传染病及慢性病，从以治病为中心向以健康为中心转变。在财政投入上，从2009年医改之初的人均15元基本公共卫生服务经费提升至2016年的人均45元。

公共卫生服务分为向城乡居民免费提供基本公共卫生服务和由财政补贴提供的若干专项重大公共卫生服务，基本公共卫生服务主要由城市社区卫生服务中心、乡镇卫生院、村卫生室等城乡基层医疗卫生机构提供，重大公共卫生项目主要由各级医疗机构和专业公共卫生机构联合提供。从2009年新医改启动以来，政府提供的基本公共卫生服务项目和重大公共卫生服务项目不断增加。基本公共卫生服务项目有：建立居民健康档案、健康教育、预防接种、传染病防治、高血压、糖尿病等慢性病和重性精神疾病管理、儿童保健、孕产妇保健、老年人保健等；重大公共卫生项目有：结核病、艾滋病等重大疾病防控、国家免疫规划、农村孕产妇住院分娩、贫困白内障患者复明、农村改水改厕、消除燃煤型氟中毒危害、15岁以下人群补种乙肝疫苗、农村妇女孕前和孕早期增补叶酸预防神经管缺陷、农村妇女乳腺癌、宫颈癌检查等项目。

这些国家公共卫生项目的实施，可以对传染病、慢性病等进行防控，提高儿童、妇女、老人等重点人群的健康水平，改善居民尤其是农村居民的生活卫生环境，减少健康危险因素，从而促使城乡居民少得病，得病后早发现早控制。下一步，可以结合家庭医生制度的建立，将基本公共卫生服务经费支付给家庭医生，由其统一向签约居民提供基本医疗、公共卫生和健康管理等综合、连续服务，以强化防病和治病之间的结合，改变基层医疗的发展方式，变以治病为中心为以健康为中心。

第二节　探索中的中国管理式医疗发展现状

管理式医疗发展比较好的是美国市场，其无论是医疗服务还是医疗保障多是市场化的供给方式。中国的医疗服务以政府开办的公立医疗机构为主导，医疗保障方面目前暂时以政府承办的社会医疗保险为主导，市场化供给的商业健康险虽然快速发展，但是目前规模仍然较小，因此管理式医疗在中国发展面临不同的环境。本节重点对不同发展环境下的中国管理式医疗的探索与现状进行分析总结。

管理式医疗作为一种由付费方对医疗服务进行管理的模式及理念，既可用于作为支付方的社会医疗保险，也可用于同样作为支付方的商业健康保险，下文分别对中国社会医疗保险的管理式医疗探索、中国商业健康保险的管理式医疗探索进行分析总结。

一、中国社会医疗保险的管理式医疗探索

中国医改的很多改革措施都契合了管理式医疗的理念和方法，这与中国医改的最

终目标和管理式医疗的目的两者高度一致有关。

中国医改的最终目标是"建立健全覆盖城乡居民的基本医疗卫生制度，为群众提供安全、有效、方便、价廉的医疗卫生服务"，这与管理式医疗的目的不谋而合。管理式医疗的目的即是在保证医疗质量的前提下，通过提升健康水平和控制医疗服务行为等，达到控制医疗费用的目的。不同点在于，医改作为政府发起的行为，其目标是多元的，医疗质量、健康水平、医疗服务便利可及、控制医疗费用都是其并行的目标，内涵更丰富；而管理式医疗作为支付方发起的行为，其目标是一元的，即实现控制医疗费用的目的，而医疗质量、健康水平、控制医疗服务行为都是前提或手段，内涵更纯粹。本文将发起医改的政府看作支付方，即把其单纯视为承办社会医疗保险的支付方，将其目标一元化，即控制医疗费用，从支付方控制医疗费用的角度，审视社会医疗保险的管理式医疗探索。

管理式医疗的运作模式及手段包括：一是提供健康管理服务，逐步实现不得病、少得病、得病早发现的目标；二是设置家庭医生实现分级诊疗，家庭医生作为参保人看病就医的"守门人"，提供小病常见病诊疗服务，并控制参保人转诊，参保人就医需先到"守门人"处进行，并需通过其转诊才能到医院就医；三是通过支付方式激励约束医疗服务提供者诊疗行为，例如对家庭医生采用按人头打包付费的方式，对医院等医疗机构采用按人头付费、DRGs付费、按床日付费等支付方式，让医疗服务提供方主动控制自己的医疗行为；四是通过对医疗服务进行管理，例如参保人需要进行住院、门诊、手术等时，需要提请管理式医疗组织进行审批，参保人在住院时，管理式医疗组织派人进行实地审核、电话审核或发起外部审核，对理赔进行回顾性审核，包括对某个病例治疗的合理性及对某个医生医疗行为模式进行同行比较等措施，对医疗服务提供方的医疗行为进行外部的审核约束；五是对药品进行管理，例如制定药品目录，内部设置部门或与第三方药品福利管理机构签约，对药品报销或用药行为进行审核，并与药企或药店开展价格谈判以促使其给予一定折扣。

其实，在中国医改的改革措施中已存在这些管理式医疗的运作模式及手段，具体实施方法如下：

（一）提供健康管理服务以实现不得病、少得病

我国医疗卫生体系为群众提供公共卫生服务，其服务项目前文已经介绍，在此不再赘述，其效果与美国管理式医疗是相同的，就是要实现参保人不得病、少得病、得病早发现早控制，从而提高其健康水平，进而减少医疗费用支出。不同点在于，美国管理式医疗提供的健康管理服务最终来源于保费，而我国提供的公共卫生服务的经费并非来源于社会医疗保险保费，而是由政府财政进行补贴。未来可以考虑在资金的支付上与医保支付进行归并，统一支付给家庭医生、基层医疗机构或者其他第三方机

构，从而实现疾病治疗和健康管理的更紧密结合。

(二) 施行分级诊疗以控制参保人的转诊操作

我国医改开始推行分级诊疗，以合理利用各级医疗资源，同时通过改变基层医疗服务模式，采取家庭医生签约的方式提供主动的服务，但是限于国民经年的就医习惯需要慢慢改变，基层医疗机构服务能力和家庭医生的数量不足，目前绝大部分地区并没有对社保参保人的分级诊疗采取强硬规定，例如不经基层医疗机构转诊到医院就医，社保就不报销，而是暂时采用比较和缓的措施。相比之下，美国管理式医疗的转诊规定更加严格，若需到其他医疗机构就医，必须经过家庭医生的转诊。

未来，在条件成熟后，中国的社会医疗保险在报销政策上可逐渐强化分级诊疗的规定，以更有力地约束参保人的诊疗行为。

(三) 通过新的支付方式管控医疗费用

目前，我国社会医疗保险的付费方式，逐渐从起不到控费作用的按项目支付方式，向有较为明显的费用管控作用的按病种支付、按人头支付等新型方式转换。但是这些新型支付方式需要的管理人员、管理能力、信息系统建设水平等要比传统的按项目支付方式更高，需要逐渐积累、慢慢转换，并根据中国乃至各地区的疾病谱、医疗机构管理水平、医疗技术水平等因素进行区域化、特色化的改造摸索。

(四) 通过医疗服务监管以约束医疗服务行为

我国的社会医疗保险制度在建立之初，就对医疗费用进行审核，但是限于人员、系统等方面的因素，效果不太理想。随着新医改的进行和技术手段的升级，目前对医疗费用的审核乃至对医疗服务行为的审核变得越来越精细，例如通过开发智能审核系统实现事前、事中、事后的审核，通过主管部门的行政手段进行监督，通过医疗指标信息公开进行公众约束。但是与美国管理式医疗服务的手段和水平相比，我国社会医疗保险仍然存在很大的差距。

美国的管理式医疗组织雇佣大量的医疗专业人员，再借助先进的信息系统和积累的管理经验，实现医疗服务管理和医疗质量评价。甚至，这些管理式医疗组织雇佣的医疗人员，可以指导医院对病人的治疗方案。目前社保经办部门仍然属于政府设置的机构，限于人员编制等因素，短期不太可能组织如此多的、高水平的专业人员，不过采用政府购买服务的方式委托商业保险机构等第三方承担这部分职责，不失为一条可行之路。

(五) 通过合理用药管控促进药品费用管控

在制定药品目录上，跟美国管理式医疗一致，我国社会医疗保险根据药品的疗

第八章
管理式医疗与中国医改

效、价格和医保基金的承受能力等制定了社保目录。

在药价管理上,因为公立医院处方不外流等原因,我国目前大多数处方药的购买使用都发生在公立医院,目前医改对药品价格的管理,主要是控制医疗机构药品的采购价格和药品销售价格。对于公立医疗机构的药品采购价格,大多采取由政府办省级平台集中招标采购的方式,来确定采购价格或采购价格上限。对于公立医疗机构的药品销售价格,目前在所有基层医疗机构和开展改革试点的公立医院取消药品加成,按药品采购价格销售。可以看出,这些属于偏行政化的管理手段,医保经办机构并没有参与其中。

在药品合理使用管理上,因为用药主要发生在医疗机构内部,所以对医疗服务的管理涵盖了对药品的管理。

相比之下,因为医疗体制的差异,美国的药品使用与中国差别较大,美国医生开具的处方自由外流,很多处方药物的购买使用发生在医疗机构之外,例如网购药品、到零售药店购买药品,因此美国管理式医疗对药品折扣的管理并非只盯住医疗机构,而是通过自建部门或委托第三方药品福利机构与药企或者零售药店进行价格谈判。

作为医改促进医药分开的改革措施之一,未来中国医疗机构的处方将逐渐可以自由外流,参保人到社会化药品零售机构购药的情况会随之大量发生,单纯控制医疗机构药品采购价格和药品销售价格的措施将不再绝对有效。政府不可能对所有社会化药品零售机构都采取对医疗机构采用的管控措施,因此,在这时,医保经办机构可以更多地参与进来,采取更市场化的方式,作为支付方与药企或药店开展价格谈判或者委托第三方机构开展价格谈判。

二、中国商业健康保险的管理式医疗探索

目前,中国商业健康保险对管理式医疗的探索尚处于起步阶段,受自身和外部诸多因素的影响,其发展也存在诸多困难。最关键的影响因素或困难是目前中国商业健康保险自身的规模仍小,赔付支出占医疗机构收入的比例较低,因此自身尚不具备较强的支付方优势,对医疗机构的影响力或控制力较小。下文选取了人保健康、泰康保险、平安保险三家公司作为代表,分析总结在目前环境下各家保险公司努力探索管理式医疗的现状。需要强调的是,国外的管理式医疗一般以保险产品为中心,进行一系列的管控,而中国的管理式医疗尚处于起步阶段,尚不具备围绕保险产品开展管理式医疗的成熟条件,因此除在部分产品上引入管理式医疗的做法之外,诸多管理式医疗的探索都是在产品外进行的相关能力建设和储备。

(一) 人保健康的探索

人保健康在行业内率先提出了"健康保障 + 健康管理"的经营理念,致力于在

提供健康保险保障的同时，通过开展健康管理提高参保人的健康水平，以实现不得病、少得病的目的。同时，在理赔审核和支付方式上都进行了探索。

1. 打造自身健康管理能力

按照"健康保障＋健康管理"的经营理念，人保健康加大在健康管理方面的能力建设。首先在服务项目上不断拓展，实现健康档案、健康风险评估、慢病管理、体检服务、体检报告解读、健康咨询、电话医生等多个服务项目的落地实施；其次在服务载体上不断丰富，先后打造了线上、线下多个服务平台，目前线下平台有在多地建设的健康管理中心、与医院合作搭建的商保中心，线上平台有服务专线、"PICC 人保健康" App 等；同时打造了一支健康管家团队，在最前端引导、帮助客户使用诸多健康管理服务和健康管理平台。

2. 在保险产品中嵌入健康管理服务

打造健康管理服务能力的目的，除了可以作为标准化的产品对外销售外，更多的是要服务于保险保障主业，通过客户健康水平的提升，提升保险产品的"死差益"。

目前，在多种类型的保险产品中，人保健康将自身的健康管理服务项目嵌入其中。例如，在某团体医疗保险产品中，保险责任涵盖医疗费用保障和健康管理支出，并打造了一套完整的企业客户健康管理服务方案，向企业客户宣导通过健康管理服务提高员工健康水平，以提高工作效率和降低医疗支出的管理式医疗理念，引导企业客户转变投保观念，改变行业团体医疗保险单纯报销式的传统经营方式。

3. 利用社保经办优势，实践对医疗服务行为的管控

目前，除由政府设立的社保经办机构直接运营社会医疗保险之外，还通过政府购买服务的方式，鼓励将社会医疗保险项目交由商业保险公司承办或经办。例如大病保险在制度设立之初即交由商业保险公司承办，部分地区也逐渐将基本医疗保险交由商业保险公司经办。

因为保险公司自己经营的商业保险规模较小，难以对公立医院等医疗机构形成控制力，但是借经办社会医疗保险的契机，可先行在社保经办项目上引入管理式医疗的措施，一方面可控制社会医疗保险的不合理支出，为政府和参保居民服务，另一方面也提升了自身控费能力。

人保健康作为国有企业，践行自身社会责任，积极参与社会医疗保险的经办和承办。同时，在社保经办过程中，先后在部分地区落地实施或积极推动诸多管理式医疗的做法，例如，引入智能审核系统，对医疗机构和参保人的医疗服务行为进行实时审核，基于药品知识库、诊疗知识库等建立起运算规则，及时、自动发现异常医疗费用；再例如，引入 DRGs 付费方式，以期让医疗机构主动约束自身医疗行为，同时也利于医疗机构自身管理水平的提高。

4. 打通医疗费用支付，打造整合医疗健康资源的基础设施

目前城乡居民看病就医发生的费用，一部分由社保承担，基本实现了刷社保卡身份识别后直接结算，无须参保人再行支付费用；一部分由商业医疗保险承担，目前大多数采用事后报销的方式，参保人先在医疗机构或药店刷卡或现金支付后，然后将就诊资料交给保险公司并由其审核后理赔支付；另外一部分是社保和商保报销后的自付部分，一般通过在医疗机构或药店刷卡或现金支付。对于一份医疗费用账单，有三个买单方、三种支付方式、三步支付流程，着实是参保人乃至医疗机构的痛点。

支付作为包括医疗消费在内的任何消费的基础设施，具有重要价值。商业保险公司如果致力于探索管理式医疗，就需要对医疗机构、药店、体检机构等健康医疗资源进行整合，而打通支付可以作为进行资源整合的抓手。保险公司通过打通支付，变三步支付为一键支付，吸引客户使用，并将零散的客户支付汇集到一起纳入自己搭建的支付平台，可以提高自身对医疗机构等的影响力；另外围绕支付继续搭建会员积分体系、打分评价体系、信用体系，可以进一步扩大自身的影响力，构建充满机会的生态圈。影响力的提升和生态圈的建立，将为管理式医疗的开展提供重要的基础条件。

人保健康致力于搭建支付平台，实现医疗健康消费的一键支付，目前已开发了加载身份信息、商业医疗保险信息并可储值的平台、载体，通过与医疗机构、体检机构、药店等的系统对接，在社保支付后，实现商业医疗保险支付部分和自付部分的一键支付。

（二）泰康保险的探索

1. 自建或参控股医疗机构

保险公司如果通过股权纽带，实现对医疗机构的控股或参股，自然可以控制医疗机构的服务行为，实现管理式医疗的目的。泰康保险对管理式医疗的探索，采用的就是这种方式。

泰康保险一直致力于实现医养结合，目前已投资建设了多个养老社区，并在养老社区内建设康复医院，在养老社区所在或临近的城市参控股综合医院。客户在购买其寿险或养老年金产品后可入住养老社区，小病就医或康复护理可在社区内的康复医院，急病重症可转诊到参控股的综合医院，医疗费用可通过投保健康保险产品进行保障。

泰康保险的自建或参控股医疗机构的模式是一种重资产的模式，需要巨额且长期的资金占用。

2. 提升健康管理服务能力

除构建医疗资源外，泰康保险也在不断提升自身的健康管理能力。从 2008 年起泰康保险就开始拓展健康管理服务，更是在 2015 年 8 月成立了自己的专业健康管理子公司，专注于为客户提供健康管理服务，并与保险子公司合作开发保险保障和健康管理深度结合的保险产品。

目前,泰康保险的健康管理服务范围已涵盖健康体检订制、基因检测、健康咨询、个人健康档案管理、健康教育、就诊绿色通道、齿科服务、私人医生、海外就医、国际救援、国际转诊等服务。

3. 开发管理式医疗理念的保险产品

目前泰康保险推出了具有管理式医疗特征的保险产品:一种是将健康管理和健康保障深度融合的慢病管理产品;另一种是按人头付费和分级诊疗的儿童医疗保险产品。这两类产品具有代表性,市场上同业公司也开发了类似的产品,下面对其进行介绍。

(1) 糖尿病保险产品。该产品将已经罹患糖尿病的人群作为保障人群,为参保人提供"脑中风后遗症""终末期肾病""截肢"及"双目失明"四种糖尿病严重并发疾病的保险保障。

同时,泰康保险为参保人提供糖尿病健康管理服务,通过医疗级血糖仪检测设备、手机移动端血糖管理软件随时监测病人血糖波动,进行药物干预、饮食干预,并提供 7×24 小时糖尿病电话私人医生服务以及糖尿病患者并发症专家快速就诊通道,协助客户做好慢病管理,从而改善客户健康水平,有效延缓病程,降低严重并发症的发生率,即降低保险产品的赔付概率。该产品具有管理式医疗通过健康管理减少赔付支出的特征。

(2) 儿童医疗保险产品。该产品是由泰康保险与具有线下诊所资源的第三方机构合作开发,产品全额保障客户在约定诊所发生的医疗费用,若客户确实需要到医院就医,须经约定诊所同意转诊,才能继续保障客户在转诊医院的门诊和住院费用。同业公司也开发了类似的儿童医疗保险,并约定提供常见病服务的诊所,同时按人头与约定诊所结算费用,以共同分担风险。

这类产品结合了转诊审批和按人头付费的管理式医疗特征。目前,之所以保险公司普遍对医疗机构控制力不强,且在未对客户就医选择行为实施约束的情况下,能够在产品中嵌入约束医疗机构的按人头付费和约束参保人的转诊审批,是因为此类产品合作的诊所为社会资本开办的偏中高端诊所,需要保险公司引流,况且在目前优质儿童医疗资源比较少的情况下,客户也希望能通过保险为自己孩子团购一个能提供持续的、综合的、家庭医生式服务的医疗资源。

(三) 平安保险的探索

平安集团提出以建成"国际领先的个人金融生活服务提供商"为目标,聚焦"大金融资产"和"大医疗健康"两大产业,并逐渐展开大医疗健康产业布局。虽然没有证据说所有的布局的最终目的都是要开展管理式医疗,但是这些布局的确为其开展管理式医疗提供了基础，平安保险在开展管理式医疗的过程中做了如下探索：

1. 自建高端医疗网络，提供高端医疗保险产品

平安保险旗下的专业健康险公司，过去一直以高端医疗产品为主，为了配合高端医疗产品的经营，平安自建了以国内公立医院特需医疗部、国际医疗部以及私立医院和海外医院为主的高端医疗资源网络。这些高端医疗机构属于昂贵医疗消费，自身需要保险公司的客源和支付，因此在合作中，可以实现一定的控制。同业公司的高端医疗险经营也会有一个医院网络，但是一般通过与第三方合作进行搭建，不如自建控制力度大。

2. 建设"线上+线下"的医疗健康服务资源

平安目前搭建了线上的"平安好医生"服务平台，并正在进行线下"平安万家诊所"的铺设。

"平安好医生"是一个移动健康医疗平台，主要为用户提供在线健康咨询、预约挂号、慢病管理、体检或药品的在线购买等服务。与其他移动医疗平台不同的是，平安自己雇用了诸多全职医生，可以为线上客户提供更加具有价值的在线家庭医生服务。

"平安万家诊所"一开始采取自建的方式，但是因为投入高、周期长、风险大，平安而后转为采取自建、合资、认证加盟相结合的方式，并以认证加盟为主。通过制定认证标准、提供信息系统、组织药品集中采购等方式，为加盟诊所赋能同时也加强管理。相比公立体系内服务能力参差不齐的基层医疗机构，平安可以通过认证标准的制定等，将诊所的服务能力标准化，给客户以选择的信心。值得一提的是，卫计委已对《医疗机构管理条例实施细则》进行了修改，允许在职医生自己设立医疗机构，这有利于平安协助公立医院内的医生自办诊所，并加入其"平安万家诊所"体系，从而实现诊所的快速扩容。

未来，通过广布全国的平安诊所，平安保险可以为平安的医疗险客户提供基层医疗服务甚至提供家庭医生式服务，成为客户的健康守门人，有利于提升客户健康水平，引导甚至约束客户的就医行为，在公立基层医疗机构外自建分级诊疗的入口。

总之，平安通过搭建线上线下的医疗资源，提升自身的健康管理能力，掌握线上和线下的医疗入口，为开展管理式医疗提供了条件。

3. 推出医保移动支付，实现医疗费用一键支付

前文讲到，打通医疗费用的支付，可以为整合医疗资源提供基础设施。人保健康目前已经探索了商业保险和自付的一键支付，但是医保支付部分仍然需要客户通过刷医保卡进行身份识别后结算。与之不同的是，平安保险在深圳获得政府开展医保移动支付的授权，实现了医保和自付的一键支付，这个支付的载体是"平安社保钱包"。

目前，社保结算一直采用在线下刷社保卡身份识别后直接结算的方式，但是深圳

市政府先行先试，允许平安、腾讯、蚂蚁金服进行医保移动支付试点。参保人通过在"平安社保钱包"、微信或支付宝上将本人社保卡绑定，"平安社保钱包"、微信或支付宝再与医院 HIS 系统进行连接，参保人就医时形成线上支付账单并自动区分社保支付部分和自付部分，因为绑定了社保卡，因此在线支付时社保支付部分自动支付，参保人只需要对自付部分进行支付。目前"平安社保钱包"还尚未实现商业保险在线一键支付的功能，下一步计划进一步接入商业保险，实现一份医疗账单中的社保支付部分、商保支付部分、自付部分三者的一键支付。另外，在医疗消费支付上，无论平安还是人保健康等保险公司，与腾讯和阿里等非保险公司相比，其竞争优势就在于可以实现商保的一键支付。

4. 参与政府社会医疗保险项目，提高自身风险控制能力

目前平安除了经办或承办社会医疗保险项目外，同人保健康一样，还通过自主开发信息系统为政府提供医保智慧管理服务，服务内容主要是通过内置的规则对医疗费用进行实时自动化智能审核。除此之外，平安计划开发一整套医疗信息服务体系，为医保、医生和患者提供便捷有效的医疗信息化服务。

5. 与医院试点深度合作，探索管理式医疗

目前，借助在当地的影响力，平安保险在总部所在地深圳市，与南方医科大学深圳医院签署合作协议，探索管理式医疗。合作内容包括针对不同的医疗费用，尝试不同的结算模式，包括按人头包干、按病种付费等，共同控制不合理的医疗支出；双方实现系统对接、医疗费用的实时结算，并让客户通过互联网进行挂号预约、线上问诊、健康管理和康复管理等；由医院和保险公司共同推进数据采集和分析，探索建立医疗风险管控体系。

通过上文总结分析，可以看到目前中国商业健康保险公司在以下几个方面对开展管理式医疗进行了探索或准备：

一是在部分业务上进行了以保险产品为中心的尝试，比如慢病产品，通过提供慢病管理服务以降低客户发病概率；比如高端医疗产品，自建高端医疗机构网络，增强对医疗机构的控制能力；比如儿童医疗产品，通过实行分级诊疗和按病种付费等规则，约束参保人的就医行为和医疗机构的诊疗行为。

二是提升自身健康管理服务能力，以实践通过提升健康水平来减少理赔支出的管理式医疗理念。

三是自建医疗资源。目前公立医疗机构掌握了绝大部分医疗资源，而保险公司又因为规模太小对其没有话语权，通过自建的方式另起炉灶不失为一种有益尝试。自建的方式分为两种：一种是自建居于诊疗后端的三甲医院，一种是自建居于诊疗前端的基层诊所。

四是打通医疗支付，实现社保、商保和自付的一键支付，构建进行医疗健康资源

第八章
管理式医疗与中国医改

整合的基础设施。

五是积极参与医保经办,在服务政府医保的同时,实践管理式医疗的管控手段,为未来大规模开展管理式医疗业务做准备,例如支付方式改革、信息化的智能审核系统等。

本章小结

新医改实施至今已初见成效,但离最终目标还有一段距离,许多问题和突出矛盾仍未解决。深化医药卫生体制改革是一项涉及面广、难度大的社会系统工程。我国人口多,人均收入水平低,城乡、区域差距大,长期处于社会主义初级阶段的基本国情,决定了深化医药卫生体制改革是一项十分复杂艰巨的任务,是一个渐进的过程,需要在明确方向和框架的基础上,经过长期艰苦努力和坚持不懈的探索,才能逐步建立符合我国国情的医药卫生体制。管理式医疗在此背景下应运而生,目前在我国正处于探索阶段,与国际先进水平还相距甚远,管理式医疗的发展环境也与美国等医疗服务和医疗保障高度市场化的国家存在较大差异。因此,我们应在积极吸收国外先进经验的同时,结合本国实践,逐步探索出一条符合中国国情的管理式医疗发展道路。

思考题

1. 中国医改面临哪些问题?如何解决?
2. 中国社会医疗保险的管理式医疗发展现状如何?面临哪些问题?
3. 中国商业健康保险的管理式医疗发展现状如何?面临哪些问题?

第九章

中国特色管理式医疗的未来发展

改革开放以来，在党和政府带领下、在全国人民的努力下，医疗保障体系的建设和改革取得了显著的成就，至今已基本形成了适合中国现实国情的基本医疗卫生制度，但仍存在医疗费用增长过快、医保体系不健全、医疗资源分布不均等问题。因此，健康保险与管理式医疗的发展在中国具有极其重要的现实意义。相信通过不断努力，管理式医疗的改革之路将进一步带动我国医疗领域的发展，商业健康保险服务健康中国的能力和作用也会不断增强。

第一节　中国管理式医疗的发展环境

管理式医疗是将医疗服务所需资金与服务提供结合起来的一种运行系统，这种系统的服务对象是加入该系统的消费者，通过与经过挑选的医疗服务提供者（医院、医生、健康顾问等）达成协议，制定改善医疗服务质量的医疗审核计划，向加入该系统的消费者提供疾病预防、治疗等一系列的医疗保健服务，其核心是通过医疗资源的合理使用来科学地控制医疗费用。管理式医疗保险是把提供医疗服务与提供医疗服务所需资金（保险保障）结合起来，通过保险机构与医疗服务提供者达成的协议向投保者提供医疗服务。它改变了传统模式下的医疗机构和保险机构相互独立的局面，使二者相互结合构成一个利益整体。目前，我国有限的资金筹集水平和医疗资源，与日益快速增长的医疗服务需求之间存在的矛盾日趋突出。因此，寻求合理控制医疗费用增长的策略以及尽快建立资源配置完善的管理式医疗服务系统，破解民众"看病

第九章
中国特色管理式医疗的未来发展

难、看病贵"的难题，缓解医疗服务人员过大的工作负荷，全面提高社会对医疗服务的整体满意度，具有极其重要的现实意义。

一、我国目前的医疗保障制度

我国医疗保障制度经过半个多世纪的发展，经历了萌芽、形成、成长、构建几个发展阶段，逐步建立起公共卫生、医疗服务、药品供应、医疗保障四大制度体系。改革开放前的医疗保险制度主要由公费医疗、劳保医疗和农村合作医疗保险组成，1952年，由原政务院颁布了《关于全国各级人民政府、党派、团体及所属事业单位的国家工作人员实行公费医疗预防的指示》等一系列文件，初步建立起了公费医疗制度。在各级政府的支持下，农村地区产生了互助互济的合作医疗制度，为农村居民提供实惠的医疗服务，满足了大多数人民群众的基本医疗服务需求，提高了农村居民的健康水平，为我国经济的发展做出了巨大贡献。但随着社会经济的发展和国有企业的改革，原有的医保制度筹资水平低、基金风险大、财政负担重等问题，已远远不能适应市场经济发展的需求。为此，国务院于1998年颁发了《关于建立城镇职工基本医疗保险制度的决定》，在全国范围内开始推行职工医保制度改革，将原劳保医疗中的多数参保人和公费医疗中的参保人纳入其中。坚持"以收定支，收支平衡，略有结余"的原则，分别由个人和单位共同缴费，实行县（市）级统筹、医保基金实行社会统筹与个人账户相结合的管理模式。2007年，国务院发布了《关于开展城镇居民基本医疗保险试点的指导意见》，开始建立居民医保制度，逐步将城镇居民、学生和低保对象等纳入其中。以家庭为单位，实行个人缴费、集体扶持和政府资助相结合的筹资机制，实行县（市）级统筹。2009年4月，《中共中央、国务院关于深化医药卫生体制改革的意见》中明确提出，把基本医疗卫生制度作为公共产品向全民提供，以社会公众普遍反映的"看病难、看病贵"问题为导向，以"保基本、强基层、建机制"为改革原则，努力实现"人人享有基本医疗卫生服务"的目标。该制度的提出，是中国自改革开放30年以来，首次把社会民生建设问题摆到"基本制度"的高度。截至目前，根据城乡统筹一体化的需求，部分地区已经开始尝试将居民医保和新农合进行整合，统一管理办法和筹资渠道及合并管理机构，并将参保基金中的部分保费投保到商业保险，参与大病补充保险。不可否认，自新医改以来，我国加快推进了基本医疗保险制度、国家基本药物制度、基层医疗卫生服务体系、基本公共卫生服务逐步均等化，以及公立医院等多项重点领域的改革。最终使基本医疗保险制度初步实现覆盖城乡居民，建成了世界覆盖人口最多的健康保障网，基本医疗服务水平明显提高，民众就医经济负担明显减轻。从政府在制度设计和政策推进中坚持的方向目前所取得的效果看可以说是正确的、符合国情的，也体现了"发展好最广大人民的根本利益"

的出发点和落脚点。

(一) 我国目前基本医疗保险体系(简称"医保")

1. 城镇职工基本医疗保险制度(简称"职工医保")

职工医保的覆盖对象主要是城镇居民中在机关行政事业单位、企业中就业的职工,包括机关和事业单位在内的城镇所有用人单位及其职工都必须参加,其参保要求具有强制性。在该保险制度中,经费来源与分担方式采用个人和单位双方分担机制,统筹基金和个人账户分别核算,严格区分各自支付范围。社保统筹基金对于报销范围内的医疗费用,其报销比例一般在70%左右浮动,各地区每年根据"以收定支、收支平衡"的原则确定报销的各项标准。各级人力资源和社保部门作为职工医保的主管部门,承担从产品生产到结报服务的全部责任。

2. 城镇居民基本医疗保险制度(简称"居民医保")

居民医保是以没有参加城镇职工基本医疗保险的城镇未成年人和没有工作的成年居民为主要参保对象的基本医疗保险制度。自2007年以来,居民医保主要针对原来基本医疗保险制度没有覆盖到的城镇非就业人群,报销时与城镇职工基本医疗保险一样设置有起付标准,补偿报销范围和标准按照居民医保药品目录、诊疗项目和设施范围执行。

3. 新型农村合作医疗制度(简称"新农合")

新农合是由政府统一领导,农民自愿参加,以县为单位统筹资金,个人、集体和政府多方筹资,以家庭为参保单位,以大病统筹为主,以农村居民为主要参保对象的农村医疗互助共济制度。新农合的服务项目主要是农民在住院过程中实际发生的、符合合作医疗报销相关规定的医疗费用,将按比例获得补偿,在定点医疗机构产生的就医费用,按县市制定的门诊补偿办法获得补偿。新农合在一定程度上为农村居民提供了必要的基本健康保障,减轻了医疗负担,促进了农村医疗卫生水平的提高,成为新时期农村医疗保障的主要形式。

(二) 我国在建设现行基本医疗保障体系中取得的成就

改革开放以来,在党和政府的努力下,医疗保障体系的建设和改革取得了显著的成就,至今已基本形成了适合中国现实国情的基本医疗卫生制度,为今后实现"人人享有基本医疗卫生服务"的目标提供了有益的经验。

1. 基本医疗服务提供体系逐步完善

目前国家加大投入支持基层医疗机构建设,全面启动了以全科医生为重点的基层医疗机构卫生人才队伍建设,城乡基层医疗服务软硬件都得到了明显改善。2009—2014年,基层医疗机构诊疗人次从33.9亿人次增加到43.6亿人次,而且每年都以一定的速度持续增长。同时，公立医院改革试点也在积极推进中，进一步提升了县级医院的服务能力，深化了体制、机制综合改革，取消了"以药补医"机制，按照"政事分开、管办分开、营利性和非营利性分开"的要求，改革补偿机制，逐步建立起现代医院管理制度。

2. 全民医疗保险制度框架基本形成，民众就医经济负担有所缓解

目前，我国参加基本医保（职工医保、居民医保、新农合）的人数超过13亿人，参保覆盖率稳固在95%以上。截至2010年，新农合的推广已经基本实现覆盖全国农村居民的目标。截至2013年底，全国有2 489个县（市、区）开展了新农合，参合人口数达8.02亿人，参合率达98.7%。城乡居民医保的财政补助标准从2008年人均80元到2015年提高至380元。基本医保（职工医保、居民医保、新农合）政策范围内住院费用支付比例分别达到80%、70%、75%，有了明显提高。城乡居民大病医保试点也在全国范围内推开，有效缓解了"因病致贫、因病返贫"的问题。

3. 基本药物制度在基层医疗机构得以巩固，缓解了公众的就医经济负担

目前，2012版的国家基本药物目录已经全面实施，初步形成了基本药物生产、流通、使用的运行体系，完善了基本药物制度和基层运行机制。主要表现在：地方增补药品规范严格，政府通过系列培训、竞聘上岗、执业考核的方式引导基层医务人员规范使用药物，基本药物临床应用指南覆盖所有公办基层医疗机构。随着该制度的初步建立，基层基本药物零差率销售全覆盖。2009—2012年，基层医疗机构的药品收入占其平均总收入的比重由50.25%下降到40.49%，药物价格的下降大幅度减轻了民众的用药负担。

二、现行医保制度存在的问题

（一）医疗费用持续快速上涨，医保各个运行环节缺乏有效的监督和管理

根据卫计委的相关统计，2004年我国卫生总费用为7 590.29亿元，到2014年，这一费用已经增加至35 312.4亿元，十年间增长比率高达365.23%。在这些费用中，2004年居民个人卫生支出为4 071.35亿元，至2014年已达到11 295.41亿元，增长比率为177.44%。从就诊次人均费用来看，从2003年到2011年我国门诊患者次人均费用从108.2元增加到179.8元，增长率为66.17%；住院患者次人均医药费用由3 910.7元增加至6 632.2元，增长率为69.59%。[①] 同时，医疗费用的快速增加导致医疗保险金支出的急剧增加，城镇职工医疗保险费用支出从1999年的16.5亿元增加

---

① 资料来源：《中国卫生统计年鉴》。

到 2010 年的 3 271.6 亿元，增长了大约 200 倍。

医疗费用变化的影响因素主要包括需求和供给两个方面。从需求方面考虑主要有：人均收入、人口老龄化、经济增长和医疗保险政策等；供给方面主要有：医疗服务从业人数、医疗设备数和床位数、政府医疗投入、医疗技术进步和医生诱导需求等。需求与供给这两方面的影响因素对于医疗费用变化的贡献大小及其贡献的方面都会关系到医疗费用变化的程度。从需求与供给分析发现，人均收入、人口老龄化、经济增长和医疗保险政策、医疗技术进步、医生诱导需求对医疗费用增长起到促进作用；同样，有些不确定因素也会对医疗费用的变化产生影响，例如生态环境变化及自然灾害发生等，这些因素的影响通常呈现两面性。

因此，如何有效地遏制医疗费用上涨已经成为我国社会面临的主要问题之一。目前在医保制度的运行过程中，由于专业知识的欠缺和信息不对称，加大了医保经办机构对医院的监管难度，致使医疗服务管理效力有限；同时，大多数医院的管理都是实行按项目收费，结合少量的单病种付费，这种事后的管理很难有效地控制医疗费用，医疗保险经办机构仅仅作为医疗费用的报销人，而无法对医疗服务、医疗过程进行有效的监督和管控。

（二）商业医保市场的信息系统各自独立，机构之间的信息不对称

我国目前医疗机构掌握着患者的健康和诊疗状况；保险公司负责对发生的医疗费用进行核损理赔，以保证医疗费用的合理支付；社保机构负责医保基金的收支。三者关系独立，并未形成合作。国内保险公司和医院也尚未实现信息联网，部分医院也为自身利益考虑，片面追求经济效益，保险公司不能实时掌控医院和患者的诊疗信息，不能对医院的诊疗方式做出是否科学、准确的判断，也就无法对医疗机构在做出诱导消费、过度治疗、诊疗、用药等行为时采取有效的控制措施。同时，医疗费用由医疗保险机构通过一定方式向医疗服务机构支付，而不是由被保险人直接支付给医疗服务机构，从而形成了医疗保险系统的三角关系。在此模式下，虽然有政府的监管和医保条例的限制，但在实际操作中，由于医疗服务机构和医生掌握着医疗服务的信息，在信息沟通中处于优势地位，因此掌握着控制医疗成本的主导权，医疗保险机构很难对于医疗费用进行合理有效的控制。

（三）医疗资源分布不均，商业医疗保险市场发展不完善

由于国家发展医疗事业的体制问题及地区经济发展水平的差异，导致了我国医疗卫生资源分布也极其不平衡，基本医疗制度仍处于板块化、碎片化和分割化的状态，地区之间、城乡之间的医疗水平往往存在很大的差别。优质的医疗资源，高水平的医疗技术往往集中在一线、二线大中城市的"三甲医院"，而在某些县、乡等急需医疗

技术的地方、农村偏远地区,恰恰又是最"缺医少药"的地方,当地落后的医疗局面导致居民连最基本的医疗需求都无法得到满足。

按惯例,由于地区经济发展的巨大差距,我国医保制度的设计只能是依靠发达地区、大中型医院进行政策制定,以点带面,逐步辐射,先在部分地区进行试点,再逐步扩大,但这种由点到面、由上而下的制度,由于发达地区、"三甲医院"的规模、技术、经济基础等与基层条件不匹配,国家人才体制的不灵活,现行的户口制度阻碍了医疗人才的流动,加剧了卫生资源配置的城乡不均衡,阻碍了城乡统筹发展,导致了医保基金抗风险能力弱和管理成本居高不下。这种局面使得保险机构难以平衡和协调不同层级医院之间的关系,也就难以在全国范围内推广先进的付费方式。

另外,我国的商业医疗保险起步晚,发展不完善,在医疗保险中所占比重过低,覆盖面有限。根据相关调查,截至2010年,我国居民购买商业医疗保险的比例仅为6.3%,在购买商业医疗保险的居民中,绝大部分都参加了社会医疗保险,仅有0.8%的调查人口只购买了商业医疗保险。同时,商业医疗保险也存在保障作用发挥不够充分、专业化水平不高、风险控制能力薄弱等问题。而目前的城乡居民医保将商业保险公司作为投保机构增设了大病补充保险,有利于整个医保体系的整合,但目前民众日益增长的医疗保障需求难以从多层次途径中合理获得。

因此,研究和探索集医疗服务提供和医疗经费管理为一体的医疗模式——管理型医疗是推进医疗保障体制改革的核心内容和必然趋势。

第二节 我国管理式医疗的市场潜力

我国健康保险正面临良好的发展机遇,消费者的需求旺盛。一方面是因为国家在税收政策上的大力支持、医疗服务环境的不断改善、居民收入水平的显著提高,为健康保险提供了生存空间;另一方面是医疗保险制度改革和持续上涨的医疗费用,激发了社会公众对健康风险保障的需求并强化了其医疗保障意识。商业健康保险不再是被动地作为社会医疗保险简单、有限的补充,而成为我国全民医疗保障体系中必不可少的重要一环,将有效弥补医疗服务的供需缺口。商业健康保险与社会医疗保险相互之间的互利互惠、公私合作关系,也将推动社会医疗保险占统治地位的全民医保体系产生重大变革。新医改从制度设计、运行方式等方面给我国商业健康险带来了新的发展机遇,但也在提高基本医疗保险覆盖率、逐步降低自付比例等政策措施方面对健康险的发展提出了新的挑战。社会健康保险与商业健康保险之间的互补作用远大于替代作用。而管理式医疗保险是把医疗服务机构和提供医疗服务所需的资金供给方(保险保障）相结合的保险服务模式，是医疗服务提供者与保险机构达成协议来共同为参保人员提供诊疗服务，它是一种保险运营管理与诊疗服务供给为一体的医疗保险体系。因此，管理式医疗的推广具有非常深厚的市场潜力。

一、影响我国商业健康保险发展的因素

我国的商业健康保险起步晚，市场发育很不成熟，与发达国家相比差距巨大。随着基本医疗保险的覆盖范围不断扩大，商业健康保险市场覆盖率逐年降低，但赔付支出却快速增加，由医疗费用产生的风险仍难以控制。我国商业健康保险目前发展中存在市场发展水平低、法律监管不到位等问题，道德风险与逆选择问题尤为突出。而商业健康保险发展的行业制约则主要表现为经营发展战略不明确、精算基础薄弱、核心技术不足以及缺乏专业监管体系。此外，商业保险公司经营健康保险的经营范畴不独立（寿险及财险均可经营）、商业空间狭小、风险管理能力弱、服务质量不高，也是制约其发展的重要原因。

二、我国商业健康保险的需求旺盛

从需求角度看，个人的健康状况、社会经济特征、社会保险拥有状况均对商业健康保险的需求有不同程度的影响；而公众保险消费意识、社会老龄化程度以及医疗费用增长对商业健康险需求影响较大。

（一）人口老龄化带来强大的护理保险需求

1. 人口老龄化快速上升

我国老年人口不仅数量多，且所占比例也在逐年快速攀升。据国家统计局公布的数据显示，2016 年 60 周岁及以上人口有 23 086 万人，占总人口的 16.7%；65 周岁及以上人口有 15 003 万人，占总人口的 10.8%。相比之下，劳动年龄人口连续 5 年净减少。这意味着中国人口的赡养负担越来越重，未来的养老压力将越来越大。

2. 老年人预期寿命日益延长

伴随我国社会经济的快速发展，人民生活水平也在不断提高，再加上医疗技术的进步以及社会基本医疗保障体系的逐步完善，国民的整体健康水平得到了大幅度的提高，老年人的预期寿命也日益延长。1949 年我国人口平均寿命仅为 35 岁，而到 2016 年，平均寿命延长至 76.1 岁。国家卫生计生委在《"健康中国 2020"战略研究报告》中更是进一步提出了 2020 年人均预期寿命达到 77 岁的目标。这表明我国人口平均预期寿命不断提高。

3. 失能老人数量庞大

中国老龄科学研究中心发布的《全国城乡失能老年人状况研究》报告显示，2010年末全国城乡部分失能和完全失能老年人约3 300万人，占总体老年人口的19.0%，其中完全失能老年人为1 080万人，占总体老年人口的6.23%。2015年，全国城乡失能、半失能老年人占老年人口总数已超过4 000万人。可见，我国面临严峻的老年人护理和赡养压力。

4. 传统的家庭养老面临挑战

从家庭居住形态来看，我国家庭特征呈现规模小型化、类型多样化的发展趋势。国家卫计委发布的《中国家庭发展报告（2015年）》显示，家庭平均规模为3.35人，家庭类型以核心家庭（以夫妻、子女为核心的家庭）为主导，占64.3%，直系家庭占26.2%，单人家庭占6.5%，联合家庭占1.4%，其他家庭占1.6%。同时，单人家庭、空巢家庭不断涌现。此外，由于我国计划生育政策的实施，伴随独生子女一代成为家庭主力时代的到来，我国传统的家庭养老面临严重的挑战。当前的"普遍二孩"生育政策也只是一定程度上对人口老龄化水平的微调，改变不了人口老龄化的大趋势，护理需求依然巨大。

与城镇人口相比，我国农村老年人口问题更加严峻。在农村，面向老年人的社会服务基本处于空白状态，卫生服务只能满足最简单、最基本的医疗卫生需求，难以满足较高层次的护理需求。家庭养老是农村家庭传统的养老模式，但由于大量年轻劳动力外出务工，农村养老人力资源流失，家庭养老功能被严重弱化，再加上农村社会保障水平低，老人缺乏养老的经济来源，使农村失能、半失能老人多数处于无人照料的状态。

（二）全方位的医疗保障的需求不断加大

随着国民经济的快速发展、人民生活水平的不断提高，我国公民对全方位医疗保健的需求也相应增加，现行的基本医疗保险仅针对治疗性医保费用进行赔付，这已难以满足居民的需求。医疗保障需要关注的不仅仅是诊疗费用，还有医疗服务的质量、发生疾病前的健康管理费用和疾病治疗后的康复护理费用等方面。

随着生活水平的不断提高，公民消费升级带动的健康管理需求也在快速增长。恩格尔定律表明，恩格尔系数随着人均收入的提高而不断下降，即低端基本生活消费，如食品等的支出在家庭总支出中的占比下降，而高端消费支出，如健康服务及产品等的占比上升。联合国粮农组织根据恩格尔系数对居民生活水平进行了划分，贫困（60%及以上），温饱（50%—59%），小康（40%—49%），富裕（30%—39%），最富裕（30%下）。2005—2014年，中国农村居民恩格尔系数由45.6%下降为37.7%；1978—2014年，城镇居民恩格尔系数从57.5%下降至37.1%，因此，我国城乡居民总体上的生活水平大幅提高，消费水平开始升级，非医疗的健康服务需求明显增加，促进了健康管理需求上升。根据中国城市与居民生活价格年鉴，2003年中国城镇居民平均每人每年保健器具、滋补保健品支出52.2元，占总健康支出（含医疗支出和保健支出）的10.9%，2011年上升至156元，占总健康支出比上升至16.1%。2003—2011年医疗支出年均复合增长8.5%，而保健支出年均复合增长率为14.7%。可见，随着居民收入水平和健康意识的提升，以预防保健为核心的健康管理需求和健康费用支出快速增长，且未来上升潜力巨大。

三、医疗服务过程中需要更有效的监管体系

目前，由于医疗保障体系建设尚不完善以及医疗保险基金监管部门工作人员专业素质不高、服务意识不强等多方面的原因，导致医疗保险基金监管部门职能划分不清，监管部门之间相互推诿责任的现象也普遍存在，有相当一部分违规使用医疗保险基金的案件都是通过群众举报或投诉后才被发现。普遍存在城镇职工医保基金的支出监管主要依赖事后监督、监管滞后的问题。在参保人员就诊或购药完成以后，医保中心才对其就医或购药费用的合理性进行审查，这样的监管工作不能从源头上避免医保基金的浪费，也不能及时发现基金支出环节存在的问题。很多地区仍在使用2009年版本的医疗保险信息系统，近年来很多新增加的药品目录和诊疗项目都尚未及时地添加到系统内，导致医保中心不能对医疗保险基金的支出进行实时监控。另外，许多定点医疗服务机构存在不按规定使用医疗保险基金的现象，甚至出现骗取医保基金、医保基金套现、不按规定使用IC卡、篡改医保药品和诊疗目录、诱导患者开具大处方和大检查、降低参保人员所需医疗服务标准等现象。究其原因，主要是现有的医疗保险制度中对于医疗保险基金监督管理的职责职能划分不够明确，监管部门对于医院套取医保基金等行为的处罚管理也缺乏可依据的法律规定。

而管理式医疗采用按病种预付制和按人头预付制的支付方式来控制医疗费用。按病种预付制，即事先统一对疾病进行分类和定价，保险人以定额预付。按人头预付制，即保险人向医疗机构预付一定的费用，在一定的期限内，指定数量的投保人在该医疗机构接受医疗服务不再支付费用。管理式医疗所采用的费用控制手段，是因病而医、因需而医，标准明确、过程透明，便于实时控制和监督检查。从运行的制度上大大降低了医疗成本，也能从根本上解决针对医疗服务行为的监督和管理问题，使医疗机构不再滥用医疗资源，保障了医疗保障的投保人享受到必需的、高质量的医疗服务。

第三节 我国管理式医疗的未来发展

当前管理式医疗面临重要的发展机遇。科技的不断发展为管理式医疗体系的建立提供了技术可能，现代化富裕社会为其提供了庞大的消费群体，政府福利水平的提升提供了相应的资金支持，这些构成了管理式医疗发展的新动力。中国管理式医疗的发展，应在政府监管的基础上，充分发挥市场调节优势，兼顾效率和公平，构建新型的健康保障体系，以提高民众健康水平，节约医疗资源，控制医疗费用过快上涨，满足多样化和高层次健康需求，建设健康中国。

一般来看，管理式医疗是对不同类型的健康保险方式的统称，狭义上的概念是指把医疗服务的提供与医疗服务所需资金的提供结合起来的一种医疗保健组织，这种医疗保健组织的服务对象是加入该组织的所有消费者。在这种形式下，管理式医疗的提供者既可以是医疗保险公司、非营利组织，也可以是一个医院和医生组织，但最有效的提供者应该是专业健康保险机构。健康保险机构是连接医疗服务提供者——医院、医生和医疗服务接受者之间的纽带。从健康险的角度来看，管理式医疗保险是以保险为平台，整合一系列大健康服务，构建以客户为中心覆盖全生命产业链的健康服务体系，重点是四位一体服务的保险产品化和医疗大数据的互通互联。健康险公司可以通过整合目前碎片化的医疗健康服务资源（包括医疗、健康管理、康复、养老、护理等），打包成品类丰富的各类健康保险产品，以产品提供保障和整合式服务为切入口，致力于将健康险打造成为需求方（雇主、个人）所有医疗健康服务需求的入口，最终实现在医疗健康产业链的掌控地位。目前我国管理式医疗的发展主要应该从以下两个方面进行：改变医疗费用结算模式，控制医疗费用快速上涨；拓宽"治疗型"赔付以外的医疗保险保障范围。

一、发展管理式医疗的主要目的

（一）运用管理式医疗改变医疗费用结算模式，控制医疗费用快速上涨

管理式医疗保险是把医疗服务机构和提供医疗服务所需的资金供给方（保险保障）相结合的保险服务模式，这种体系从 20 世纪 60 年代在美国开始实行，即蓝盾和蓝十字计划。在管理式医疗保险模式中，如果医疗服务机构决定用事先约定的定额费用来承担客户在一定期间内的约定医疗服务时，则其已愿意承担大部分经济风险。诊

疗机构以固定预付金形式承担部分或全部的医疗服务成本风险，因此具备成本管控的动机，可实现节约医疗资源进而有效控制医疗费用。

1. 改变原有医疗费用结算模式

传统的医疗保险系统包括医疗保险机构、医疗服务机构和被保险人三个要素。医疗保险机构对被保险人的医疗费用通过保险理赔进行报销支付，该种方式体现在社会医疗保险和商业医疗保险中。在此模式下，虽然有政府的监管和医保条例的限制，但在实际操作中，由于医疗服务机构和医生掌握着医疗服务的信息，在信息沟通中处于优势地位，因此掌握着控制医疗成本的主导权（见图9.1）。

图 9.1　传统的医疗保险支付模式

而统一了医疗服务提供与医疗资金给付的管理式医疗则很好地解决了上述问题（见图9.2）。在这种模式下，保险机构既是医疗服务的支付方，又是医疗保险的提供方，而医疗服务和医疗保险的需求方均是被保险人，医疗机构和保险机构处于共同的利益关系中。这是一种直接的双向经济关系，保险机构不再向被保险人提供金钱赔偿，而是改为对医疗机构提供的进行评估并支付。而医疗机构的利益来源不再单纯地来自医疗服务的提供，而是改为如下方面：一方面是在预付制下，整体医疗费用中因客户群体的良好健康状况而带来的医疗费用的节余；另一方面是优异的医疗服务的提供，医疗机构可以在风险/共担机制下，从保险机构获得额外的奖励。这就使医生树立了费用控制的意识，从患者的角度着想，最大程度上限制了过度医疗现象，并能保证相应的医疗服务质量。

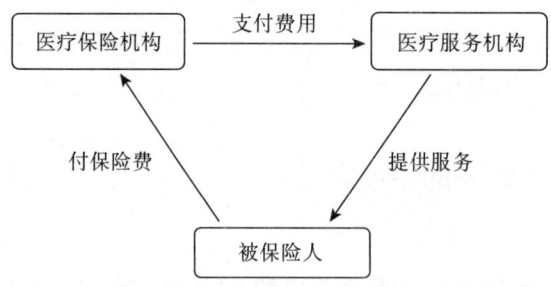

图 9.2　管理式医疗保险模式

管理式医疗模式可采用两种方式进行。首先，可根据病人的疾病诊断、年龄和是否需要手术等方面来确定同等程度下的医疗费用，分为数百个项目，将这些项目分类制定定额支付的标准，来达到医院资源利用的标准化。收费标准用定额支付方式替代按服务项目的事后补偿方式，医院失去了定价和收费的自主权，即医院从最大限度地增加收入改变为按统一标准规定的价格收费。这种方法的实施使医院为获得利润而降低运营成本，使医疗保险方对于受保人次住院费用有准确预估，有利于医疗费用控制。其次，可参考德国的医药费用控制制度，其医药费用控制的对象包括医药供给方与需求方。针对医药供给方，医药费用控制制度包括参考定价制度、价格扣减、药房对医疗保险局价格折扣制度等。针对医药需求方，医药费用控制包括医药平行进口制度、处方药品代替制度、医药费用分担制度、医疗保险报销药品目录制度和针对医生的医药费用支付限额制度等。

2. 推动实现医疗费用结算一体化

当前，我国正在建立一个包括城镇职工基本医疗保险制度、新型农村合作医疗制度、城镇居民基本医疗保险制度和弱势群体医疗救助制度等在内的多层次、广覆盖的医疗保障体系。但我国医疗保障体系在管理体制上出现了"政出多门、多头管理"的现象，城镇职工基本医疗保险制度、城镇居民基本医疗保险制度由人力资源与社会保障部门管理，新型农村合作医疗制度由卫生部门管理，医疗救助制度由民政部门管理，由此造成管理成本高，且效率低。因此，只有实行统一的管理服务，才能理顺各利益相关者之间的关系，使医疗保障体系真正做到公平、公正，从而维护最广大群众的利益。另外，由于没有统一的信息管理平台，存在着关系接续不畅、异地就医困难、医保结算不便等问题。若将各级信息系统联网，可以方便转接手续，解决各种由于信息不能共享所带来的问题，也利于相关部门的信息统计。建立一体化的医疗保障制度，首要任务是要整合三大基本医疗保险制度，实现管理一体化，进而实现筹资模式和补偿机制的一体化。

我国医疗服务体系在基层和医院之间的转诊分流机制尚未形成，公众就医呈"倒三角"状态，基层资源被闲置，也加重了公众的就医成本，因此，应该通过管理式医疗引导公众合理就医。首先，基本医疗的保障重点应该更多地倾注于社区、乡村等基层医疗机构，而在大型的公立医疗机构所产生的医疗费用可以通过基本医保+商业医保共同进行保障赔付。其次，逐步实现医疗保险保障结算一体化。公众选择在任何一级的医疗机构就医均可获得基本医疗保险的赔付，但选择的医疗机构级别越高，基本医疗赔付的比例越低，个性化的商业医保的赔付比例就越高。这样既保障了全体公民获得健康保障的机会平等，同时也引导有条件的人群选择购买更多、更具个性化的商业医疗保险保障，获得更为完善的健康医疗保障。

（二）运用管理式医疗拓宽"治疗型"赔付以外的医疗保险保障范围

目前的基本医疗保障主要是针对已经罹患的疾病的治疗进行赔付，而以商业保险为主导的管理式医疗能够更为灵活地将人们积极开展的预防性健康投入纳入保障范围，更有利于引导人们积极有效地开展病前健康管理和预防性健康干预，以及在疾病治疗基本完成后认真地进行康复性健康管理活动。

1. 加强预防保健和慢性疾病的控制

在管理式医疗模式下，一旦被保险人与其签订合同，医疗服务提供者需全面负责被保险人的医疗需求。因此，在该模式下，医疗服务提供方为了减少医疗费用支出，必然会非常重视预防保健，并从源头上发现并控制疾病，减少大病的发生。这种模式有利于在整个社会中形成积极健康的观念，加大预防服务投入，从而在整体上提高国民的健康状况。据相关统计，美国自实行管理式医疗以来，通过引导人们改变不良生活方式，宣传疾病的预防知识，使得生活方式疾病的发病率大幅下降，其中脑猝死、高血压、糖尿病和肿瘤的发生率分别下降了75%、55%、50%和34%。

在我国，还可运用中医药养生保健服务进行预防保健及慢性疾病的控制。我国中医药养生保健是具有中国特色的健康管理服务业，有自成体系的健康评估、干预理论和调养方法，运用该方法不仅可以提高治疗效果，更重要的是可以有效提高国民的健康状况，降低医疗费用的支出。但目前运用中医药进行健康管理的费用绝大部分还未纳入医疗保险保障范围，其功能还未得到充分发挥，因此，运用传统医疗文化建立我国养生保健体系，需要政府进行适度的干预，采用政府、个人、保险共担的混合发展模式，将中医药养生保健的需求纳入医疗保险保障范围。

2. 将预防性健康消费——"治未病"医疗保障纳入管理式医疗保险保障范围

在我国繁荣发展的过程中，近年来健康保障服务的发展倍受国家和社会各界关注，在国家政策、医疗卫生事业发展及科技创新的共同作用下，健康服务体系不断发展壮大。从目前我国国情、医疗卫生模式、健康文化观念等方面来看，目前的医疗保障体系仅针对疾病发生后的诊疗环节，发展中国特色的健康服务体系，仍需要坚持"预防为主，防治结合"的医疗卫生总方针，加强对"治未病"医疗保障的推动，才能最终实现健康中国及构建社会主义和谐社会的伟大目标。

中医"治未病"理论汇集了治国理念、卫生制度、生态维护、强身健体、预防保健、医疗康复等丰富的思想，是以健康为宗旨，以预防为中心，以自然、社会、人（生理和心理）整体观为着眼点的中医传统卫生管理文化，其与当代卫生健康服务相结合，形成覆盖全生命周期、内容丰富、结构合理的"治未病"健康服务体系，符合我国基本社会服务工作低投入、高效益、低成本、广覆盖的原则。

就具体措施来看，首先，医疗机构、各级政府需要逐步增加对"治未病"健康服务的投入，研究制定使有利于预防保健医疗的主要手段——中医医疗发挥中医药特色的具体办法。鼓励基层提供适宜的中医药技术与服务，制定优惠政策，鼓励企事业单位、社会团体支持中医药发展，合理确定中医药医疗服务价格和收费项目，充分体现服务成本和技术劳务价值。政府部门可运用管理式医疗确立中医在"治未病"预防保健服务体系建设中的主导地位,统筹兼顾,一方面,加大预防性保健服务的财政投入;另一方面,建议将"治未病"健康服务相关项目纳入社会医疗保险保障的支付范畴。目前,包括针灸、推拿、中药理疗等中医传统特色疗法、保健调养方案、中医非药物干预治疗等诊疗项目大多属于自费,大部分人不愿意或没有能力支付相关保健费用,因而阻碍了其运用"治未病"的相关技术和资源加强健康管理和"未病"前的干预,使疾病发生率持续增高,社会医疗费用快速增长。从提高预防疾病养生保健作用和扩大健康服务人群的角度来讲,政府应该加大医疗预防保健的投入,增加财政支出,并将部分费用纳入基本医疗保险保障的赔付范围。

其次,还可运用管理式医疗大幅提高人民群众对"治未病"健康保障的需求。从服务提供方来看,政府可通过专业的健康保险机构,将"治未病"的相关技术和项目进行量化并确定统一的价格标准,并确定服务提供的机构;从服务使用方来看,民众可根据自身情况在疾病发生前购买相应的服务内容,加强健康管理,在规定的时间内(如三年、五年等)没有对应疾病的发生,其购买服务的费用可以得到一定的补偿(如健康奖励金),如民众持续购买并进行相应的健康管理活动,而后发生了对应的疾病,则可根据其对于健康管理服务所付出的成本相应减免疾病治疗所发生的医疗费用。

3. 满足多层次健康保障需求,推动医养结合的保障模式

我国已经确立了以养老保险、医疗保险、工伤保险、失业保险和生育保险为核心的社会保险制度基本框架,但基本医疗保险保障尚不能满足人民快速增长的健康服务、健康保障的需求。整体来看,目前需要尽快满足多层次健康保障的需求,即强化社区在管理式医疗保障体系中"守门人"的地位,老年健康保障中强化"医养结合",构建多层次的医疗保障保险体系,加强中医药养生服务的保险保障。

(1)强化社区健康管理、健康保障服务。社区健康管理服务是一种准公共产品。我国已依托行政区划建立起社区健康管理体系,但是国内社区健康服务机构职能主要定位于初级诊疗和康复服务,形成不了体系和规模。未来我国社区健康管理服务应运用管理式医疗中"治未病"的功能,提升社区在医疗体系中的"守门人"地位,通过政府与健康管理机构合作、服务外包等模式,特别是政府可运用购买服务的方式,将社区健康管理服务纳入医疗保险保障范围。具体做法应该是在社区设立健康管理中心,将可以提供的服务明细化并对应相应的健康保险内容,同时细分客户市场,针对不同的人群提供对应的健康管理和健康保障。

(2)加强老年健康管理服务。老年健康管理服务属于混合产品,在国内的发展仍属于起步阶段。老年人是健康管理需求最强的社会群体,随着老龄化程度的加深,老年人健康管理服务需求市场空间将不断扩大,特别是老年人医疗和长期的护理疗养需求非常巨大。应采用政府和市场相结合的模式,通过公私合作、服务外包等模式,

引导市场提供多样化的老年健康管理服务。具体做法应为：政府负责制度设计，政府、个人、健康保险共同筹资，通过向专业健康保险机构购买保险保障的方式将护理和疗养的费用纳入医疗保险保障范围。这样对于化解老龄化社会巨大的护理需求具有非常重要的意义。

同时，在推动过程中，应该着重关注老年人"医养结合"的需求，也就是运用基本医保与商业医保相结合的新型管理式医疗保障模式，使老年人对于医疗服务和疗养、护理的需求一站式得到满足，而不仅只是目前的通过基本医疗保险单独获得医疗保障，而家庭或者个人承担护养的职责。应依托社区建立老年人的健康档案，安排对应的健康管理服务，将其服务的内容全面纳入管理式医疗保险保障的范围，并且可由社区对接医疗服务机构提供对应的诊疗服务，在诊疗结束后再由社区提供合适的健康管理服务。整个过程形成一个连贯的服务、保障体系。

二、发展管理式医疗的主要路径

随着经济社会的发展，网络时代下的信息技术进一步升级，健康管理面临的技术模式、客户需求都在发生巨大的变化，基于大数据、物联网、云计算的健康管理应用，如健康 APP、健康 DIY、移动医疗、远程医疗、智慧医疗、可穿戴健康管理设备等各种新概念、新模式层出不穷，这些都给健康管理与疾病诊疗的有机结合带来更大的机遇。

（一）用现代科技手段打通病前、病中、病后的信息通道

当今社会，人们对改变自身健康水平的方式越来越感兴趣。其不仅包含我们的身体，还有我们的思想、精神等。这意味着生活方式和健康理念的转变、老龄化和慢性病的倒逼机制，都成为新型管理式医疗发展的动力。2014 年瑞士达沃斯世界经济论坛报告指出，未来的 10 年中，医疗健康服务资金将是所有国家共同面临的最典型的问题，老龄化、慢性疾病、生活方式引发的疾病等将迫使发达国家和发展中的新兴经济体思考医疗服务提供方式、支付方式的转型，即运用现代科技手段打通病前、病中、病后的信息通道，从而获得前后贯通的医疗保险保障。要实现健康管理、疾病诊治、康复疗养全流程的高效有机结合，首先需要有以下环节：

第一个环节：移动设备。H 星、小米、华为、苹果等一批与健康医疗无关的科技巨头正通过移动互联网向健康行业渗透。据统计，2014 年共有 2 100 万个可穿戴设备售出，包括智能手环、智能水杯、智能运动鞋、智能手表等。智能可穿戴设备将继智能手机之后，再次给人们的生活方式带来重大改变。苹果公司发布的产品 Apple Watch 的很多功能都与健康有关，比如说测量速度、距离、步数、频率、热量消耗、

睡眠质量等等。苹果还宣布推出全新的医疗研究平台，其中首批包括针对帕金森、哮喘、乳腺癌、糖尿病、心血管疾病的5款应用。这些应用既能帮助患者进行自我观察，还可以更好地辅助医疗机构检测、分析和上传日常监控数据，而且手机传感器收集到的用户健康数据要比患者的主观描述更为准确。以此开展大规模具有前瞻性的临床研究，将对未来医学发展产生深远影响。

第二个环节：数据分析整理。移动设备所测得的数据进入第二个环节后，形成庞大的数据库。通过对这些数据的分析整理，可以得到相当多的信息以供专业人士参考。

第三个环节：医生专业意见。医生通过对第二个环节中得到的数据进行分析后提供专业意见，但仅通过第二个、第三个环节仍无法提供全面的医疗服务，最终仍需要医院提供具体的医疗服务以全面满足患者的诊疗需求。因此，前三个环节只有结合到第四步，才能构成完整的大健康服务体系。

第四个环节：医院提供服务，消费者购买服务。移动互联网的介入促进了第四个环节的快速发展，很多医院推出微信服务，使得预约、挂号、付款、候诊、查看诊断结果、取药等诸多环节都可通过移动终端完成，及大地便捷了患者，用户满意度极高。另外，在第四个环节中利用互联网平台对数据进行整合，完成标准化后，形成电子病历，该病例可同社保、医保、个人身份证挂钩，之后便可进行大健康服务循环。这样，不仅解决了看病难、时间久的问题，而且经过移动互联医疗平台之间的竞争，医药价格、服务价格等都会受到一定遏制。

整合医药产业链的最终目的，不是单纯的治病，而是"治未病"。消除亚健康人口，提供健康保障服务，提高生命质量，普及这一观念才能够使消费者购买健康产业链上面的四个环节。迎接健康产业大时代的来临，不仅对消除个人的疾病、对个人的健康预防，而且对整个国家长远的经济发展都有着巨大的推动作用。大健康是"治未病"体系所连接的一个服务，如果是没有一个整体体系连接的单个服务，谁都不能代表大健康。四个服务环节相辅相成、相互连接，最终才能够达到维护健康的目的。互联网与医疗的结合，不但打破了地域限制，弥补了优质医疗资源分布不均衡的问题，而且也节省了卫生费用开支，使人们看到了解决"看病贵、看病难"这一难题的希望。由此可见，管理式医疗的开展、健康中国云服务的建立、运用管理式医疗构建大健康服务模式是未来医疗行业发展的必然趋势。

（二）在信息畅通的基础上构建管理式医疗保险保障体系

1. 构建完善的医疗支付体系

首先，运用大数据平台，改变社会医保机构"先付费后补偿"的支付方式，加强成本控制激励，引进健康保险公司参与第三方支付改革。建议以政府筹资为主体的城乡居民医保，可通过管理服务外包的方式，委托专业健康保险公司负责第三方支付、理赔、管理等。

其次，深化医疗机构改革。健康保险机构运用健康管理承担第三方支付功能，需要保险机构、医疗机构结成一体化的利益联盟，才能有效发挥其医疗成本控制、疾病风险控制的优势。当前我国公立医疗机构掌握了绝大部分的医疗资源，准入政策限制健康保险机构与公立医疗机构的相互控股与合作。应进一步深化医疗机构改革，放宽市场准入，允许保险公司参股或控股医疗机构，或投资设立中小型规模医疗机构，建立健康保险机构、医疗机构、健康管理机构、中介机构多层次的合作体系，打造涵盖体检、健康咨询、疾病治疗、康复、护理、养老等诸多领域的完整的健康管理产业链。

最后，整合健康管理上下游资源、打造智能健康服务生态系统，是大数据、物联网等新一代信息技术条件下，公认的最有潜力的创新发展领域。建立标准化的基础信息数据库、个性化的一人一档的电子健康档案是智慧医疗的核心，政府公共医疗信息平台、社区健康服务平台、医院电子病例平台等数据库系统，是管理式医疗大发展的必要条件。运用电子信息化平台，可以将健康信息进行分类，提供从社区到高级医疗机构的健康干预或疾病诊疗服务，不但可以有效降低医疗费用支出，还能最大程度地为民众提供最适合的健康管理服务。

2. 构建有效的综合保险保障体系

经过多年的发展，我国商业健康保险已成为全行业增速最快的业务板块，2010—2016 年，原保费收入从 691.72 亿元迅速增长至 4 042.50 亿元，增长 4.8 倍。但是从中国保险市场的整体增长情况来看，健康保险发展速度和规模还处于劣势状态。虽然 2010—2016 年间，健康保险占人身险保费收入比重从 6.37% 增长到 18.18%，占全行业保费收入比重从 4.66% 增长到 13%，但健康保险在整个保险行业中的份额还很低。与国际相比，我国健康保险普及率更低，2013 年，美国拥有健康保险的居民已占总人口比例的 86.6%，其中 64.2%（2.01 亿人）拥有商业健康保险，1.69 亿人由雇主支付保险金，3 450 万人直接购买商业健康保险。虽然当前我国健康保险已经有了一定的规模，但管理式健康保险处于起步阶段，市场需求处于潜在状态，宜采用混合发展模式。一方面，借鉴美国健康保险发展经验，通过健康保障支付制度的改革，释放潜在需求为有效需求，发挥供求机制的作用；另一方面，破除保险机构上下游资源整合的制度障碍，扫清健康管理机构、健康保险机构、医疗机构之间产业整合的制度障碍。

在具体操作中，首先，鼓励个人、企业购买商业健康保障计划，企业为员工支付的商业保险计划纳入税前支出。探索政府职工医疗保险和商业医疗保险计划的衔接方案，逐步取消企业必须购买政府提供的职工医疗保险规定，培育职工、私人高端健康

第九章
中国特色管理式医疗的未来发展

保险市场需求。其次，鼓励健康保险公司拓展市场，在一定期限内给予一定的政策扶持。健康保险机构应充分学习借鉴国际成熟的经验和做法，提高专业健康管理服务的技术手段和服务能力，提升国内消费者健康管理体验。同时，扩大健康保险产品的设计创新，完善和扩大保障产品的范围，加强风险管控能力等。再次，应进一步发挥行业协会、企业联盟作用，完善市场标准、技术规范、运营流程、服务质量评价体系，形成行业自律。同时，推动第三方评估机制建设，制定评估规程和指标，定期向社会发布评估结果。新医改方案提出鼓励企业和个人参加商业保险及多种补充保险，但缺乏相关的配套改革方案，商业健康保险与社会基本医疗保险的衔接等尚未明晰，应加快商业健康保险参与基本医疗保险配套细则的出台，明确商业健康保险的定位。

3. 进一步优化医疗保障体系

推动管理式医疗的发展，可以从根本上优化医疗保障的体系。对投保人来说，管理式医疗所选择的医疗机构提供了质量高、价格合理的医疗服务；管理式医疗提供的咨询服务，可以更细致地为投保人解释相关条款以及健康知识；管理式医疗提供的预防保健措施，有助于投保人加强自身的健康管理。对保险人来说，管理式医疗弥补了保险公司在健康保险上经验数据的不足，保险公司可以制定出费率更为合理的健康保险产品；针对健康保险市场上逆选择和道德风险现象频发导致赔付率居高不下的问题，管理式医疗可以利用其专业优势，帮助保险公司进行核保理赔工作；管理式医疗可以帮助保险公司监督医疗机构提供的服务，控制医疗费用，节约经营成本。对医疗服务提供者来说，管理式医疗采用预付制，减少了医疗机构的基本医保核算工作；管理式医疗事先与医疗机构限定协议，能够为其带来大量、稳定的顾客；管理式医疗使医疗机构采用标准化程序，提高了服务的质量和效率；一些管理式医疗机构自行制订了医疗机构的评级标准，提高了与其签约的医疗机构的声誉，有利于医疗机构吸引潜在顾客。

在具体做法上，首先要建立健康档案系统。在当前医疗机构电子病历基础上，进一步完善个人健康信息档案系统，为健康评估、参保、就医推荐、保健计划提供数据支持。下一步工作的重点一是数据的标准化、结构化，对非结构化数据进行整合；二是数字化信息系统的连接，单个医院的数据不成为大数据，需要将医疗机构的数据联合起来，实现互联互通；三是实现对数据进行拓展、整合和优化，分析操作流程和数据里隐藏的价值，实现对数据行为的可控化、规则化和智能化。同时，加强各类型健康管理人才的储备，健康管理需要专业服务团队，将个体的日常保健工作细化，使其可控，安排负责就医、联系会诊、第三方身份跟踪治疗等专业健康管理的服务人才。以当前国家健康管理师认证平台为依托，引进国际职业认证与专业化系统化培训，进一步完善国际化医疗服务人才、健康管理人才的培养与储备。

本章小结

党的十九大指出,经过长期努力,中国特色社会主义进入新时代,我国社会主要矛盾已转化为人民日益增长的美好生活需要和不平衡不充分的发展之间的矛盾。这就要求我们在医疗领域不断全面深化改革,在立足我国基本国情的基础上积极学习国外先进经验,加强保障体系建设,完善医疗保险制度。相信管理式医疗的改革之路将进一步带动我国医疗领域的发展,商业健康保险服务健康中国的能力和作用也会不断增强。

思考题

1. 我国现行医疗保险制度存在哪些问题?
2. 发展管理式医疗的主要目的是什么?
3. 发展管理式医疗的主要路径是什么?

参考文献

[1] 胡爱平,王明叶.管理式医疗——美国的医疗服务与医疗保险[M].高等教育出版社,第1版,2010.

[2] Peter R. Kongstvedt. Essentials of managed health care[M],1997.

[3] 梁涛.商业健康保险发展现状与展望[J].中国金融,2010(15).

[4] 郑秉文,于环,高庆波.新中国60年社会保障制度回顾[J].当代中国史研究,2010.3(17):2.

[5] 顾昕.中国商业健康保险的现状与发展战略[J].保险研究,2009(11).

[6] 龚贻生.中国商业健康保险发展战略研究[D].天津:南开大学,2012.

[7] 李常玮.我国医疗保险费用支付方式与费用控制研究[D].镇江:江苏大学,2011.

[8] 郭志伟.DRGs的原理与方法及在我国的应用对策[J].中国卫生经济,2010(8).

[9] 周绿林.我国医疗保险费用控制研究[D].镇江:江苏大学,2009.

[10] 陈栋.上海市闵行区农村合作医疗按病种定额付费的实施效果研究[D].上海:复旦大学,2009.

[11] 胡颖.关于合理选择医疗费用支付方式的分析与思考[J].南京医科大学学报(社会科学版),2008,31(2):128—131.

[12] 甘树炯.国际医药卫生导报.关于广东省直单位公费医疗改革的探讨[J].2005,(17):4—6.

[13] 中华人民共和国卫生部农村卫生管理司.新型农村合作课题研究报告汇编(2006—2007).2008.

[14] 陶红兵,陈璞,方鹏骞等.临床路径费用控制的影响因素分析及控制策略探讨[J].中国医院管理,2005,28(7):16—18.

[15] 郑大喜.医疗保险费用支付方式的比较及其选择.中国初级卫生保健[J].2006,19(6):6—9.

[16] ZhaoY, AshA, EllisRP, etal. Disease Burden Profiles: An Emerging Tool for Managing. Health Care Management Science[J]. 2002,5(3):211—219.

[17] 卫生部卫生发展研究中心.2014中国卫生总费用简明资料[J].北京:卫

生部卫生发展研究中心，2015.

[18] MILLER HD. From volume to value: better ways to pay for health care [J]. Health Aff, 2009, 28 (5): 1418—1428.

[19] 张晓，刘荣. 社会医疗保险概论 [M]. 北京：中国劳动与社会保障出版社，2004.

[20] 李军山，江可申. 医疗保险付费方式研究综述 [J]. 中国卫生经济，2007，26 (10): 80—81.

[21] 荆丽梅，孙晓明，崔欣等. 新型农村合作医疗"按人头支付"改革的实证研究 [J]. 中国卫生经济，2014，33 (2): 18—20.

[22] 杨程晨，杨芒. 新农合门诊服务按人头付费效果分析 [J]. 三门峡职业技术学院学报，2012，11 (2): 88—91.

[23] 黄成礼，马进，白號. 供方支付方式研究及政策建议 [J]. 中国卫生经济，2000，19 (1): 8—10.

[24] 谢春艳. 我国医疗保险费用支付方式改革的探索与经验 [J]. 中国卫生经济第29卷第5期（总第327期），2010 (5).

[25] 张建利，李兰. 按病种付费控制医药费过快增长的探讨 [J]. 中国卫生产业，2011，8 (11): 1.

[26] 朱计. 第三方医疗费用控制研究 [D]. 浙江财经学院，2012 (1).

[27] 刘真. 我国医疗保险付费方式研究——以东营市为例 [D]. 济南：山东师范大学，2012.

[28] 马丽平. DRGs医疗保险费用支付方式在我国的应用及发展前景 [J]. 中国医院，2006 (6).

[29] 许东黎，吕学静. 医疗保险费用支付方式的发展趋势和选择策略 [J]. 中国医疗保险，2009.

[30] 北京大学人民医院. DRGs支付方式在我国医疗保险制度中的实施对策 [J]. 2012-3-26. http://www.pkuph.cn/mass/medicare/20090310/14083421.shtml.

[31] 马国善. 单病种付费和DRGs付费之比较 [J]. 中国社会保障. 2011 (11).

[32] 邓小虹. 北京DRGs系统的研究与应用 [M]. 北京大学医学出版社有限公司，2015.

[33] 简伟研，卢铭，胡牧等. 北京诊断相关组分组效果的初步评价 [J]. 中华医院管理，2011，27 (11).

[34] 肖鸿，简伟研，邓小虹. 临床路径与诊断相关组——预付款制度的关系探析 [J]. 中国医院管理，2011 (9).

[35] 简伟研，胡牧，张修梅. 诊断相关组的发展和应用 [J]. 中华医院管理，

2011, 27 (11).

[36] 郭蕊. 我国现行医保合作的主要问题及对策研究 [D]. 河南大学, 2016.

[37] 梁玉梅, 胡广芹, 张俊文. 全生命周期健康管理系统的设计 [J]. 世界中西医结合杂志, 2016, 11 (06): 852—854.

[38] 陈晓芸, 林兵, 沈玉根, 朱建东. "网络服务"在社区糖尿病健康管理中的效果评价 [J]. 中国社区医师 (医学专业), 2013, 15 (03): 158—160.

[39] 吴春英. 论健康管理在小儿哮喘间歇期治疗中的作用 [J]. 现代预防医学, 2012, 39 (16): 4132—4133.

[40] 张洪英. 出院后健康管理跟踪干预对社区COPD患者康复的影响 [J]. 齐鲁护理杂志, 2014, 20 (17): 26—28.

[41] 董玉整. 亚健康及其产生的三个主要原因 [J]. 中华流行病学杂志, 2003 (9): 9—10.

[42] 马琳文. 健康体检中亚健康人群健康管理的实施 [J]. 中国继续医学教育, 2016, 8 (10): 198—199.

[43] 陈志斌. 基于降低保险公司健康险赔付率的健康管理物联网模式研究 [J]. 山西财政税务专科学校学报, 2014, 16 (1): 13—16.

[44] Ian Duncan, FSA, FIA, FCIA, MAAA. Managing and Evaluating Healthcare Intervention Programs [M], 2003.

[45] 叶俊. 我国基本医疗卫生制度改革研究 [D]. 苏州大学, 2016.

[46] 高心悦. 治未病——健康服务体系研究 [D]. 黑龙江中医药大学, 2016.

[47] 何文炯. 商业健康保险的定位与发展 [D]. 浙江大学, 2016.

[48] 罗伟. 医疗大数据助力智慧医院管理的SWOT分析 [J]. 医学与社会, 2016.

[49] 刘艳飞. 健康管理服务业发展模式研究 [J]. 上海社会科学院, 2016.

[50] 赵丹凝. 浅谈我国发展管理式医疗的必要性 [D]. 中南财经政法大学, 2015.

[51] 刘大棉. 医疗保障体系中医疗费用控制研究 [J]. 管理观察, 2016.

[52] 周加艳. 日本社会护理保险制度 [D]. 上海工程技术大学, 2015.

[53] 母玉清. 我国医疗保险制度发展的历程、现状及趋势 [J]. 中国初级卫生保健, 2016.

[54] 苏亚妮, 杨柳. 不同住院方式对住院费用的影响 [J]. 合作经济与科技, 2016.

跋

"完善国民健康政策,为人民群众提供全方位全周期健康服务",这是中国共产党十九大对全国人民作出的深入民心的伟大承诺,是进一步实施健康中国、惠及万民的伟大战略。

中国共产党已经将保障人民健康当作了党和国家的一项重要工作,把为人民健康服务提升到了一个前所未有的高度。健康保险作为国家健康服务产业中的关键一环,在提升国民整体健康水平与健康保障方面,都面临着前所未有的发展机遇与空间,无论是现在还是将来,都会发挥着越来越重要的作用。

人食五谷,焉得无病?人的一生,总是在健康与不健康状态之间徘徊,但福寿安康是人们亘古通今的幸福期许。随着我国迈进上中等收入国家行列,人们对健康生活愈加渴望,对健康保障和健康服务的需求愈加多样,也自然会进一步提高对商业健康保险服务的要求。

已经成立十余年的我国首家专业健康保险公司——中国人民健康保险股份有限公司,以"让每一位中国人的健康更有保障、生活更加美好、生命更有尊严"为其崇高的使命,以"人民保险,服务人民"为其矢志不渝的追求,在"健康中国"建设的征程中,肩负着服务"国家治理体系和治理能力现代化"这一历史角色的重担,在建设"政府信任、人民满意的中国健康保险第一品牌"的道路上走出了成效。在近五年来,人保健康构建了清晰的发展模式;实现了多元化销售渠道建设和业务转型;达到了服务能力的明显提升;成为国家医疗保障体制改革的积极参与者和重要推动力量。在实现两个一百年奋斗目标和中华民族伟大复兴中国梦的文化大背景下,人保健康将继续把握战略机遇,牢记时代赋予健康保险的重要使命,致力于打造成服务"健康中国"建设的领军企业,成为国际一流的健康保险供应商。

党的十九大报告提出要"加强应用基础研究",要"建立以企业为主体、市场为导向、产学研深度融合的技术创新体系"。人保健康理应责无旁贷地承担起健康保险综合研究这一具有里程碑意义的开创性工作，因此，公司决定协调和组织一批知名专家学者，立足国内实际，借鉴国际经验，编著一套具有中国特色的《健康保险系列丛书》，系统梳理健康保险的基础理论和经营实践，初步构建相对系统、科学、完整的健康保险理论体系，为培养健康保险行业高水平人才奠定坚实的基础。

《健康保险系列丛书》项目由人保健康党委书记、总裁宋福兴同志亲自挂帅，组建了以公司高管为成员的高规格编委会，邀请保险、财税、公共管理、社会保障、医疗卫生领域近40位著名专家，共同编著。

为确保专业性和权威性，丛书编委会多次召开由多位专家学者参加的专题研讨会。整体来看，丛书既考虑了健康保险的既往经验、现实状况和未来发展趋势，体系上比较完善；同时又对健康保险的相关领域作了探索研究，拓宽了研究范围。从功能定位看，丛书体现了理论与实践并重的编写特色：既要有理论高度，具有一定的前瞻性，达到高等教育教材的编写水平；同时要有实效性，能满足专业健康保险公司经营发展中的现实需求。专家们认为，丛书对把握健康保险经营规律以及行业的可持续发展具有重大意义，充分体现了中国人保一贯以社会责任为己任的优良传统，利于当代、功在千秋。

在丛书的编著工作中，专家学者们都全情投入，科学严谨地为编著工作贡献着智慧。马海涛教授、王欢教授、王国军教授、王绪瑾教授、王稳教授、朱铭来教授、孙祁祥教授、李晓林教授、杨燕绥教授、张晓教授、卓志教授、赵尚梅教授、郝演苏教授、辛丹博士等专家学者负责各分册编著工作，李保仁教授、魏华林教授、庹国柱教授、李玲教授、孙洁教授、郑伟教授、于保荣教授、余晖教授、朱恒鹏教授、朱俊生教授、董朝晖博士等专家学者给予丛书编写许多指导和帮助，在此一并表示最衷心的感谢！

本丛书是对健康保险经营实践经验的阶段性总结和思考。但由于编写时间紧，难免有疏漏之处。而且随着健康保险专业化经营不断深化，还会有很多需要改进的地方。我们希望本丛书能构建起健康保险行业的理论体系与研究架构，对引领健康保险规范、良性和可持续发展起到积极作用。我们也希望借助本丛书，能培养出一批高素质的干部员工队伍，为"健康中国"的建设添砖加瓦，为实现两个一百年奋斗目标和中华民族伟大复兴中国梦贡献力量。